独具"匠"心

——上海浦东职业教育集团征文案例选

诸惠华　主编

上海交通大学出版社
SHANGHAI JIAO TONG UNIVERSITY PRESS

内容提要

　　上海浦东职业教育集团围绕探索以"以德树人、德技并修"为核心的现代职业教育体系建设目标，通过在集团内面向职校骨干教师开展征文活动，编制形成此案例集。全书共汇编案例文章41篇，分思政篇、融合篇、贯通篇、探索篇四个篇章，内容涵盖打造新时代思政课程体系、培养工匠精神、加强产教融合、推进校企共建等方面。本书在一定程度上为职业教育改革创新提供了一套素材新颖、案例鲜活的浦东方案，具有一定的可读性和借鉴意义。

图书在版编目 (CIP) 数据

　　独具"匠"心：上海浦东职业教育集团征文案例选 /
诸惠华主编 . —上海：上海交通大学出版社，2021.11
　　ISBN 978-7-313-25617-1

　　Ⅰ.①独…　Ⅱ.①诸…　Ⅲ.①中等专业学校 – 教
育改革 – 浦东新区 – 文集　Ⅳ.① G718.3-53

　　中国版本图书馆 CIP 数据核字 (2021) 第 209572 号

独具"匠"心——上海浦东职业教育集团征文案例选
DUJUJIANGXIN——SHANGHAI PUDONG ZHIYE JIAOYU JITUAN ZHENGWEN ANLIXUAN

主　　编：诸惠华			
出版发行：上海交通大学出版社		地　　址：上海市番禺路 951 号
邮政编码：200030		电　　话：021-64071208
印　　刷：上海天地海设计印刷有限公司		经　　销：全国新华书店
开　　本：710mm×1000mm　1/16		印　　张：24
字　　数：353 千字			
版　　次：2021 年 11 月第 1 版		印　　次：2021 年 11 月第 1 次印刷
书　　号：ISBN 978-7-313-25617-1			
定　　价：88.00 元			

寄　语

深入探索独具浦东特色的现代职业教育体系

　　《国家职业教育改革实施方案》出台以来，职业教育走上了提质培优、增值赋能的快车道，迎来大改革大发展的新阶段，职业教育面貌发生了格局性变化。2021年全国职业教育大会召开，更是提出推进职业教育高质量发展，必须坚守职业教育的类型定位，坚持开放办学，深化产教融合、校企合作，深入推进育人方式、办学模式改革。充分发挥教育评价指挥棒的作用，构建科学合理的职业教育评价体系，引导职业教育按类型教育规律办学，坚定服务发展、促进就业的办学方向。

　　近年来，浦东新区始终坚持以立德树人为根本，以服务发展为大局，以促进就业为导向，坚持产教融合、校企合作、工学结合、知行统一，不断优化专业布局，整体提升教学质量，全面规范学校建设标准，不断拓展国际视野，大力推进体制机制创新，推动新区职业教育与经济社会同步发展，形成"开放、融合、创新、活力"的新区现代职业教育体系，加快提高中等职业教育对区域发展的综合服务能力，为建设开放、创新、高品质的新区提供了更强大的知识型、发展型技术技能人才支撑和智力保障。

　　恰逢浦东开发30周年，开展《独具"匠"心——上海浦东职业教育集团征文案例选》征集活动，具有重要意义。本案例集所收录的文章，在宏观层面，充分展示了职教集团化办学在促进中等职业院校内涵发展、质量提升、示范引领、产业结构调整和企业转型升级方面的经验做法，充分反映了职业教育集团在教育链和产业链有机融合中所起的重要作用。

在微观层面，展示了职业教育集团内部基于学分互认的教学管理模式，建设符合职业教育集团发展需要的专业、课程（教材）、"双师"结构的师资队伍，以及教学实践基地等方面的做法与成效，体现了如何通过职业教育集团办学来提升人才培养质量。

时不我待，只争朝夕。"职教力量"已不可同日而语！希望浦东新区以此为契机，全面落实全国职业教育大会精神，坚持立德树人、德技并修，优化职业教育类型定位，把握教育质量生命线，突出教师素质、教材改革、教法创新重点，聚焦人才培养、办学体制、考核评价、保障机制，打造纵向贯通、横向融通的现代职业教育体系，为促进经济社会发展和提高国家竞争力提供有力人才和技能支撑。

诸惠华

上海浦东职业教育集团理事长

浦东新区教育局党工委书记、局长

2021 年 7 月

序

为现代职业教育创新提供浦东方案

——写于《独具"匠"心——上海浦东职业教育集团征文案例选》出版之际

习近平总书记在对职业教育工作的指示中明确提出，要树立正确人才观，培育和践行社会主义核心价值观，着力提高人才培养质量，弘扬劳动光荣、技能宝贵、创造伟大的时代风尚，营造人人皆可成才、人人尽展其才的良好环境，努力培养数以亿计的高素质劳动者和技术技能人才[1]。人才培养模式创新是提高职业教育人才培养质量的切入点，要坚持校企合作，工学结合，积极开展现代学徒制等校企一体化育人的创新试点。要改革教学模式，创新教学方法，加大实习实训在教学中的比重，创新顶岗实习形式，增强教育教学的针对性和实效性。要改革评价模式，加大行业企业参与职业教育质量评价力度。要加强"双师型"教师队伍建设，完善教师管理制度，优化教师队伍结构，提升教师培养培训质量，提高职业教育教师专业化水平。

本案例集聚焦"十三五"期间围绕浦东新区建设自贸区试验区、"四个中心"核心功能区和科创中心核心功能区以及实施教育综合改革的目标所开展的中等职业教育模式改革与创新，遴选出 41 篇案例。它们各具特色，代表了当前浦东新区中等职业教育改革发展的新趋势和典型做法，反映出浦东新区当前职业教育发展现状和共性问题；同时通过

---

[1] 新华社.习近平对职业教育工作作出重要指示[OL].中国政府网，http://www.gov.cn/xinwen/2021-04/13/content_5599267.htm，2021-04-13.

对案例的整理、收集、出版，进一步厘清了职业教育发展的最新理念，并通过宣传推广，使职业教育人才培养模式、课程改革、师资队伍建设、工学结合、校企合作的观念等得到进一步的认同，创新模式和有益经验得到有效的交流与共享。案例的征集、汇编过程也是职业教育教学改革"破茧成蝶"的过程，这一过程是回望、是总结更是展望。希望中职学校能持续坚守立德树人理念，准确把握职教本质；坚守培优体制目标，提升学校管理水平；坚守产教融合力度，创新人才培养途径；坚守贯通人才培养，实践新型五年一贯制；坚守质量文化意识，提升教育科研能力。

　　教而不研则罔，研而不教则空，学然后知不足，教然后知其困，研然后知其美。本书总结的案例体现的经验和特色具有一定的辐射示范作用，面向职业学校校长和教师、教育管理和研究工作者，对职业教育感兴趣的教师和学生也可将本书作为案头方便实用的参考书。

陈强

上海浦东职业教育集团秘书长

浦东新区教育局党工委委员、副局长

2021 年 8 月

目 录

贯 通 篇

探 索 篇

思政篇

推动中职思政课程改革　落实立德树人根本任务

上海市新陆职业技术学校　王海英

【摘　要】进入2020年，中等职业学校进入了新一轮思政课程的建设与改进，我们要深刻领会"培养什么人、怎样培养人、为谁培养人"与上好思政课程对学生成长的意义。作为校长就是要亲临一线，与全体思政教师一起创新新时代思政课程的教学模式，为培养德智体美劳全面发展的社会主义建设者和接班人作出自己应有的奉献。

【关键词】中等学校　思政课程　建设思考

一、实施背景

2018年3月18日，习近平总书记主持召开了学校思想政治理论课教师座谈会，引领了新时代思想政治理论课程建设与改进。习近平总书记分析了当前思想政治理论课建设面临的机遇与问题，探讨了当前思想政治理论课建设措施与手段，指出了在当前形势下，办好思政课"要放在世界百年未有之大变局、党和国家事业发展全局中来看待，要从坚持和发展中国特色社会主义、建设社会主义现代化强国、实现中华民族伟大复兴的高度来对待"。他强调要全面贯彻党的教育方针，解决好培养什么人、怎样培养人、为谁培养人这个根本问题，努力培养担当民族复兴大任的时代新人，培养德智体美劳全面发展的社会主义建设者和接班人[①]。正是在此背景下开展了中等职业学校思想政治课程建设的改革。

[①] 新华社.习近平主持召开学校思想政治理论课教师座谈会[OL].中国政府网，http://www.gov.cn/xinwen/2019-03/18/content_5374831.htm，2019-03-18.

二、实施目标

思想政治课程是落实立德树人根本任务的关键课程,是中职生必修的公共基础课程,是中等职业学校德育工作的主渠道,与学校其他教育教学活动相互配合,共同承担思想政治教育立德树人的任务。我国人才培养形式随着社会发展有了很大改变,学生教育质量不再以学习成绩作为唯一考查标准,社会对专业技能的需求量增大,技术人员培养更重要,不仅要能引入新的模式,更要重视学生德育教育发展。因此本项目的实施目的就是探索中职思政课程改革,加强德育教育工作,促进学生综合能力的培养与提升,从而更好地培养符合时代发展的技术应用型人才。

三、实施过程

(一)校长领衔,助力思政课程改革

校长同时身为思政课教师,承担双向责任。第一,亲临第一线,上好示范性思政课程;第二,带领思政教师与全体教师,进行思政课程研究与课程思政的教学引领。用中职思政课程的特点、学科核心素养的渗透及教学方法的创新(主要是信息技术的运用),带领老师全方位开展思政课程与课程思政的教学研究。

在研究过程中,逐渐凝练出中职思政课程的主要特点:第一,思想教育性。中职思想政治课除了让学生获得知识外,更重要的是让学生学会学习、学会做人、学会合作,树立正确的价值观、人生观、世界观,为未来的职业生涯奠定基础。第二,人文综合性。中职思想政治课是一门综合性、边缘性学科,涵盖较多学科知识,共同发挥对职业教育和职业指导的作用,对培养人文素质、弘扬先进文化有不可替代的作用。第三,实践育人性。思想政治课教学重在理论联系实际,是学校德育工作的主渠道。要通过参与式、研究性学习,促使学生在生活中体验、感悟,在错综复杂的矛盾中寻求问题的答案,进行自主价值判断、价值选择,从而形成良好的情感、态度价值观,达到实践育人的目的。

(二)素养为本,助力教师队伍建设

中职思想政治课教师需要更新教育教学理念,努力学习专业知识,提高教育教学水平和业务能力,以便更好地服务学生。学校要更好地支持思想政治课教师开展学科交流、教学研修、实践锻炼等,提高思想政治课教师政治修养、理论素养和育人能力。

同时,充分重视思政课程教学的学科核心素养。学科核心素养是学科育人价值的集中体现,是学生通过学科学习而逐步形成的正确价值观念、必备品格和关键能力。目前教育部提出,中等职业学校思想政治学科核心素养主要包括政治认同、职业精神、法治意识、健全人格和公共参与。"政治认同"主要表现为坚持马克思主义世界观和方法论,领会中国特色社会主义理论体系,特别是习近平新时代中国特色社会主义思想,增进对伟大祖国、中华民族、中华文化、中国共产党、中国特色社会主义的认同,坚持社会主义核心价值体系,自觉培育和践行社会主义核心价值观。"职业精神"主要表现为具有积极劳动态度和良好劳动习惯,具有正确职业理想、科学职业观念、良好职业道德和职业行为,具备理性思维、批判质疑、勇于探究的科学精神,能够正确认识和处理社会发展与个人成长的关系,并做出正确价值判断和行为选择,在社会实践中增长才干。"法治意识"主要表现为具有社会主义法治观念、正确的权利义务观念,尊法、学法、守法、用法,维护宪法尊严,自觉参与社会主义法治国家建设。"健全人格"主要表现为具有积极心理品质和自尊自信、理性平和、积极向上的心态,能自我调节和管理情绪,做到自立、自强、坚韧乐观,提高心理健康水平和职业心理素质。"公共参与"主要表现为具有主人翁意识,坚持以人民为中心,能够有序参与公共事务,积极承担社会责任。

相比较"三维目标","核心素养目标"进一步凸显了"立德树人""育人为本"的综合性、复杂性、实践性要求。面对当前思政课程建设与发展的新形势新要求,开展以"素养发展"为导向的教学改革,切实围绕学科素养目标,进行合理有效的课业规划,以及基于学生的核心素养发展,进一步推进学习方式、评价方式的变革,这背后有很多深层次的问题需要我们去思考和探索。

学生发展核心素养之所以不同于一般意义的素养，就在于它不是依赖直接经验获得的，而是体现综合性品质的"教养"；学科素养之所以不同于学生发展核心素养，就在于它有赖于学习特定学科，是需要学科知识来证实的"学养"；学科核心素养之所以不同于一般类别的学科素养，就在于它不仅以学生发展核心素养为根基，而且采用"特定学习方式"，凭借学科课程的母体经历"十月怀胎"而孕育出来。简而言之，作为学科素养的精华，它集结了最能体现本学科育人价值的根本性、关键性要素。

（三）改革为措，创新教育教学方法

第一，探索"议题式"教学实践。四门学科通过58个"学习议题"用"归纳推理"的方式组织教学。议题式教学，是指以学生真实生活情境中具有开放性、指向性、思辨性、综合性、系列性的探究话题为抓手，以结构化的学科知识为支撑和主线，以提高学科核心素养为核心，通过学生参与社会实践、课上合作探究等方式进行的一种教学方法。议题式教学是中职思想政治活动型学科课程实施的重要形式。为此，采取"校企一体"的"人物访谈、角色扮演、活动体验、小组讨论""资料搜集、数字故事、事例解读"、演讲比赛、"自画像、动画或影片展示、心理情景剧""头脑风暴、故事分享、参与家务劳动""手抄报、微视频、漫画或海报制作""模拟法庭、庭审实录、参观考察"等学习方式，形成"感受、认同、内化"的认知体系。

第二，创设情境，激发学生的学习兴趣。教育的目的不在于传授本领，而在于激励和唤醒。兴趣是最好的老师。中职学校的学生大都缺乏学习的兴趣，甚至是讨厌学习，进而影响其学习态度、学习方法、学习自主性等。加上思想政治课教学理论性较强，本身就比较枯燥。因此，学生缺乏学习兴趣，中职思想政治课教学就很难取得好的效果。要提升思想政治课教学效果，首要条件就是创设情境，激发学生的学习兴趣；同时，关注学生心理健康教育，做好学生心理疏导工作，帮助学生端正学习态度，克服不正常的心理倾向，树立正确的人生观、世界观、学习观、生活观，有利于教学工作的开展。

第三，采用灵活多样的教学方法，注重理论联系实际。在教学方法上，传统的"讲授式"教学模式深深影响着课堂教学，致使在思想政治课教学中

理论与实际脱节，不同的教学内容、不同的专业、不同的班级，要采用不同的教学方法。思想政治课教学应回归学生的生活世界，突出学生在知识感悟中的主体地位。理论联系实际是思想政治课教学的一个重要原则，但教师在实际教学中往往忽视这一原则，他们空谈理论，满课堂讲的都是大道理，使学生觉得干瘪、枯燥、没意思，造成思想政治课教学实效不高。所以，教师应针对职业教育和中职生的特点，把思想政治课的教学和职业教育紧密结合，突出职业精神、职业道德、职业素养、创新能力和实践能力的培养，突出培养社会合格劳动者的目标。通过教学创新把学生的生活经验、感受、见解、问题、困惑、创意融入教学内容，把教材同生活实际结合，培养学生的实践能力和创新能力。

第四，采用案例教学法。案例教学法是一种值得提倡的教学方法。如在《心理健康与职业生涯》《职业道德与法治》两门学科中就要运用此方法。案例教学主要由质疑、探索、反馈、评价几个环节组成。教师应根据教学要求，组织学生对案例调查、思考、分析、交流，教给学生分析问题、解决问题的方法，通过师生双向活动，教与学合作，充分发挥学生的主体作用。思想政治课案例教学主要通过学习案例材料，围绕教师的问题或是学生自己的问题进行信息收集、加工、处理、整理，以探究学习等方式得出最佳的结论，教师对结论进行开放评价，使学生获得新知识以提高教学实效。

四、实施保障

（1）组织保障：建立中职思政课程改革领导小组和工作小组，领导小组主要由校领导、相关职能部门负责人等组成。工作小组由思政课程、专业课程等相关教师组成。

（2）制度保障：建立中职思政课程改革实施方案以及相关保障制度，确保中职思政课程改革政策的有效落实。

（3）经费保障：建立校级专项保障经费，主要用于课程改革、师资培训、教材建设、学生活动等支出。

五、特色与成果

（一）实现就业升学双管齐下

多年来，中等职业教育一直倡导"就业有出路，升学有渠道，创新有能力，发展有出路"，但是，从实际情况来看还是"就业"的"单通道"，尽管这几年开始"中高贯通"与"中本贯通"的试点，但能进入"试点"的专业覆盖面小，"试点"的学生数在中等职业学校仅为10%~20%，无法满足广大民众对职业教育的期望。目前，中职学校正处于推进"双通道"教育改革的关键阶段。"双通道"教育本质上属于知识水平的提高与能力教育的提升，强调对学生独立人格、健康心理和良好实践能力的培养，在这个过程中，思想政治素质是重要的基础。只有具备良好的思想政治素养，学生的能力培养才会具备更加明确的方向，也更加有助于学生"三观"的形成和培养。因此开展中职思想政治课程改革，有助于实现就业升学双管齐下。

（二）实现专业思政螺旋提升

对于中职学校来说，通过提高思想政治教学水平，将有助于职业教育水平的提高。从思想政治教育工作的性质来看，它是做好其他一切专业教育的基础，也是其他教育能够取得切实成效的政治保证；新形势下加强中职学校的思想政治教育工作，将会极大地带动和促进专业教育水平的提高。

当前产业结构的调整，给职业学校的专业教育带来巨大的挑战，产业结构调整已经产生职业教育在人才培养上的困境。老百姓之所以不愿将自己的孩子送到职业学校读书，关键是中职毕业的学生往往缺乏自我知识与技能更新的能力，就业长期处于社会的底层职业。社会阶层的固化，成为职业教育发展的瓶颈。为此，专业结构要相应调整，以适应数字经济社会的不断发展变化，这对职业学校来说，是一件重大的事件，单靠学校本身是很难做到的。好在2020年10月，教育部、国家发展改革委、工业和信息化部、财政部、人力资源和社会保障部、农业农村部、国务院国资委、国家税务总局、国务院扶贫办等九个国务院职业教育工作部际联席会议成员单位联合印发《职业教育提质培优行动计划（2020—2023年）》（简称"计划"），

"计划"明确通过加快体系建设、深化体制机制改革、加强内涵建设,系统解决职业教育吸引力不强、质量不高的问题。上海作为国际大都市的职业教育,就应提质培优,建立纵向贯通的职业学校体系,作为构建中国特色现代职业教育体系的典范,实现中等职业教育、专科职业教育、本科职业教育自下而上的无缝衔接。这不仅能够给学生以思想政治课程与现实生活紧密联系的良好心理体验,有效地激发学生的学习兴趣,还能有效地加深学生对理论知识的理解,提升其运用所学知识解决实践问题的能力,从而有效提高中职学校思想政治教学的效果。

(三)有助于解决中职学生面临的实际问题

当前,中职学校的学生面临许多实际的问题,包括就业压力持续增加、学习兴趣不高、理想信念不坚定、职业发展目标不明确等一系列问题。通过开展思想政治教育,将极大地帮助学生解决他们学习生活中面临的实际问题,使学生获得强大的精神动力,激发学习兴趣,培养高超的职业技能,树立坚定的理想和信念,正确看待就业压力,最终实现提升人格素质和完善人格品质的目标,成为社会需要的专业型优秀技能人才。

为此,我们加强思政课程的教学,要把理想信念教育放在首位,深入开展社会主义核心价值观和中华民族伟大复兴中国梦教育,引导学生树立正确的世界观、人生观、价值观。深入持久开展爱国主义教育,引导学生培养爱国之情、砥砺强国之志、实践报国之行。加强国家意识、法治意识、社会责任意识教育,加强民族团结进步教育、国家安全教育、科学精神教育和英雄模范教育,引导学生提升政治素养,衷心拥护党的领导和我国社会主义制度,形成做社会主义建设者和接班人的政治认同。加强社会公德、职业道德、家庭美德、个人品德教育,提升道德素养。

同时将劳动教育纳入人才培养方案,融入学校教学全过程。开设劳动教育必修课程,以实习实训课为主要载体开展劳动教育,包括劳动精神、劳模精神、工匠精神的专题教育。安排组织学生开展形式多样的劳动实践活动,培育劳动观念、端正劳动态度、养成劳动习惯、增强劳动情感,引导学生形成劳动光荣、技能宝贵、创造伟大的观念;充分利用企业文化资源,着力培养学生的专业精神、职业精神和工匠精神,培养敬业奉献、诚实守信、精益求精、追求卓越、开拓创新等精神品格。

六、体会与思考

当前，我们面对世界百年未有之大变局，新时代中等职业学校思政课的价值就在于引导学生在风云变幻的时局中，看清世界和中国发展大势，把握人类社会发展规律，理解中国特色社会主义的历史必然性，并在客观全面的国际比较中，深刻认识中国特色社会主义的优越性，增强中国特色社会主义道路自信、理论自信、制度自信和文化自信，牢固树立中国特色社会主义共同理想；抓住第四次工业革命的发展机遇，树立改革创新意识，增强改革创新本领，引导学生正确认识各国家、各民族高度依存、人类深度共生的关系，要有家国情怀，也要有人类关怀，发扬中华文化崇尚的四海一家、天下为公精神，为实现中华民族伟大复兴而奋斗，为推动共建"一带一路"、推动构建人类命运共同体而努力。

参考文献

[1] 教育部办公厅.关于加强和改进新时代中等职业学校德育工作的意见[DB/OL].http://www.gov.cn/xinwen/2019-12/05/content_5458689.htm，2019-12-05.

[2] 教育部.教育部关于印发《中等职业学校思想政治、语文、历史课程标准（2020年版）》的通知[DB/OL].http://www.moe.gov.cn/srcsite/A26/s8001/202002/t20200226_424148.html，2020-01-19/2020-02-26.

[3] 教育部等.教育部等九部门关于印发《职业教育提质培优行动计划（2020—2023年）》的通知[DB/OL].http://www.moe.gov.cn/srcsite/A07/zcs_zhgg/202009/t20200929_492299.html2020-09-16/2020-09-23.

践行核心价值观　成就职教强国梦

上海市航空服务学校　王凤娟

【摘　要】本文围绕"立德树人"的教育根本和在师生中宣传、培育以及践行社会主义核心价值观的课题，结合上海市航空服务学校德育实践，从"知情意行"四个要素及相互关系入手，建立德育长效机制，发挥好典型引领、榜样示范作用，真正把道德感悟自觉转化为师生们的日常习惯，坚持知行合一，引导学生将社会主义核心价值观内化于心、外化于行，师生精神面貌和综合素养明显提高。

【关键词】立德树人　要素　途径　知情意行

一、实施背景

（一）践行社会主义核心价值观是职校学生德育的客观需求

　　加强社会主义核心价值观教育，是职校贯彻落实中国共产党关于加强学校德育工作一系列方针政策、坚持立德树人、实现为建设中国特色社会主义培养高素质劳动者和技能型人才培养目标的需要。党的十八大和十八届二中、三中全会精神以及中共中央办公厅《关于培育和践行社会主义核心价值观的意见》要求切实把立德树人作为教育的根本任务，针对当前的新形势、新要求，就培育和践行社会主义核心价值观，进一步增强德育的时代性、规律性、实效性做出了具体要求。当代职校学生的年龄大多处在世界观、人生观、价值观形成的关键时期，可以说心智仍不健全，价值观的确立处于动态、不稳定的状况，价值取向存在着不同程度的迷惘或偏差，不能深刻地认识到自身的问题。树立正确的价值观是实现自我价值的前提和保证，为此，要用社会主义核心价值观去引导、启发和教育学生，用主流价值观念凝聚共识、引领风尚、规范行为，使正确行为得到鼓励、偏差行为得以纠正，并努力将其转化为职校学生的日常生活和行为准则，并形成坚定的信念。

（二）践行社会主义核心价值观是构建和谐校园的价值支撑

我国发展正处在新的历史起点上，面临着复杂多变的国际形势和十分艰巨的国内改革攻坚。面对国际上各种思想文化的相互激荡和国内多元化价值观念的影响，伴随着全球化、网络化、数字化、信息化、市场经济的发展，职校学生思想活动和价值判断的独立性、选择性、差异性和多样性进一步增强。这就迫切需要职校教师要尊重差异、包容多样，用交流、疏导、讨论、说服的方法解决职校学生的思想认识问题，把不同层次的职校学生凝聚起来，在尊重差异中扩大社会认同，在包容多样中形成思想共识，从而汇聚成强大合力。社会主义核心价值观所具有的先进性与开放性将有利于进一步解放思想，开放包容，化解师生矛盾，激发校园活力，促进校园和谐和学校平安建设。同时，价值观是文化的内核，社会主义核心价值观是学校文化软实力的关键，没有社会主义核心价值观，学校文化就失去了灵魂。

二、实施目标

为了认真贯彻落实中共中央办公厅《关于培育和践行社会主义核心价值观的意见》的具体行动，上海市航空服务学校统筹规划、周密安排社会主义核心价值观的培育践行工作，为全校教师指明立德树人的方向，让全校教职工目标明确、立场坚定、旗帜鲜明地进行教书育人、管理育人、服务育人，把社会主义核心价值观教育渗透于校园文化建设，渗透于师生的自我学习修养，渗透于校企合作、产教融合的校企协同育人等各个环节。

因此，本案例的具体实施目标就是：学校各个职能部门统筹协调，全体教师形成加强社会主义核心价值观教育的合力，构建职校培育和践行社会主义核心价值观的立德树人新模式，提高德育工作的实效性。希望通过加强社会主义核心价值观教育，能够引导职校学生树立中国特色社会主义理论自信、制度自信、道路自信，引导他们充分认识到培育中国精神、凝聚中国力量、走中国道路的重要意义；引导他们树立正确的国家观念、法治观念、民族观念，树立正确的职业理想，培养职业兴趣，完善职业性格，提高职业能力，树立正确的世界观、人生观和价值观，提高抵御各种错误思想观念的自觉性，并最终引导学生成为社会主义事业的建设者和接班人。

三、实施过程

加强社会主义核心价值观教育是一个系统工程，不仅需要学校的总体策划和各职能部门的具体落实，而且需要全校教师的身体力行、紧密配合。上海市航空服务学校从"知、情、意、行"四个要素入手，探索培育和践行核心价值观的有效途径。学校以"知"与"情"为实施的抓手，重点着力，以"意"为保障，最终通过"行"来展现该项目的实施效果。

（一）知是基础，坚定理想的"主心骨"

职校学生社会阅历浅，知识面相对窄。教师要让学生懂得立身做人的基本道理，首先要让学生识记，认知是情感和行动的基础，只有有了正确的认知，才会有正确的情感和行为。

第一，课堂渗透，学习内涵。学校教务处要求各学科教研组教学计划中要体现和落实培育和践行核心价值观的具体教学内容，政治课、语文课、航空地理课、班会课等都要进行核心价值观24字内容的学习，政治课必须有2课时的教学时间，其他课程寻找涉及服务品性的相关内容，并通过制作微课程或教学小视频来增强教学的实效性，培养学生良好的职业道德和职业素养。学校收到服务品性微课件100多件。

第二，专家讲解，解读内涵。学校邀请了大国工匠胡双钱、全国劳模东航乘务长吴尔愉、华师大匡英教授、原东航党委书记张林昌等来校为全体教师作社会主义核心价值观专题讲座，帮助教师把握和理解社会主义核心价值观的深刻内涵，并如何指导和运用于教育教学实践，让教师的言传身教潜移默化教育感染学生。

第三，笔试检测，掌握内涵。组织全校学生进行社会主义核心价值观内容的测试，由政治教师出卷，利用期中、期末考试对学生进行检测，目的是从认知上检验学生掌握的程度，让学生把24字核心价值观入耳入脑入心，真正做到核心价值观"进教材、进课堂、进头脑"。

（二）情是动力，筑牢信念的"压舱石"

培养师生积极向上的核心价值思想情感，要靠宣传，要靠舆论，要靠榜样引领，使师生们的情感转化为信念。情感是沟通彼此的桥梁，是开启教育对象内心世界的阀门。

第一，氛围浸润，感染教育。学校充分发挥宣传主阵地的作用，积极创设条件、营造氛围，让全校师生浸润于培育和践行核心价值观的氛围，走进校园，就会看到电子大屏幕、宣传橱窗栏内的核心价值观宣传画面；走进教室，就会看到班班有24字的宣传画报；走进实训楼，就会看到职业道德和职业素养的视频播放等。总之，学校利用师生喜闻乐见的方式，加强宣传教育的吸引力和感染力，以情感人，以情育人，把核心价值观转化为师生应当践行的道德标准、应当遵守的价值准则和应当追求的理想信念。

第二，树立标杆，榜样引领。利用榜样示范的作用，传递正能量。学校党组织要求各专业部发动教师寻找和挖掘身边优秀教师案例，并通过视频、故事演讲等形式，向全校师生推出在践行社会主义核心价值观过程中出现的优秀典型，充分发挥榜样示范和带头的作用，发挥其价值引导和目标激励的作用，从而为全校传递正能量，如学校挖掘了5位上海市"金爱心教师"称号获得者的教师事迹。教师看得见、摸得着，印象特别深刻。广大教师学有榜样，行有示范，赶有方向。

第三，经典熏陶，陶冶情操。学校党组织发动全校教师学习品读关于敬业的名人名言，并组织部分教师前往上海戏剧学院观看王苏老师的精彩品读，党政工联手发动全校教师撰写敬业语段，并组织评比。无论是教师发表的感悟还是撰写的敬业语段等内容，都能折射出广大教师敬业的决心和信心：要努力践行"情、诚、爱、真"；要拥有得体仪态、平和心态、激情教态；要拥有甜美微笑、高雅情趣、真心服务，这样才会让课堂更高效、让班级有特色、让学生有技能。正如学校一位飞翔团队的青年教师所说："我会以无私奉献的精神去感染学生，以渊博的知识去培育学生，以科学的方法去引导学生，以真诚的爱心去温暖学生，以高尚的师德去影响学生，真正成为一名优秀的航校教师。"

四、实施保障

(一)建章立制,制度管人

通过建立考评监督制度、激励运行机制等,培养师生良好的职业道德和素养。针对教师层面,实行了文明组室、文明组员考核奖励机制。针对学生层面,推出了"德育学分制"管理平台,运用人人都是德育工作者的管理理念,采用加分的形式对表现优异的学生给予增加学分的鼓励,采用扣分的形式对品行不规范的学生给予扣分的惩处,德育学分不合格者,学校将举办暑期专题培训班,并不予推荐实习等。经常扣分的同学也可通过做好事等途径来增加分数,全校教师只要看到不雅行为都有权对学生在网上进行扣分,看到拾金不昧等好人好事行为,就可以加分。这一举措约束了学生的不规范行为,保障了学生良好品行的养成,能鼓励更多学生积极践行社会主义核心价值观。

(二)服务校训,文化管人

学校确立了"服务"核心价值观,通过举办各类学习交流研讨活动,广大教师已明确了服务为什么、服务是什么、服务做什么、服务求什么等问题,因而使老师们沉浸于服务文化的熏陶和浸染,初步形成了服务特色的班风、学风和教风,师生们在良好的"服务"校训建设中培育和践行社会主义核心价值观。

(三)优化环境,氛围育人

把"倡导富强、民主、文明、和谐,倡导自由、平等、公正、法治,倡导爱国、敬业、诚信、友善,积极培育和践行社会主义核心价值观"的基本要求融入渗透到校园文化建设的各个方面。以优美的环境和浓厚的文化氛围熏陶学生。学校要大到整体布局规划,小到一室、一梯乃至一厕的净化、美化,当作一种文化建设促进自然环境与人文环境的和谐发展,丰富校园文化内涵,激发学生爱护校园、美化环境的自觉性和积极性,引导学生树立积极向上的人生观和价值观。

五、特色与成果

行为是衡量一个人思想品德水平高低的主要标志。只做语言上的巨人是无用的，只有行动上的巨人才是实在的。我们广大师生都要做核心价值观言行一致的践行者。上海市航空服务学校在践行社会主义核心价值观，形成了如下特色与成果。

（一）校园文化，内化于心

培育和践行核心价值观要融合校园文化。"服务"是航空服务学校的校训，学校文化建设围绕"服务"进行，把社会主义核心价值观国家、社会、个人三个层面的内容要求，通过校园文化建设主题活动如职业体验日、传统文化节活动、体育技能艺术节活动、规范礼仪 强化技能 争创特色班级评比活动等实施，真正让校园文化建设融合于社会主义核心价值观。

（二）主题实践，外化于行

社会实践活动，是学生深入社会、了解社会、服务社会的有效途径，是增长才干、增强社会责任感的重要方式。每年学校通过20多场次的各类志愿者服务活动、顶岗实习活动、社会考察活动、军训、礼仪评比、技能比赛等活动，培养学生爱岗敬业、诚实守信、遵纪守法、服务他人、奉献社会的良好品质。学校已连续14年为上海市"两会"做会务礼仪志愿服务接待工作，得到社会各界一致好评。学校在各类主题实践活动中升华师生对社会主义核心价值观的体验感受和行为实践。

（三）核心讲堂，注重实效

充分发挥学校的核心价值讲堂作用，让讲堂成为全校师生思想道德教育的重要阵地，近几年学校已连续举办以24字内容为主题的30多场核心价值讲堂全校展示活动。如举行了以"践行'情真爱真'，铸就'蓝天梦想'""怀揣爱国心，共筑蓝天梦""弘扬家庭美德，倡导和谐家风"等为主题的教师敬业核心价值讲堂活动，举行了以"从细微处入手，争做文明之人""从制度入手，争做遵章守纪之人""从微笑入手，争做阳光之人""爱国，从爱学校做起""爱国，从爱专业做起""爱国，从爱身边的人做起""孝心·孝行""讲信修睦，相亲相爱""践行文明，恪守诚信""平等和谐，友善相处"等为主题的学生层面核心价值讲堂活动。师生们在道德讲堂活动中认知、体会、感悟了社会主义核心价值观内涵,并进一步内化于心、外化于行。

六、体会与思考

让社会主义核心价值观在广大教师中真正入耳入脑入心,并付诸实际行动,言传身教于学生,并不是一件容易的事情,这就需要建立一种长效机制,围绕"知、情、意、行"四要素,反复讲、反复学、反复练,发挥典型引领、榜样示范的作用,真正把道德感悟自觉转化为师生们的日常生活习惯,让我们共同为打造一个文明、向上、和谐的社会而献出一份力。

(一)深化产教融合,探索特色路径

只有依托行业,融合产业,才能彰显专业特色,贯彻"德育为先""育人为本"的思想塑造学生人格,只有以"知行并进"的方式,利用校企资源,提升职业技能和素养,让学生挖掘潜能,不断地突破自我,成为具有现代企业精神的职教技术技能人才。未来学校也会更加突出职业教育特点,深化产教融合,将社会主义核心价值观教育与职业素养要求相贯通,与职业道德、职业操守相融合,推进"产业文化进专业、企业文化进课堂",将学校文化、行业文化、企业文化和产业文化有机结合,实现学校文化和职场文化、专业素养与职业素养、职业道德和社会公德培养立体推进,打造上海市航空服务学校践行社会主义核心价值观的特色路径。

(二)坚持实践育人,拓展活动载体

以丰富多彩的课余活动充实学生生活。学校将充分发挥30多个学生社团的作用,发挥吴尔愉服务法培育基地的作用,让每一位学生都能够成为活动的主角或者都能在活动中找到自己的位置,发挥自己的才能,并在活动中认识自我、肯定自我、发展自我、成长自我,更在活动中充分践行社会主义核心价值观。完善职校学生开展社会实践的体制机制,把学生参加社会实践活动的情况和成效,尤其是践行社会主义核心价值观的成效纳入学校教育质量综合评价和学生综合素质评价。

总之,职校加强社会主义核心价值观教育是加快发展现代职业教育、培养高素质劳动者和技能型人才的一个复杂、系统工程,不仅需要学校的

统筹规划、职能部门的齐抓共管，更需要全校师生的积极参与、共同努力，尤其需要每个教师在学科教学活动中有目的、有计划地循序渐进，建立各个学科教师之间融通交流、心神合作、共建共育的德育工作新模式，才能不断提高其实效性。

参考文献

[1] 张捷树.中职学校加强社会主义核心价值观教育的问题与对策研究[J].职教论坛，2016（32）.

[2] 张荣胜.以立德树人为根本 培育现代职教人才[J].中国职业技术教育，2014（25）.

[3] 张克朴，李伟.职教特色的社会主义核心价值观培养[J].现代教育，2015（5-6）.

德技融合视域下中职课程教学改革实践与探索

上海第二工业大学附属浦东振华外经职业技术学校　郭雪利

【摘　要】德技融合是实现职业教育全面发展育人目标的重要手段。在这一背景下，振华职校尝试构建德技融合育人模式，并在专业课程中开展实践探索。本案例依托《电子商务客户服务》课程，分析德技融合的必要性、德技分离的问题表征、德技融合的实践路径与成效，为同类专业课程改革提供借鉴。

【关键词】德技融合　职业素养　课程

一、实施背景

近年来，立德树人、德技并修、工匠精神理念的提出引起职业教育对人才培养目标的再思考。职业教育不是培养只有职业技能的工具人，而是培养更加综合、全面、立体的人，即教育理念上从"制器"到"育人"，教育目标上从"职业人"到"全面人"。顺应职业教育改革趋势，上海第二工业大学附属浦东振华外经职业技术学校（下称"振华职校"）提出了"德技并重，上进达人"的育人理念，并积极探索"德技融合"育人模式。本文论述的"电商客户服务"课程便是在此背景下开展了改革实践，以期探索"德技融合"课堂教学改革路径与特色。

二、实施目的

坚持立德树人的根本任务，课堂教学不再是教授技能的场所，更是育人的摇篮。职教专家刘宝民提出，"既要发挥专业课、实习实训课在学生技术技能培养中的主阵地作用，也要注重培育学生的职业意识、职业精神"，本案例将重点展示振华职校"电商客户服务"课程的改革实践，深入挖掘"德"之内涵，完善"技"之培育，使德中有技、技中有德，德与技相互支撑、相互促进，进一步提升课堂育人质量。同时，也为其他课程探索德技融合提供借鉴，让更多老师挖掘课程中的德育元素，发挥课堂育人的核心力量。

三、实施过程

"电子商务客户服务"课程中德技融合的起点是，"德"是什么？"技"是什么？必须先搞清楚两个基本问题，才能谈德技融合。在职业教育中，"技"指技术技能，"德"包括思想道德与职业素养，两者是不可分割的。在专业课程教学中，职业素养是"德"的具体化表现，同时，德技融合是培养职业素养的重要手段。

2015年，我校电子商务专业作为"双证融合"试点专业，与人社局专家、企业专家共同开发了四门核心课程的课程标准与考核方案，并开发了双证融通的系列教材，这其中包括《电子商务客户服务》。在连续几年的实践中，课程的"技"逐渐完善。然而，比较薄弱的是对"德"的诠释。课程标准中全部是对于技能要求的阐述，考核方案中关于技能要点96条，而职业素养只包括5条，其中，职业道德和操作规范基本等于职业技能，工作态度、团队合作、安全与整洁主要基于课堂表现，对于未来发展所需要的职业素养缺乏阐述。

（一）职业素养融入课程开发

职业素养一般包括职业信念、职业知识技能、职业行为习惯，既要基于具体工作任务，又要跳出工作任务之外，具有理念引领意义，体现某种职业精神，包括爱岗敬业、精益求精、团队合作、创新精神等方面。那么，职业素养如何细化到课程中？如何更好地提升职业技能？

职业素养要纳入课程，首先需要解决的是职业素养内容的选取问题，而内容选取必须来源于职业活动。陈宏艳、徐国庆提出《职业教育学生发展核心素养》包括通用核心素养（自主发展、社会参与、文化基础）与职业核心素养（职业角色、工作胜任、生涯发展），共计36项指标。本文结合电商客服职业活动，选取工作价值、岗位职责、职业道德、服务意识、安全意识、问题解决、团队合作、生涯规划8个职业素养，并对表现性目标进行了深入阐述，具体如表1所示。

表1　电子商务客户服务职业素养（节选）

素养	表现性目标
安全意识	● 具有高度安全意识，能自觉遵守设备使用安全规范制度，保证设备使用安全，保持工作区域清洁 ● 具有网络安全意识，能够自觉维护网络安全环境，不在网络上发布、传播不良信息
工作价值	● 了解客户服务部门的典型岗位，以及其在电商系统中的运行方式和作用，及其与其他部门的相互关系 ● 理解客户服务部门各条线任务的逻辑关系 ● 理解电商客服工作对整个行业的重要性，具有积极参与客服工作的态度 ● 具有电商客服工作的认同感
岗位职责	● 具有高度岗位责任意识，熟悉客户服务岗位基本职责及能力要求 ● 能表现出快乐服务、积极认真的工作态度
职业道德	● 不篡改、破坏、泄露客户交易信息，不泄露客户隐私信息等 ● 具有诚信服务意识，不盲目、过度承诺 ● 具有真诚服务意识，不夸大产品质量、效果
服务意识	● 具有高质量服务意识，了解具体服务标准，坚持为每位客户提供优质服务 ● 具有主动服务意识，能主动、及时、准确回应客户要求 ● 能以客户为中心，选择符合客户需求差异的产品与服务 ● 具有耐心服务意识，无论何种情况，心态平和地解答客户问题 ● 具有同理心和倾听意识，当遇到服务问题，愿意真心倾听客户 ● 具有积极改进工作方法的意识，提升打字速度、熟练软件操作等，以更高效地服务客户

（二）职业素养融入工作领域

在电子商务专业"双证融合"试点中，"电子商务客户服务"作为核心课程，进行了职业能力分析会，以电商客服典型工作任务为依据，重新设计了课程结构，主要包括电商客服岗位体验、电商售前客服、售中客服、售后客服、电话客服、客户增值服务和客服管理系统7个工作领域，每一个模块都有一条核心职业能力，可以做综合实践项目。在加强职业素养培育的理念下，尝试将职业素养对应不同的课堂模块（见表2）。

表2 "电子商务客户服务"教学模块的职业素养

序号	工作领域	职业素养	
1	客服岗位体验	工作价值 岗位职责 生涯规划	安全意识
2	售前客服	职业道德 服务意识 问题解决 团队合作	
3	售中客服		
4	售后客服		
5	电话客服		
6	客户信息管理	职业道德 服务意识	
7	KPI 系统认知	生涯规划	

需要指出的是，职业素养培育的界限并不是绝对的，只是在认知规律上，职业素养的培育放在某一职业技能训练中更加合适，也更具针对性和操作性。比如在岗位体验模块，更强调客服岗位的价值和意义，同时，强调学生对客服部门乃至整个公司的意义，让学生有岗位的整体概念。而在售前、售中、售后客服中，相对更强调服务意识的培养。

（三）职业素养融入课堂教学

职业活动是培养职业素养的根本路径，把职业活动视为职业素养培养的手段，固然是基于对职业素养培养脱离职业活动之弊端的深刻认识，但同时更是根植于对职业素养和职业活动的内在联系，根植于对个体职业素养是在职业活动中发生的深刻认识。那么，在课堂中如何开展能够体现职业素养的职业活动？笔者以"售前客服典型场景应答"模块为例（如表3所示），进行设计与实施。

表3　"售前客服典型场景应答"模块分解表

项　目	模　块	课时
售前客服实践	整理店铺和商品信息	2
	编写店铺客户服务话术	2
	典型场景应答	2

（1）问题反思：在"售前客服"的以往教学中，对于售前客服我们强调标准化服务，通过理解、记忆、练习的方式掌握30句左右的话术，从而应答来自客户的"固定"问题，比如问产品、信用、物流、售后、议价等，而同学只要答对要点、不出错就行。同时，在情感价值观层面，告诉学生需要诚信、耐心、同理心、细心、情绪控制等，让学生自己体会，却在实际课堂活动中忽视了两者的结合，学生在机械的固定对话中也难以体会其中要义。

（2）实施策略：在标准化应答之后，加入个性化情景式问答，让学生真切体会到客户的需要。将情感价值观的要求进一步细化、具体化、可视化。

1. 教学目标的革新

表4　"售前客服典型场景应答"教学目标

	场　景	教 学 目 标
改革前	固定客户"机器人"	● 知道售前咨询的应答要点 ● 通过应用产品、议价、物流、评价、售后等基本话术，进行人机对话，完成综合实践，做到3秒钟快速应答、回复及时、准确 ● 体会客户服务的专业性
改革后	遇见"100问"客户	● 理解产品、议价、物流、评价、售后等基本话术 ● 能够通过主动问好、表情、语气词等，拉近客户距离，取得客户信任 ● 在标准情况下，运用应答话术，做到3秒钟快速应答，及时、准确回答客户问题，注意语气语调等隐性服务因素，体现高质量客户服务 ● 在非标准情况下，无论客户提什么问题，都要使用清晰、具体、正向的语言，保持心态平和，耐心解答；注意语气语音语调平稳，注意不过度承诺，不夸大功效，真诚服务

　　从教学目标中（详见表4）可以看出，之前只重技能，甚至是机械的应答，对学生的培养是偏重技能，而非育人。客服必须知道对面的客户是人，而非机器，服务是有温度的，而不是冷冰冰的规范。在改革后的教学目标将其分为两种情况：①标准情况，及时、准确使用话术，并规范作答，同时也强调语气语调等隐性要求的重要性；②非标准情况，保持心态平和，耐心解答，同时不过度承诺、夸大功效，体现真诚服务。从某种程度上可以说，客服的精髓不在于话术，而是与人交流的心。

2. 教学过程的革新

　　在上述教学目标的引领下，教学过程也有了显著的变化。在改革前，教学过程相对简单，学生只需要将话术整理输入智能软件，并根据话术与机器简单应答。在德技融合的教学过程中我们做了表5中的尝试。

表5　"售前客服典型场景应答"教学过程

教学阶段	学习任务	知识和技能点	职业素养	活动设计（讲解、示范、组织、指导、安排、操作）	课时
任务导入	体会客服专业服务		善于发现生活中的客服经验，懂得与人沟通	老师分享"星巴克客户服务"案例提问学生认为的最"贴心"的客服，最"难搞"的客户	10分钟
任务提出	典型场景应答服务	1.了解店铺活动与规则 2.了解商品知识 3.了解物流知识 4.了解其他服务知识	具有与客户连接沟通和服务的意识	两组对战的规则： 第一轮 A（客服）&B（客户） C（客服）&D（客户） 第二轮 B（客服）&C（客户） D（客服）&A（客户） 如A组将商品简单信息发给B组，让B组来扮演客户，进行售前咨询。客服组了解服务知识及话术，准备做专业客服。客户组反复提问细节问题，扮演"100问"客户	5分钟

（续表）

教学阶段	学习任务	知识和技能点	职业素养	活动设计（讲解、示范、组织、指导、安排、操作）	课时
任务实践	客户服务（A）	1.能主动、及时、准确回应客户问答 2.识别客户核心需求，应用话术规范应答	1.耐心服务客户，使用清晰、具体、正向的语言，注意语音语调语气平和 2.具有诚信意识，不盲目、过度承诺，不夸大产品效果	两组对话投影到大屏幕，让其他组员共同思考和学习； 在服务过程中，遇到问题，小组可以讨论后再回答	40分钟
	扮演客户（B）				
任务评价	客户服务过程复盘	1.客户服务规范用语 2.常见禁用语	体会规范与用心服务的微妙差别	1.客服场景复盘，找出不符合客服规范的话术 2.找出令人愉悦的、用心的服务用语 3.小组成员互评评出最"贴心"客服和最"难搞"客户	20分钟
分析总结	分析客服问答的精髓	小组讨论客服中常见的问题，进一步规范客户服务 分析客户服务问答的精髓，不只是规范，更是用心		教师点评讲解； 师生共同总结本节课知识、技能和核心素养	10分钟

在客户服务的课堂练习中，学生收获的不只是专业知识和技能，更是与人相处的仁义之道，也是经商之道。当然，耐心、诚信、倾听等职业素养不是一节课就能养成的，而是需要在多次服务实践中，反复推敲，反复体悟，才能有所提升。

四、实施保障

（一）专业层面职业素养的开发

电子商务专业是学校的龙头专业，领先开发了双证课程标准，并与企业合作开发了相应教材，参与开发了上海市电子商务专业课程标准，经过多年实践探索，专业核心课程教学比较成熟。在德技融合的教育理念下，开发了《电商专业学生发展职业素养》，为客户服务课程教学实践创造了优越的条件。同时，本课程职业素养的开发也进一步完善了专业层面的职业素养，两者互相促进。

（二）学校层面科研团队的支持

以课题为引领，我校组建了由电子商务、国际商务、信息技术、旅游管理等8位老师的教研团队，共同探索"德技融合"的课堂教学，共同研讨课堂上如何突出职业素养的培育，探寻不同专业的共同点及特色，进一步推动了德技融合育人模式的全面运行，课题团队共创的氛围，为本次教学实践开拓了一片沃土。

五、特色与成果

经过"电子商务客户服务""德技融合"课堂教学实践经验，在课堂教学活动中反复渗透思政与职业素养教育，取得了一定成效。

（一）电商客服课程更加完善

从企业的角度来看，对客服岗位素养的要求更胜于职业技能。精巧的服务技能固然有助于了解客户的需求，但高质量的客户服务必定起始于知心交心的客服。然而，职业素养不是一朝一夕可以养成的，需要慢慢培育。基于这点考虑，我们以德技融合为契机，进行了课程内容的重新开发与完善，对学生职业能力要求也进一步提升，体现了德技融合、德技共育、德技共进的特色。

（二）课堂教学活动更加丰富

由于职业素养的融入，课堂教学活动不只是背诵话术，整理客户资料、"问答"模式，加入了对客户类型的分析，更有针对性地服务客户，也更具有挑战性和综合性，同时，收集店铺和商品信息，编写话术、小组讨论解决问题、团队考核等模拟场景，让学生深刻体会客服岗位职责，也进一步丰富了课堂教学活动，全面学习了客服工作的专业与用心。

（三）学生职业素养显著提升

没有职业素养的技能是单一的，甚至是空洞的。面对电子商务客户服务岗位，学生习惯性认为只是回答客户问题那么简单。在职业素养中我们强调全局观和发展观,学生认识了客服部门的整体架构,对职业发展路径更加明确,也更有认同感。同时,在客户服务活动中,强调主动、及时、准确等高质量服务意识,学生在专业话术的支持下,学习尊重他人,讲诚信、有耐心、会倾听、能合作,综合素养得到显著提升。

六、反思与启示

(一)挖掘课程德育元素是基础

实际上,大多数课堂教学中都暗含育人的功能,因过于重视学科知识和技能教育,德育往往处于边缘位置。在德技融合的背景下,需要将"德"与"技"共同处于核心地位,课程教学中不仅要清楚其技能要求,对其暗含的德育要求也要明确。所以,需要充分开发每门课的"德"育元素,比如客服职业素养包括高质量服务意识;耐心、同理心和倾听意识;资料收集和整理能力;团队合作精神等,在具体课堂教学设计中还需要进一步细化。

(二)课堂教学设计突出"德"是手段

任何教育理念的实施都必须落实到课堂上,而且是日常课堂教学,才有实际意义和价值。因此,需要从课堂教学设计入手,深入挖掘每一堂课的"德"育功能,并在教学目标、教学过程、教学评价中得以体现,实现课堂教学活动中的德技共育。比如耐心,面对常规问题耐心回答很容易,那面对"100问"的客户、无理取闹的客户甚至出口成"脏"的客户,你是否还能保持良好心态,真诚为客户解决问题?这是需要慢慢修养的。

(三)教师自我心灵成长是关键

德技融合的教育是回归教育的本真,回归育人,回归心灵。好的教学不能降低到技术层面,好的教学来自教师的自我认同与自我完善。当前职业教育正处于教学技术和教育方法改革的重要时期,对于职业教育专业课程教学,更是面临教学内容——企业技术更新迭代,教师一直忙碌着掌握新的教育理念和方法,却往往忽视了育人,忽视了自我和学生的心灵成长。甚至与企业专家相比,有些教师自惭形秽,将育人这么神圣的职责拱手相让。当然,我非常支持课程内容与企业发展相适应,但课程内容是手段和载体,真正的育人要从心灵出发。而只有自我内心的完善,才有育人可言,才能更好地探察学生的内心世界，才能指引学生走在心明眼亮地做事做人的人生大道上。

参考文献

[1] 桑雷.职业于教育互动中的职业核心素养及其价值论析[J].职教论坛，2020（10）.

[2] 陈宏艳,徐国庆.基于核心素养的职业教育课程与教学改革探析[J].职教论坛，2018（03）.

[3] 许亚琼,徐国庆.职业素养——职业教育亟待关注的课程研究领域[J].职教论坛，2009（07）.

[4] [美]帕克·帕尔默.教学勇气[M].上海：华东师范大学出版社，2020.

中职学前教育专业课程德育渗透方法研究
——以学前教育中本贯通专业为例

上海市新陆职业技术学校　李青青

【摘　要】学前教育的发展是国家建设的根基,学前教育专业培养的是面向婴幼儿的教育工作者,该专业学生德育发展状况会对受教育对象产生较大影响,甚至会影响受教育者一生,在专业学习中,应陶冶学生情操,提升思想道德素质,为学前教育的发展培养高素质人才。本文阐释了中职学前教育专业德育教育的实施背景、实施目标,在实施过程中,分析了中职学前教育专业课程教育的德育现状,并提出了德育渗透方式及保障。

【关键词】中职学前教育　德育渗透　中本贯通

一、实施背景

在国民教育体系中,学前教育是终身教育的开端,是基础教育的基石,是个体一生发展的基础。幼儿教师的道德素质建设,既关系幼教事业的发展,更关系到一代人的素质培养和健康成长。本校学前教育中本贯通专业为高等院校输送人才,培养德勤技优的现代化人才,中职阶段是学生人生观、世界观、价值观形成的重要时期,德育教育尤为重要。且良好职业道德的形成,有利于学生更快更好地适应未来的工作岗位,有利于幼儿全面健康发展,重视学生德育习惯的养成尤为重要。课程是德育教育和渗透的重要载体,专业课程是课程的重要组成部分,也是学生职业素养养成和道德发展的载体。在专业课程中渗透德育教育,是提升学生德育能力、道德品质和工作素养的重要方式。

二、实施目标

在职业教育教学过程中渗透德育教育，全面提升学生品质及素养，培养"德技双馨，知法守法，尊师重教，身心健康，知礼明义，担责任，知感恩，重诚信"的适应社会发展和国家需要的当代中职生；以课程为载体，塑造"爱国守法，爱岗敬业，爱生爱校，身心健康，为人师表，因材施教"的忠于教育事业、甘于奉献的品质高尚的师资团队。在此基础上，提高中职学校的管理及班级工作质量。从长远来看，学生作为未来的幼教工作者，能在教育系统中发挥优势，做好国家德育工作的基础支持。

三、实施过程

实施过程中，我们深入分析中职学前教育专业课程教学中德育现状，思考实施德育教育的方式及保障。

（一）中职学前教育专业课程教学中德育现状分析

1. 理念层面：专业课教学中普遍缺乏对德育教育的重视

现阶段，中职学前教育专业课程教学中普遍存在重技能轻德育的现象，甚至存有"德育教育是班主任的工作""德育的发展应该在公共基础课中完成"等观念，因此，教师在设计教学目标时，"知识与技能""过程与方法"经常作为教学重难点存在，且写得较为详细而合适，而"情感态度价值观"则经常出现不切实际、空洞、难以实现等问题。其主要原因是在教学过程中，对于德育渗透的本质缺乏正确的认识和理解，职业道德教育无法与专业课程相结合，形成有效的教育合力，因此削弱了德育教育的效果。

2. 教师层面：专业教师教学方式有待改进，尚未形成教育合力

目前中职学校教师普遍学历层次高，师德素养优良，职业素养过硬，以本校学前教育组专业教师为例，教师全部本科以上学历，其中硕士5名，占本组人员的40%以上。当前存在的问题是，很多教师都是从学校到学校，理论知识浓厚，但缺乏企业实践或幼儿园工作经验，在专业课教学中很难抓住德育教学的着力点，或者是生搬硬套地讲述职业道德或素养内容，容易产生照本宣科的现象，无法有效地把教学内容和学生专业相结合，职业道德教育

无法与专业课相结合,很难激发学生学习的兴趣,产生情感共鸣,无法形成有效的教育合力,从而削弱职业道德教育的效果。

3. 学生层面:学生入校后自我发展与规划能力相对较差

近年来,随着国家对高等教育的重视及就业形势的严峻性,求职门槛对高等学历的倾斜,使得学生以读高中、考大学为基本目标,在这种大背景下,中职学生的生源质量不尽人意,即使中本贯通班级学生入学考试时成绩不错,但后期教学过程中发现,学生学以致用能力一般,还是以死记硬背等学习方式为主。学生在中职阶段,普遍重视与自己就业相关的职业技能学习及考证,以证书作为学习成绩的验证方式,而忽视职业道德教育的学习,甚至有的学生认为学校开设这类课程是浪费时间,这样的想法使得学生容易走入误区,缺乏爱岗敬业和奉献精神,影响学生的发展。且中本贯通班级学生进入学校后,容易产生万事无忧的心理,从学习到品德,容易形成不进反退的结果。

4. 社会层面:学生易受社会因素影响,出现观念偏差

随着国家经济的迅速发展,物质生活日益丰富,文化生活相对发展缓慢,且互联网发展迅速,各类信息处于爆炸时期,任何人都能在网上发表自己的言论,这些内容面向全网开放,很难筛选,有些孩子容易受到不良信息的影响,有些甚至长期依赖网络,沉溺网络,有些孩子生活在虚拟世界中,个人人生观、世界观、价值观易出现偏差,对教师职业产生功利性想法,从而影响其道德感和职业责任感的形成与发展。

除此之外,还有家庭教育方式、同伴作用等因素会对学生德育形成产生影响,且不同时间段,其作用有所不同,这增加了德育工作的难度。

(二)中职学前教育专业课程教学中德育渗透的方式及保障

1. 以理念引领:打造师德高尚、素质全面、业务精良的专业教师队伍

教师是学生成长路上的指导者、领路人,只有教师自身做好榜样,才能把学生培养成社会需要的人才。教师应发自内心地热爱学生、关心学生,尊重每位学生。学生身上良好的品质都值得鼓励,学生感受到了,学习到了,才能把这种品质带入以后的工作中,才能用"爱心""耐心""细心"对待幼儿,才能适应工作岗位,并成长为称职、优秀的幼儿园老师,实现自己的

职业成长,完成职业角色。

职校教师应在此基础上加强自身道德修养,利用时间和机会到企业中进行锻炼,感受企业文化,思考在教学中如何实现德育和职业道德素养的渗透。

2. 以方式创新:注重德育元素的渗透,提高德育教育实效

中本贯通学生在中职阶段的学习更注重实用性和操作性,教师可以在此基础上思考新的教学方式和方法。当今社会,学生接触外来信息越来越便捷,专业课任教老师可以根据课程实际,为学生提供学习的思路,建议学生自主学习,在引导学生发挥主动性的过程中,教师可以将"情感态度价值观"目标以隐形方式体现。如在婴幼儿保教育中,可以让学生自主学习"指导婴幼儿早期阅读"这一内容,学生通过查找资料,观看婴幼儿阅读的图片或视频,激发学生对婴幼儿的喜爱之情,在操作演示时,学生会不由自主地有感情地轻声阅读,这比起教师操作、学生模拟的效果强太多。教师还可为学生提供模拟情景,用角色扮演或案例展示的方法来进行专业课学习,在潜移默化中渗透德育教育及职业素养培养。

3. 以环境熏陶:创设良好氛围,提升德育渗透效果

中职学前教育专业课程教学的德育渗透模式实施还需要一个良好的环境与氛围。德育的养成与提升不能仅靠专业课教学完成,而应综合各种有利条件。教师可以在教学中利用分组教学的形式,将团结、友爱的观念隐性地传给学生,并在小组教学中,让综合能力强的学生更加自我完善,让能力相对弱的学生得到提升,随着时间的推移,学生对德育理念的接受度会越发提升。学生学习及生活离不开班集体,良好的班风班纪对学生德育提升有较好的辅助作用。本校在这一方面做到了前列,学生在校统一着装,发型和装扮都有合适要求,目的在于保持学生积极、阳光、向上的品质。中本贯通班级对学生的要求更是严格,在良好校风影响下的学生,能更好地适应幼儿园教师这一职业。

学校加大德育创新和校园文化建设宣传力度,充分利用广播、黑板报、电子小报、校班会课等方式,宣传德育教育核心理念和校园文化建设意识,努力营造良好的学校德育创新特色氛围。

4. 以实践进行：创造实践机会，感受职业道德素养

叶圣陶先生曾说过："养成习惯必须实践，换一句话说，那不仅是知识方面的事，心里知道怎样，未必就养成好习惯，必须经常去做，才可能养成好习惯。"专业课的教学不仅限于课堂之内，职业道德素养的培养可以联合幼儿园开展，开展参观幼儿园，幼儿园见习、实习活动，倾听幼儿园老师讲座，有些专业课内容如幼儿舞蹈创编、幼儿剪纸、泥塑等活动，可以直接到幼儿园开展，让学生在实习、实训中感受到未来幼儿园老师的角色特点，应担当的责任感，存在的价值，培养劳动观念、职业意识、敬业精神、职业纪律和职业责任感等。

此外，还可以结合特殊日期，举行学雷锋，缅怀先烈，扫墓，"九·一八"等爱国主义教育等；学生根据自己的能力及兴趣，参与敬老院、特殊教育等社团志愿者，提升自身素养。

四、特色与成果

一日常规内化于心。师生在每周升旗仪式时接受日常教育；日常教学活动中落实常规教育；班会及骨干教师活动中搭建德育教育活动平台，并及时调整与反思，评比中本贯通班级学生能力及特色，逐步行程中本班级常规教育策略。

学科教学中渗透德育培养。脱离教学来培养学生行为是不切实际的，因此在教学过程中积极深入学科实际，从教材中挖掘育人因素，从细节上养成学生习惯。在上海市中等职业学校第八届教师教学法改革交流评优活动中，以"立德树人，知行合一"为主题，本校四位中本班任课老师获得了一个二等奖、三个优胜奖的成绩。

教研组活动中渗透职业道德学习。在德育活动开展过程中，教研组不再以单纯的教学研讨为主，而是增加了相关德育及素养教育的相关内容，既有学科特色的内容，又有共性的问题。每两周一次的教研活动中，教师提出问题，教研组出谋划策，解决问题，提高课堂效率，对于典型事件，以教师为主体，形成相关案例，既是经验总结，又可作为其他教师的借鉴。

教师德育队伍建设取得成效。中本贯通班级的任课教师，有多人同时

兼任班主任，以此为切入点，构建全员育人的教师队伍。利用骨干带教、骨干展示、经验交流、骨干论坛等活动，以点带面，全面提升。做到关注每一个学生，关注学生每一天，关注学生一生。

学生综合能力得以提升。教学过程中更注重学生综合素质的发展，且取得了一些成效。如在"幼儿园教育活动设计与实施"中，改变了前几届以教师讲为主，学生听或简单讨论为辅的模式，从2016级学生开始，专业课教师队伍开始尝试新模式，教师讲解基本理论知识，学生以"模拟小课堂"的形式进行巩固和拓展，在成果展示中，个别班主任兴趣浓厚，以观察者身份关注本班学生活动，并有了新评价：学生在活动中呈现出较强的学习能力；对障碍设置的处理体现了幼教工作者的耐心和细心；个别学生的领导力、语言表达能力、人际沟通能力得以发掘。"模拟小课堂"解放了学生的天性，使得其优异之处得以展现，综合能力获得提升，综合素养获得发展。

五、体会与思考

幼儿阶段是身心发展的关键期，学前教育承担了幼儿阶段的基础教育，良好的学前教育对幼儿的发展有重要作用，对学前教育阶段的重要参与者，尤其是一线教师的文化素养，职业道德水平和专业技能水平有较高的要求。专业课教学是职业道德教育的一个重要载体，学前教育专业课教学不仅仅是单一的技能和理论学习，还应让学生理解学前教育的真正意义，以开放的思维对待教学，为国家学前教育的发展培养综合能力强的高质量人才。

研究对中职校学生的可持续发展有重大提升作用，此外，在后续研究中，可以进一步思考：如何将学前教育中本贯通专业的班级常规教育内容更加贴近学前儿童的成长；中职学校和高校如何衔接与合作，从而更好地促进"3+4"模式学生素养的持续养成。

参考文献

[1] 朱艳.思想政治教育融入高校体育教学的路径探析[J].科技资讯，2019（11）.

[2] 李志远.职业教育中音乐教育的德育功能及实现路径研究[J].中国职业技术教育，2017（23）.

[3] 孙丽康.浅谈中职学前教育专业音乐教学中德育渗透的模式[J].亚太教育，2019（2）.

[4] 马莉，丁汝雄.课程思政视域下：对地方高校学前教育专业教师协同育人的思考[J].齐齐哈尔师范高等专科学校学报，2018（4）：10–12.

[5] 李国良.学前教育专业课程教学中渗透思政教育元素研究[J].教育理论研究，2019（2）.

[6] 张春芳.高职学前卫生学专业学生职业道德的培养[J].九江职业技术学院学报，2013（2）.

[7] 法红旗.高校德育不可忽视隐形课程的探讨[J].南昌教育学院学报，2012（12）.

弘扬中华优秀传统文化　助力职校德育内涵发展
——优秀传统文化入校园建设案例

上海市新陆职业技术学校　魏　魏

【摘　要】文化自信既是五千年中华文明底蕴传承的自信,更是新时期大国文化走向世界的自信。中华优秀传统文化蕴含着丰富德育资源。新陆职校在理论与实践探索的基础上,将优秀传统文化融入职校德育工作,并提出了挖掘传统文化、创新德育教育、增加文化自信的有效措施。

【关键词】传统优秀文化　职校德育　文化自信

习近平总书记在十九大报告中讲到,没有高度的文化自信就没有中华民族伟大复兴[①]。中华优秀传统文化是中华民族最深沉的精神追求,对引导职校学生树立正确的世界观、人生观和价值观很有益处。上海市新陆职业技术学校(以下简称"新陆职校")深入贯彻党的教育方针,将德育工作植根于中华优秀传统文化沃土,探寻中华优秀传统文化融入职校德育的时代价值和创新路径。

一、实施背景

中共中央办公厅、国务院办公厅印发的《关于实施中华优秀传统文化传承发展工程的意见》明确提出,"围绕立德树人根本任务,遵循学生认知规律和教育教学规律,按照一体化、分学段、有序推进的原则,把中华优秀

---

① 习近平.决胜全面建成小康社会,夺取新时代中国特色社会主义伟大胜利——在中国共产党第十九次全国代表大会上的报告 [OL].http://www.china.com.cn/19da/2017-10/27/content_41805113.htm,2017-10-27.

传统文化全方位融入国民教育各领域和各环节"。传统文化、革命文化和社会主义文化是新时代文化自信思想的三大核心构成,而文化自信以中华优秀传统文化为思想根基和理论起源,是在认可和肯定中华优秀传统文化的基础上,不断传承和发展的结晶。

(一)提升职校学生文化自信教育的现实需要

职校学生正处人生观、价值观形成的关键时期,在这一时期加强对中华优秀传统文化的学习,有助于学生人文素养的提升和高尚情操的养成。作为新时代社会主义事业的建设者和接班人,加深职校学生对传统文化成就的了解,激发他们对民族文化的认同感和自豪感,树立职校学生的文化自信应成为职校德育工作的价值追求。然而,在多元文化并存的环境中,受到西方文化的渗透和影响,许多职校学生的理想信念、价值观念出现偏差,拜金主义、功利主义和享乐主义现象严重,空虚迷茫等不良心态大有人在,中华民族优秀文化的传统美德、高尚的价值情操对其影响力渐被削弱,因此将优秀传统文化融入德育的教育实践中,充分挖掘中华文化的优秀教育基因,以文育人,才是提升职校文化自信教育成效的重要保证,才能有效引导职校学生应对多元文化冲击,形成自觉维护意识形态安全的责任感,成为能够担当社会主义事业的可靠建设者和接班人。

(二)职校德育工作实现提质增效的内在要求

积极推进中华优秀传统文化的传承和弘扬,开拓中华优秀传统文化蕴含的丰富德育资源,切实增强德育工作的感染力和有效性,是职校勇担文化传承重大时代使命的重要体现。在国家强调、社会与行业需求的背景下,职校德育仍然面临诸多问题。第一,德育课程缺乏统筹,未与专业课程形成合力;第二,德育教学内容空洞,未与职业素养有效衔接;第三,德育课堂教法单一,无法激发学生学习动力,加之网络时代让传统德育的可控性与权威性面临新的挑战。为破解现实困境,提升德育教师的传统文化素养、实现优秀传统文化的转化创新、开放共享优秀传统文化资源以及推动课程之间的协同配合,是新时代职校德育提质增效的重要路径。

(三)优秀传统文化融入职校德育的价值内蕴

中华优秀传统文化在职校德育教育中具有承载、传导和濡化功能,在内容与功能上与当代职校德育是高度契合的。第一，传统文化是增强职校学生文化自信的重要源泉。通过开展不同形式的传统文化技能课程或活动，学生会发现这些传统文化技能在经过千百年后仍然保持着它的作用，散发着魅力，传递着精神，自然就会对中华优秀传统文化产生共鸣、形成共识。第二，传统文化是提升职校学生职业素养的助推力量。针对职校学生入职后易产生岗位适应性差、职业忠诚度不足、专业韧性缺乏等现象，通过传统文化蕴含的工匠精神对学生进行渗透，无论是从中华传统文化中古代工匠的精美作品，还是通过他们为寻求艺术的更高境界所做出的努力，学生都能体会到国人精益求精的工匠精神。第三，传统文化是拓宽职校德育培养途径的主要手段。传统文化本身就有很多表现形式，既可以是思想文化、观念形态，也可以是技艺技能、实景实物等，这些多元形式自然拓宽了德育渗透思路。

二、实施目标

基于上述背景，新陆职校创新德育工作机制，科学设计、探索实践，深度挖掘中华优秀传统文化蕴含的德育资源，充分发挥中华传统优秀文化的德育功能。学校优秀传统文化融入德育实践的总体目标是：根据职校学生特点，结合学校发展特色，搭建优秀传统文化融入德育的实践平台，加强职校学生意识形态领域的建设，让职校学生通过优秀传统文化的学习，具备自觉维护意识形态安全的责任感，逐渐形成人文素养和人文情怀，使他们能够担当社会主义事业可靠建设者和接班人的重任。实施的具体目标主要有以下三方面。

第一，构建优秀传统文化融入德育的体系机制。职校肩负着技术技能与知识价值共同培育的使命，面对着一群人生观价值观处于成长塑造关键期的学生，势必需要一套行之有效的管理方案，从传统文化融入德育的组织架构到师资队伍的建设，从拓展课程的设置到校园活动的开展，从物质环境的改善到活动设备的购置等多方面，将文化自信这一思想充分贯彻于优秀传统文化融入德育的实践中。针对学生特点、专业特色等，制定系统的实践方案，提供丰富的实践平台，避免优秀传统文化融入德育工作仅停留在课程、讲座等层面。

第二，丰富优秀传统文化融入德育的方法途径。文化也是一种思想品质的呈现，人的任何一种思想品质都是由知、情、意、行四个要素构成，形成思想品质，缺少任何一个要素，也都不可能成功。文化自信的完成也是如此，从文化认知再到文化认同最后发展到行为实践，这三个层次缺一不可。新陆职校在实践中注重将从知到情、从情到意、从意到行的教育过程，创新开发多元实施路径，让学生通过多元实践了解优秀传统文化的特色和价值。

第三，拓展优秀传统文化融入德育的内容。教育内容是教育者和被教育者之间交流的纽带，教育内容的有效性影响到教育目的，所以德育培育的内容会直接影响到培育的结果。人类需求处于持续变动过程中，唯有以自己的需求作为源泉和动力下，才能够积极主动地去接受事物。学校在德育培养内容上对传统文化底蕴进行深度挖掘，充分利用校企合作平台，让职校学生深刻意识到传统文化教育与他们的日常生活、职场工作有何联系，将培育的内容以及渗透的文化自信的内涵有效内化成职校学生的价值观念。

三、实施过程

新陆职校结合学校办学特色，从强化顶层设计、搭建特色平台、健全保障机制入手，开展传统文化融入德育工作的探索与实践。

（一）强化顶层设计，发挥优秀传统文化德育作用

1. 结合专业特色，科学设计方案

新陆职校在设计优秀传统文化融入德育的工作中，充分结合学校专业特色，尤其是学前教育专业这一上海市重点建设专业、市精品特色专业。方案的设计中，学校最早以该专业为试点，将诸多特色传统文化活动融入教育教学之中。遵循本校学生身心发展特点和规律，以"茶艺"为载体，以社团活动为基础，以培养学生艺术素养和创新精神为目标，以艺术课堂教学及各项艺术活动为突破口，全面依靠广大教师，充分调动学生积极性，开展优秀传统文化融入德育的创新实践。此外，方案对教师培训、内容方法

以及保障机制进行了系统的架构，明确与组织实施的路径，通过传统优秀文化入校园、入课堂、入读本的形式，充分发挥优秀传统文化的育人价值。

2. 拓展多元载体，构建育人格局

学校通过传统文化课程的开设与学生活动、社会实践有效结合，推动优秀传统文化"三全"育人工作格局的构建，积极打造传统文化传承和发展的"学习、实践、展示"平台，在学前专业试点的基础上，使优秀传统文化的教育推广覆盖到大多数学生，提升教育效果。推进优秀传统文化与课程教学、专业文化教育、传统节日节点、社团文化建设的有效结合，依托平台，打造出一批高品质、受欢迎、有特色的传统文化传承项目和社团，切实提升了优秀传统文化的吸引力、感染力和号召力。

3. 开展师资培训，提升育人能力

传统文化教育指导老师的积极性和水平对传统文化育人实效性有显著的影响。学校重视加强对中华优秀传统文化教师、德育课教师和班主任队伍的培育，提升全校文化育人意识，构建优秀传统文化"全员"育人新模式。学校将传统文化校本课程的开发融入校园文化建设中，相继开设中华优秀诗歌鉴赏、礼仪素养教育、茶文化、折纸等传统文化课程。鼓励教师在教研活动中深挖"诗书礼艺"中蕴含的德育资源，深化优秀传统文化的教育内容和实践形式，推动中华优秀传统文化教习与现代文化吸收相容相通。

（二）打造特色平台，创新职校德育教育内容方法

1. 开展丰富活动，优秀传统文化"进校园"

开设讲座或培训。比如开设礼仪讲座：用生动有趣的案例让同学理解日常和职场仪态礼仪，掌握书信、软件沟通礼仪，办公室礼仪等。开展社团活动：新陆职校成立的茗馨茶艺社，有良好的师资力量配备、较完善的茶艺实训室，学校通过茶艺活动，将茶文化中包含的茶学、茶艺表演、茶戏、茶画、茶叶焙制等各类传统职业所蕴含的修身养德、升华自身的精神通过活动开展进行广泛宣传，将茶德"人的群体价值"的主旨，茶道的"人本主义"职业素养，传递给广大学生。设置校园文化节：通过各种传统技艺表演，让学生在学习古代传统礼仪的过程中，感受历史中沉淀的美丽。学校"非遗进校园优秀传习基地"的落成，也带动了其他非遗项目的成长，如折纸、剪

纸、泥塑、插花等。

2. 开设选修课程，优秀传统文化"进课堂"

课堂是进行优秀传统文化教育的主要阵地。学校书法课程以"学习写字、陶冶情操、完善人格"为指导思想，从理论和例字两个角度来展开学习。如在鉴赏颜真卿的书法作品时，先让学生理解颜体——"韧若筋带"的艺术特征，再让学生了解颜真卿一生，刚正不阿，忠贞不渝，他的为人品格同其书法的风格一样，浑厚坚韧，正大方严。《东方朔画像赞碑》中碑书笔笔凝重，字字磐石，筋强骨硬，严正峻峭，这是他把誓死御敌的浩然正气倾注到笔端，并化作其书法的艺术风格。又如柳公权"笔笔铮骨"、王羲之"骨硬"等象征意义，使学生们读懂这些优秀的书法作品之所以能够长久焕发光彩，源远流长，不仅在于书法家巧妙的构思、夯实的基础、精湛的技法，更为重要的是艺术作品给学生带来视觉盛宴的同时，帮助学生思索人生、品味人生、规划人生。此外，课堂上学前教育专业引进幼儿早期教育国际资格认证 CACHE（Council for Award in Care, Health and Education），在该认证课程的学习中，学生们发挥了自己的主观能动性，适当地将本土传统文化以及自身经验融入本课程中，在课堂上以开放性思维分析和解决问题，最后独立完成所需评估的作业，并获得 CACHE Level 1 证书。

3. 编撰相关著作，优秀传统文化"进读本"

在课程及活动的开展过程中，教师们积极总结，形成著作。新陆职校的折纸社团指导老师侯俭燕主编了《创意折纸大本营——炫彩礼盒》，为传统文化的推广和传播贡献力量。

四、实施保障

学校通过一系列保障工作为传统文化融入德育实践保驾护航。第一，建立制度保障。如成立民族教育工作领导小组、学生社团专业化发展领导小组。定期召开会议，落实课程学习和社团活动的场地和时间，保障经费投入。第二，加强师资培训。通过外引内培模式，鼓励和支持指导老师到外面进行相关课程的学习和提升，同时，定期聘请业内专家到校进行指导和培训，进一步指导教师的业务素养。第三，改善硬件设施。将文化自信融入校园基本设施建设，整体规划学生进行传统文化艺术、工艺等学习活动场所，购买器材、设备，精心布置活动场地，保障功能完善、环境优美。新陆职校为了服务传统文化融入德育工作，专门设置"国学苑"，切实为活动开展提供良好的基础设施。园内典雅安静，包括"非遗进校园优秀传习基地"（折纸、剪纸、泥塑、插花等）、汉藏活动室（书法、茶艺、古诗词诵读等）、工会活动室等。第四，完善运行机制。建立健全传统文化学习的社团组织，完善组织活动章程，探索传统文化艺术学习的规范化、系统化、课程化、品牌化管理。

五、特色与成果

新陆职校通过创新传统文化载体，打造优秀传统文化融入职校德育的实践品牌，成为浦东新区非物质文化传承基地学校，并获评"上海市非遗进校园优秀传习基地"。最为重要的是，学校借助一切有效的优秀传统文化资源对学生进行德育熏陶和感染，唤醒了学生道德成长的主动性，通过德育文化塑造，学校德育文化生态也进一步优化，学生的文化自信和职业道德亦得到升华。

第一，学生文化自信意识增强。通过开展国学经典诵读、传统文化艺术展览、传统文化技能比赛等实践体验活动等，让每一位职校学生积极参与进来，在这个过程中喜欢传统文化，了解传统文化内涵，让学生从中感受到中华民族文化的博大精深和魅力所在，传统优秀文化的思想精髓在不知不觉中深深根植于学生内心，在感受优秀传统文化魅力的同时，建立了文化自信，勇于承担历史与时代赋予的责任。

第二，学生职业素养得以提升。中华传统文化博大精深，荀子曰"人无礼则不生、事无礼则不成"，良好的道德修养和民族精神，有助于促进学生自身审美能力和社会交往能力得到提升，以健全的外事形象和人格品质，实现与他人之间的有效交流和往来。学校无论是礼仪课程的教学还是茶艺社团茶道的展示，都加深了学生对岗位社交礼仪等相关技能与知识的了解与掌握，结合职校学生自身性格特征和知识结构，各类校内比赛或者实践活动，增强了学生优秀传统文化学习的质量与效率，强化了学生对职业的认同感,从而潜移默化地培养学生良好的思想道德素质和敬业守信的精神。

第三,学校德育生态显著优化。在中国优秀传统文化融入德育工作这一协同创新的过程中,学校通过校企合作,共同开发课程,专业德育教师协同发力,教师学生双向互动等等,保持优秀传统文化底蕴的内涵,把握时代脉搏,实现德育视野的开放性、内容的前瞻性及其系统的协调整合性,学校在这一实践活动中的选择与构建、传承与创新中,形成了职校德育生态的良性运行体系。

六、体会与思考

实践证明,千年积淀、博大精深的中华传统优秀文化,在提升学生文化自信、道德素养等方面发挥了重要作用。学校未来也将从以下两方面继续努力。第一,开展合作研究,进一步构建培育体系。在前期实践探索的基础上,继续深入研究,构建以优秀传统文化融入德育实践的培育体系,形成长效机制。第二,推广升级,发挥示范引领作用。加大与他校交流互动,实现传统文化课程、活动以及师资的多元交互;联合家庭、企业、社会,形成合力,以优秀传统文化的传承为纽带,建立德育教育命运共同体,营造校内校外协调一致的良好育德氛围,共促学生文化自信的增强与道德品质的提升。

参考文献

[1] 关汉玉.新时代背景下职业教育文化自信建设研究[J].漯河职业技术学院学报,2019（3）.

[2] 李玉屏,陈亚宁.中华优秀传统文化传承与学生发展核心素养研究[J].文体世界,2020（11）.

[3] 刘纯珍.从文化自信谈新形势下中职学生职业素养的培育策略[J].职业教育,2019（8）.

[4] 林欣,唐燕萍.新时代背景下湖南职业教育文化自信培养与提升研究[J].教育现代化,2020（2）.

成风化人　润物无声
——以中职英语学科德育渗透为例

上海市浦东新区育华(集团)学校　李　萍

【摘　要】在倡导"立德树人、课程育人"的教育大环境中,英语学科德育渗透教学具有重要的实践意义。学校基于中职英语学科特点,从内容和方式两方面切入,探索学科育人的实践途径,构建德育渗透教学策略网,多线并进,相互强化。同时,学校加强制度保障,重视教师队伍和教育资源建设,用切实可行的制度粘合多方力量,保障学科德育的推进落实。学校英语学科德育渗透教学既有高瞻远瞩的顶层设计,又有扎实精准的底层落实,逐步形成了相对完整的英语学科德育渗透教学体系。成风化人、润物无声,学校学生和教师在英语学科德育教学中实现了各自的成长和蜕变。

【关键词】立德树人　中职英语德育渗透实施策略　校园德育文化

一、实施背景

(一)立德树人的教育方针势在必行

近年来,经济社会的发展对技术技能人才的综合素质提出了新的要求,需要职业教育在提高学生技术技能培养质量的同时,也能不断提升学生的文化素养。根据教育部《中等职业学校英语课程标准》《上海市中等职业学校英语课程标准》的相关内容,英语课程应全面贯彻党的教育方针,落实立德树人根本任务,以学生发展为本,以能力为重,紧密围绕核心素养,优化学生知识结构,丰富社会实践。无论是社会经济发展对职教人才需求的改变,还是我国教育对德育工作的重视,都表明中职英语教学必须重视德育渗透。

（二）课程育人的推进落实面临挑战

为落实立德树人根本任务，"课程育人"的观念被提出。具体指将德育内容细化落实到各学科课程的教学目标之中，融入渗透到教育教学的全过程之中。课程育人的理想状态是很美好的，但现实中的学校德育工作却存在着众多问题，如德育实践工作重视度不够、德育内容脱离实际、德育工作重形式轻落实、德育方法单调等。因此，在中职英语学科中合理融入德育，面临着巨大的挑战，值得我们去思考和探究。

二、实施目标

教育部《中等职业学校英语课程标准》在教学要求中指出，坚持立德树人，发挥英语课程育人功能。使学生在学习语言知识时，深刻认识中外优秀文化的不同，能够正确认识中华优秀文化。既拓宽国际视野，更坚定文化自信，成长为社会主义核心价值观的高素质技能人才。英语教师在教学中要遵循语言教学规律和特征，把思想教育融入语言教学中。也就是说，教师不仅要传授语言知识本身，而且应该重视语言和文化的关联，即重视向学生渗透价值观、培养思维方式，激发内心情感、指引行为举止和传授文化习俗（详见表1）。

表1　中职英语教学中的德育目标

目标领域	德育表现性目标
国际意识	关注人类面临的全球性挑战； 阅读外文书籍，拓宽国际视野； 了解世界各国文化习俗和风土人情，认识世界文化的多样性和差异性
文化自信	根据不同的交际场合、语境等，恰当地表达，提高口头表达能力； 诵读中外作品，了解其思想，能鉴别不同作品，提升辨别能力，感受中华文明的博大精深； 能记住中外重要传统节日的时间、节日的基本内涵，传承和发扬中华优秀传统文化
人格养成	能辨别是非，树立正确的三观； 正确认识自我，遇到挫折困难，保持坚定乐观态度

（续表）

目标领域	德育表现性目标
职业素养	理解职场中不同类型语篇传递的信息，能够有效交流与职场相关的话题；提升职业素养，具备职场语言运用能力

三、实施过程

（一）分析职校英语学科特点，确定德育着力点

1. 挑战英语学习困境，提供德育契机

相较于一般高中学段学校，中职校的录取分数相对较低，大多数中职生的文化基础薄弱。尤其是多数学生的英语基础差，对学习英语没有兴趣。以浦东育华学校职教部学生为例，个别学生26个英文字母无法正确朗读、书写；60%的学生不识音标，不会拼读单词；20%的学生基础较好，但是词汇量少，只能完成简单的生活用语交流；几乎所有的学生没有养成良好的英语学习习惯。中职生英语学习的特点可大致归纳为：①学习目标不明确，对英语学科的重要性认识不足，缺乏兴趣；②学习习惯差，不会合理分配学习任务、管理学习时间；③学习基础差，缺乏自信和坚强的意志，容易放弃。

中职生在英语学习上的这些问题，恰好给德育工作的开展提供了很好的载体和机会。学生学习英语的过程，不仅是获得英语知识的过程，更是树立英语学习目标、端正学习态度、养成良好学习习惯、增强自信心的过程。在英语这一薄弱学科中渗透德育，能在潜移默化中对学生的三观产生正确的影响，教会学生如何正确处理问题，正确对待挫折，增强自身的道德修养。

2. 明确中职英语课程特点，指明德育着力点

英语作为一种语言，具有工具性、人文性、思想性和实践性等特点。因而，相较于其他大部分学科，英语中可以挖掘的德育点相对丰富，在课堂教学中渗透德育具有一定的优势。工具性方面，在教授学生英语知识点的同时，要帮助学生树立面对困难的正确价值观，培养学生较为持久的学习兴趣和较强的自信心。在人文性和思想性方面，要引导学生进行英语阅读，

组织学生开展英语活动,从而帮助学生拓宽视野,尊重文化差异,提高对中外文化差异的敏感性和鉴别能力,进而提高跨文化交际能力。在实践性方面,要帮助学生逐步提升职业语言运用能力,能用英语进行职场相关的话题交流,为职业发展和终身学习奠定良好的基础。明确了这些方向,英语课堂教学中进行德育渗透就有了施力点,德育成效就能逐步积累,最终得以实现。

(二)内容育人,多方挖掘英语学科内容中的德育元素

1. 结合内容主题,进行主题式德育

德育计划的每一个目标要落实到每一课上,这就需要教师正确把握教材,用好教材。如华师大版的教材,虽然教材本身没有单元的区分,但是教师可以根据内容特点,自行对课文进行内容整合,明确单元区分,分别呈现社会交往、社会服务、历史与文化、自然与环境等主题。第一,要重视挖掘每篇课文的德育功能。比如,为了强化学生的规则意识,让他们主动将班规、校纪校规融为一体。可以充分利用华师大版第一册 Unit 3 To be a good student 中的内容,一方面,通过学习如何用祈使句表达教室中可为、不可为的行为,让学生学会主动遵守纪律;另一方面,学生以小组形式,制定和遵守班级班规,让每位学生都能够有好学生的行为标准,并按照标准严格要求自己。

第二,要凸显单元内部课文之间的联系,发挥课文与课文之间德育功能的相互强化。例如,华师大版"To be a good worker"与前一课"To be a good student"相呼应,在做好学生规则意识养成的基础上,让学生学习如何在职场中成为好职员。这样既可以巩固前期的育人效果,又可以将良好行为从学校拓展到职场环境,进一步深化育人效果。这种润物无声、持续浸润的方式,注重了因势利导,淡化了德育痕迹,符合学生的认知规律和特征,更好地实现德育与英语内容的有效融合。

2. 结合中职生活,聚焦职场德育

语言的学习离不开生活实际,教师需要聚焦现实语境,关注语言学习成效。同时,中职生的语言学习也需要围绕职业场景展开。教师要巧妙地设置与职场主题密切相关的语境来挖掘其中的德育元素,既培养学生的职

场文化素养和学科的核心素养，又能够实现德育与职业的关联性，充分展现语言学习和思维活动的综合性。如 Eating Out 课文，学习外出用餐的常用语："Are you ready to order？""How would you like it cooked？"等，能够做到对外出用餐语句的有效交流。对求职应聘、职场礼仪、职业规划等进行学习和探索，为适应职场做好充分的准备。

3. 基于语言和文化知识，培养文化意识和国际视野

语言与文化密不可分，英语课程不仅具有语言的工具性，更具有传承文明的文化性。因此，一方面可以通过提升学生的听、说、读、写技能，发挥英语的工具性，打破语言壁垒，让学生直接与世界沟通、交流。另一方面，也要引导学生品味英语知识背后所承载的文化因素，进行文化的理解与鉴赏。站在国际化的语境中，向外看，可以了解更广阔的世界，拓展国际视野；向内看，透过国际看中国，在内外对比之中可以进一步加深对中华民族的理解。所以，英语教师要创设更多的对比机会，让学生在活动实践中逐步建立正确的道德观念、养成良好的道德行为。

（三）方式育人，开发英语教学中的德育途径

1. 做好课堂表率，督促行为养成

在日常的生活和学习中，德育元素无处不在。教师需要抓住与学生沟通交流过程中的点滴育人机会，做好自身表率，主动渗透德育要求。第一，要发挥课堂教学常用语的育人作用。在课堂中，教师坚持使用礼貌用语和激励学生的用语，如每节课前示范"Glad to see you again ,boys and girls"等问候用语的使用，此外还要确保"please""thank you""good job""well done""excellent"等礼貌用语和激励语言在课堂上的反复使用，这样既能渗透文明教育，又能激发学生学习英语的兴趣和信心。第二，要做一个德育有心人，在课堂教学举例或设计习题时，巧妙地把德育内容渗透其中，教师要把正确的行为准则或道德观念，以英语知识为载体，于悄无声息中传递给学生。

2. 精心设计课堂，在丰富的教学活动中渗透德育

在教学中挖掘德育功能，抓住中职学生和教材特点，精心设计教学活动，不露痕迹完成德育的渗透。作为一门语言学科，英语的上课形式比其

他学科更加灵活,有更多的创新空间,可以灵活采用主题情境教学、角色扮演教学、对比教学、小组合作教学等方式方法。让学生在多样化的活动体验中,既能锻炼学生的语言表达能力,又便于教师把握德育切入点,让学生在不知不觉中将外在的道德规范内化为自身的道德观念,促进自身的全面发展。

在多种教学方法中,对比教学法具有特别的意义,有利于学生感受中外文化的差异,进一步培养对中国传统文化的热爱之情。如《Chinese Festivals》《Christmas》两篇课文,介绍了中国和西方国家的主要节日,在对比中掌握不同国家的文化内涵。在学习中国节日时,教师鼓励学生深入剖析,学会表达中国传统节日的由来和典型活动,并让学生逐步感受中国传统文化的特点和优越性。另外,课文《A City Tour》和《A Dream Trip》中,学生学习了上海著名的景点介绍和美国 the Grahams 一家的旅游经历,体会了不同的旅游内容介绍。通过探索、体验、对比等方式,引导学生对文化知识进行深度理解,他们能够在主动学习的过程中,更坚定文化自信心,增强文化认同感和国家认同感。在教材中,还有很多关于助人为乐、健康生活、勤学进取等富有教育意义的内容。通过角色朗读、对话操练、小组讨论等活动引导学生成为乐于助人、积极进取、具有正确三观的人。

四、实施保障

(一)环境熏陶,重视校园德育文化的整合作用

德育效果的实现不是任何单一学科能成就的,需要多学科的相互作用,同时也离不开学校环境的熏陶。学校要有意识地创设有利于学生道德品质发展的文化环境,与各学科的德育任务遥相呼应、相互强化。要重视在校园环境中引入多文化因素,实现中外文化的差异与融合。例如,可以将宣传内容用双语形式呈现,一方面可以体现英语的应用价值,另一方面也可以强化英语课上的德育效果。同时,学校可以开展多样化的校园英语活动,如英语演讲、英语话剧、英语角、英语歌曲、朗诵、配音等,让学生在真实的活动体验中,逐步养成良好的行为习惯和道德品质。总之,学校的德育行为要实现力量的整合,多方呼应,争取教育成效的最大化。

（二）建立标准，加强行政部门的监督评价

长期以来，由于学生的考试成绩被作为评价教师的一项重要指标，各学科教师会习惯性地认为，道德教育是班主任或思想品德教师的事情，自己只要完成学科教学任务就可以了。如果学校不制定相关管理制度，督促引导教师重视学科教学的育人价值，教师就会忽视在英语教学中进行德育渗透的重要性，即使进行了德育，也多是流于形式，成效不显著。因此，学校管理部门要制定包括英语在内的学科德育教学评价标准。一方面可以为教师的德育渗透行为指明方向，另一方面也可以监督教师的德育履职情况，将德育教学成效可视化。同时，还要建立评价基础上的奖惩机制，加大评价标准对教师的引导作用。

（三）加强合作，开发英语学科德育资源

英语教材中蕴含着丰富的德育元素，教师要重视对教材德育价值的挖掘，但也不能受教材的局限，应积极开发利用其他教学资源。例如，可以通过文化背景材料的介绍，拓展学生对主题内容的深度理解；通过对相关视频或杂志的阅读，增加更加直观的认识；通过相关活动的开展，形成身心合一的整体性理解。德育资源的开发需要整合各个年级教研组的力量，共同开发，形成一个学校德育教学资源库，为教师进行有效的德育渗透活动提供资源保障。

五、特色与成果

（一）精准设计，形成英语学科德育渗透教学体系

响应政策号召，学校高度重视学科德育实践，尤其关注英语学科的德育渗透教学。在校长的带领下，英语教研组共同努力，边学习边研究，边研究边实践，逐步形成了相对完整的英语学科德育渗透教学体系。首先，全面分析职校英语学科的特点，从学生到教师，从内容到形式，从课内到课外，多角度分析，充分挖掘学科德育着力点。其次，在特点分析的基础上，从内容和方式两方面切入，探索学科育人的实践途径，构建德育渗透教学策略网，多线并进，相互强化。最后，加强保障，重视教师队伍和教育资源建设，用切实可行的制度粘合多方力量，保障学科德育的推进落实。总之，

学校英语学科德育的开展不是杂乱无章,而是有高瞻远瞩的顶层设计,又有扎实精准的底层落实,一步一个脚印,稳步推进。

(二)成效显著,逐步实现英语学科德育的从无到优

英语学科德育渗透教学的兴起不是一蹴而就的,从教师的自然忽视到意识觉醒,从学科德育效果的若有似无到成效显著,中间是学校多方努力、不断进取的结果。学校学科德育的成效主要体现在教师和学生两大主体身上。教师群体实现了德育能力的质性飞跃,以前多数教师并不认同学科育人的价值理念,在教学实践中也多是手足无措的状态,如今教师们能很好地找到学科教学和道德教育融合点,并不断地贡献着、积累着学科德育的实践智慧。学生群体不断刷新着自己对英语学科的认识,不再认为它仅仅是一门语言工具,更多地体会到了英语背后的思想深度和文化温度,在教师的指导下,不断地建构着自己的道德观念。总之,学校英语学科实践在多方面实现了零突破,正向着越来越好的状态不断发展着。

六、体会与思考

在倡导"立德树人、课程育人"的教育大环境中,英语学科德育渗透教学具有重要的实践意义。中等职业学校英语课程具有很强的人文性和实践性。无论是中职学生个体生活或职业生涯发展,都对英语运用能力有一定需求,且有一定的影响力。因此根据中职学生特点,适当渗透德育,在潜移默化中对学生的三观产生正面的影响,不但能帮助学生提高英语能力,更能教会学生如何正确处理问题,积极面对挫折,增强自身道德修养。同时还能促使学生主动鉴赏理解,深入学习中外优秀文化,形成大格局,提高判断力,增强文化自信。总之,德育工作任重道远,亟需多学科教师协同奋进,为学生的全面发展贡献自己的力量。在教育实践的不断磨砺下,每一位教师都有可能成为优秀的德育工作者。成风化人、润物无声,让学生和教师在英语学科德育教学中实现各自的成长和蜕变。

参考文献
[1] 东雪珍.以德育为魂的高中英语多维互动教学[J].基础外语教育,2019

（6）：85-90.

[2] 雷星星.高中英语教学中的德育渗透研究[D].重庆：三峡学院，2020.

[3] 杨慧燕.英语学科核心素养视角下的德育渗透[J].教师教育论坛（第六辑），2019（7）.

创新队伍建设机制　共铸德育卓越团队
——德育工作队伍建设案例

上海市新陆职业技术学校　俞　燕　侯俭燕

【摘　要】德育工作队伍是职校学生工作的主体，是加强和改进学生德育的组织保证，是学生健康成长的指导者和引路人，德育工作者素质直接影响着职校培养技能型人才的质量。上海市新陆职业技术学校创新德育工作队伍的建设机制，打造"三四五六"建设方案，创建多元化培训模式，经过学校多年理论与实践探索，德育工作队伍努力破解德育困境，提升职校德育实效。

【关键词】德育　团队建设　创新机制

上海市新陆职业技术学校（以下简称"新陆职校"）始终以德育为首，确保"立德树人"教育理念的推行，为学生健康成长和终身发展做好奠基工作。做好德育工作，最关键就是加强德育工作队伍建设，学校根据自身实际，结合办学特色，通过德育工作队伍建设的"三四五六"创新机制，打造锤炼了一支卓越的德育团队。

一、实施背景

（一）国家对德育工作队伍建设的要求

党的十九大报告要求："深化教育改革，加快教育现代化，办好人民满意的教育。要全面贯彻党的教育方针，落实立德树人根本任务。"[①] 职业教

---

① 习近平．决胜全面建成小康社会，夺取新时代中国特色社会主义伟大胜利——在中国共产党第十九次全国代表大会上的报告 [OL].http://www.china.com.cn/19da/2017-10/27/content_41805113.htm,2017-10-27.

育贯彻党的教育方针要求，落实立德树人的根本任务，重在加强德育工作队伍建设。教育部办公厅在《关于加强和改进新时代中等职业学校德育工作的意见》教职成厅〔2019〕7号中明确要求"各地各校要加强德育工作队伍建设，优化结构，选优配强，注重德育工作管理人员、班主任的选聘和培养培训。建设一支政治强、情怀深、思维新、视野广、自律严、人格正的德育工作队伍。推动建设名班主任工作室，广泛开展班主任业务能力提升活动，大力提升班主任的业务素养和育人能力"。这不仅是党教育工作方针的要求，也是现代职教发展新特征、新对象、新挑战所提出的必然要求。

（二）职校德育工作队伍建设发展问题

当前职校德育工作队伍建设主要存在三大问题。第一，专业能力有待提升。新时代德育工作提出专业化的工作要求。年轻德育工作教师缺乏经验，容易陷入本本主义，对于复杂多变的一线问题难以掌控，通常不能迅速掌握工作要领，依据实际情况专业地解决德育工作中的实际问题。年老教师容易陷入经验主义，不注重时代背景与工作规律的研究思考，对新兴的工作方法不易接受、缺乏学习动力。队伍的专业化程度低会直接导致工作质量难以提升，对职校德育实效造成直接影响。第二，培养机制有待健全。传统德育只是将德育工作集中于德育课教师、班主任等人的身上，且对德育教师培养集中于形式单一的讲座、培训，还未健全"三全育人"的组织体系与实施保障。此外，当代职校学生成长在全球化的时代背景中，社会交融化对职校学生影响很大，德育工作队伍的专业化要求也随之增高。

基于上述背景，职校有必要创新工作机制，激发德育工作者发展动力，形成德育专业化发展工作队伍，拓宽思路，创新举措，抓实工作。

二、实施目标

新陆职校以党的十九大精神为指导，结合学校实际，设置德育工作队伍建设的总体目标：整体提升德育工作者的师德素养、德育理论水平及德育操作能力，提升德育队伍的专业化水平；强化学科德育渗透，增强德育意识，实现全员德育，探索一条适合学校特色的德育队伍建设模式，最终建成一支师德高尚、理念先进、业务精湛、作风扎实的德育工作队伍。

基于总体目标,学校设置了分阶段目标:第一阶段,德育工作队伍建设以"名师教育智慧和教育管理经验分享＋案例研讨"为集中培训方式,以"名师讲坛＋自主研修"为网络学习策略,以研讨交流为校本培训的三线推进培训模式;以师德、学校心理健康教育策略、教育机制、教育管理为主要内容;以德育领导、班主任、心理健康教师为主要对象,创新培训模式。第二阶段,注重反思与总结,不断改进培训方法与策略,使德育队伍建设工作在尝试中反思,在反思中整改,在整改中创新,不断完善,提升效果。第三阶段,在前期实践与反思基础上,逐步组建一支业务能力强、理论水平高、区域范围内威信度高的研究型培训团队,创建具有区域特色、体现以人为本的互动式、多元化培训模式。

三、实施过程

制度机制是德育教师队伍建设与发展的可靠保证,而机制创新则必须遵循德育规律,并以提高德育实效为目的。新陆职校创新德育工作队伍建设,通过"三四五六"工程,整合德育教育资源,形成德育合力。

(一)坚持德育理念创新,树立"三种意识"

新陆职校要求德育工作队伍树立以下三种意识:一是树立"抓好德育工作队伍建设,队伍为首"的观念。教师是德育工作的实施主体,学校思想道德建设工作的成效,取决于是否有一支高素质的德育工作队伍,学校把加强德育工作队伍建设放在德育工作的首要位置。二是树立"抓好德育工作队伍建设,师德为本"的观念。德育工作者的职业道德修养,直接决定着德育工作水平乃至整个教育事业的成败。三是树立"抓好德育工作队伍建设,实效为重"的观念。德育队伍建设,必须以追求实效为目标。

(二)坚持德育工作创新,遵循"四个原则"

第一,以人为本原则:德育队伍建设归根结底是提高教育工作者的整体素质,更好地发挥自身优势,既教书又育人,使德育工作者真正成为学生的良师益友。

第二,校本实际原则:各校德育队伍建设要针对本校实际,采取符合自身实际的方式方法,使德育队伍建设更具实效性。

第三，创造性原则：德育队伍建设期间，各校可能会再生出一系列问题，这就要求各校创造性地开展工作，使德育队伍建设在大方向的指引下，具有灵活、主动的精神。

第四，发展性原则：德育队伍建设是一个长远的建设工程。因此，要常抓不懈，学校要从政策上、导向上逐步使全体教师形成并保持终身学习的习惯，切实提高自身的思想素质、业务素质和教育能力。

（三）坚持德育方式创新，建设"五支队伍"

学校根据不同队伍的性质和需要，确立不同发展目标，促进德育队伍个性化发展，实现全员育人。

1. 德育领导队伍建设

学校德育工作能否有效实施，领导是关键。学校以上级业务部门、区进修干训部、德育教研室组织的集中培训为主要形式，以师德、德育管理、观念转变、德育操作能力等为培训内容；以德育领导"六个一"为主要手段（即每学期读一本教育著作或研究一种教育思想；每学期作一次专题讲座；每学期组织一次大型主题教育活动；每学期组织召开一次班主任经验交流会；每学年主抓一项德育课题研究；每学年组织创办一套家校联系的校园小报），切实提高德育领导的自身素质和管理水平。

2. 班主任队伍建设

班主任是学校德育工作的骨干力量，班主任队伍建设以业务部门的集中培训、校本培训、自主研修为主要形式，以师德、教师心理健康教育、德育操作技能、学生心理健康教育、班级管理为主要内容；以班主任"六个一"为主要手段（每月积累一篇德育叙事研究文章；每月召开一次主题班团（队）教育活动；每学期与家长进行一次面对面沟通；每学期读一本教育专著或研究一种教育思想；每学期组织一次学生心理健康教育活动；每学期针对学生进行一次书面形式的激励性评语），整体提升班主任的育人理念以及德育操作技能和班级管理水平。同时关注中青年优秀班主任队伍建设，建立导、帮、带的互动开放型模式，以日常自主探讨，定期合作研习、有计划外出学习培训和专项课题学术研究等方式方法，加强德育校本培训，开发校本培训课程，发挥工作室的辐射及引领作用，努力将工作室建设成为"班主任研修的平台、学生教育的前沿阵地和班级管理进步的阶梯"。

3. 德育课程教师队伍建设

职校德育课是学生思想政治教育的主渠道和主阵地。学校树立"生本主义"的教学理念,拓展德育概念的内涵,改变传统填鸭式教学方式,增强课堂互动性和有效性。学校一方面构建德育课程师资可持续发展的长效机制,严格资格准入,加大培养力度;另一方面重点加强德育课程教师信息化水平,积极应用多媒体教学手段,鼓励大胆创新教学方法,使德育课真正贴近职业、贴近社会、贴近学生。

心理健康教育作为德育工作的一个重要载体,学校以参加国家心理健康岗位资格培训的教师为基础,以集中培训、校本培训、网络学习为主要形式,以师德、教师心理健康、学生心理健康教育操作技能、心理咨询为主要内容,积极打造一支优秀的德育课程教师队伍。职业指导教师队伍的建设是决定职业学校兴衰成败的大事,学校鼓励教师参与省级骨干教师和国家级骨干教师培训活动,对行业发展趋势及学生素质培养拥有前瞻性眼光。有计划选送教师去企业培训,鼓励教师深入工厂,参加项目开发、管理实习生等,了解用人单位对人才的需求,掌握学生实习状况,以更好地指导校内学生德育工作。

4. 专任教师队伍建设

实现德育工作的全员性,必须要提高专任教师的德育意识和德育能力。统一"人人都是德育工作者"的认识,以专任教师所教学科的德育渗透、德育操作技能为主要内容,以校本培训、自主研修为主要形式,以课堂教学评价体现"情感、态度、价值观"为主要保障,以自主实践为目标,促进专任教师队伍的德育素养提升。

5. 学生干部队伍建设

学生干部队伍是德育工作的小助手。学校每月对学生干部进行一次岗位培训;实施学生干部"周汇报"制度;建立德育"小助手"大家评制度;培养学生干部树立主人翁意识,使学生干部队伍充分发挥自身优势,积极参与到学校德育管理的行列。

（四）坚持德育管理创新，建设"六大机制"

1. 建立德育队伍培养机制

培训以集中培训、校本培训、自主研修为主要培训学习方式，以新时期教师职业道德规范、德育现实问题、校本德育问题为主要培训内容；以主题活动、交流研讨、叙事研究、撰写心得、书面测试为主要培训手段；以以点带面、整体推进为主要培训模式，以完善德育领导培训、德育骨干培训、班主任培训、班干部队伍培养和培训等制度建设为保障，增强培训针对性、实效性。

2. 完善德育工作激励机制

以各级各类评选为带动，加大对在德育课改、德育工作领域成绩突出的教职工的物质和精神奖励，提高广大教师从事德育工作的积极性，增强广大教师献身德育工作的责任感。

3. 形成德育过程评价机制

科学的评价体系是德育队伍建设的保障和导向。评价体系要包括教师参培情况、德育实践情况、自主学习情况等内容。学校把德育队伍自身成长纳入教育评价体系；行政和教研部门也把此项工作纳入德育视导、年终督导的评价指标体系，强化其实效性；听取用人单位及合作校企的反馈及评价，建立健全第三方评价机制。

4. 打造三位一体网络机制

建立以学校为主导、家庭为基础、社区为平台的德育工作机制，整合学校、家庭和社区三方面的力量，形成学校、社会、家庭"三位一体"的教育网络，使学校教育与家庭教育、社区教育相互衔接，形成社会化、开放性的德育工作格局。

5. 实施德育用人管人机制

德育队伍成长需要专业引领，初期的用人机制建设就显得尤为重要。特别是德育领导、班主任、学生干部的使用，要有计划地培养和提拔，宁缺毋滥。采取竞争上岗、优胜劣汰、专业考核、年终述职等办法，推进用人机制建设。

6.健全德育经费投入机制

投入是开展工作的前提,是任务完成的保障。学校充分考虑德育建设的资金需求,完善经费使用管理制度,确保经费专项专用。

四、实施保障

通过思想引导、事业吸引、先进启迪、竞争督促、考核推动等方式方法,促进教师加强学习、严以律己、追求上进、自强不息,在不断提高业务能力的同时提升政治素质、师德水平,做到"诚教之,笃信之,躬行之"。

(一)加强领导,健全组织

学校成立了德育队伍建设工作领导小组,校长任组长,组员要体现全员性,小组成员要共同负责本校的德育队伍建设工作。统一规划、统一部署、统一实施,做到制度落实、组织落实、内容落实。发挥工会、共青团在德育队伍建设中的作用,形成全员德育的建设格局。

(二)立足校本,科学谋划

学校建立德育考评制度,考核结果列入个人档案,与年度奖励挂钩,并作为职务聘任、晋级晋职的重要依据。

(三)多管齐下,强化监督

主动接受上级部门监督、学生家长监督及社会舆论监督,主动听取社会各方意见,不断改进德育队伍建设工作,树立教师良好的社会形象。

(四)典型引路,整体提高

学校以抓先进、树典型、带全体实施典型引路工程,加强对德育队伍建设的指导、评价,提高德育队伍建设水平。

五、特色与成果

(一)德育工作者顺势而为,突出德育工作的时代性

学校顺应世界发展态势,基于全球化背景,创新发展德育内容体系与实践路径。第一,鼓励德育队伍将最新的世界动态、时事政治、理论政策、重大事件、典型案例等材料及时填充到德育内容当中,极大地丰富和扩充德育资源。第二,支持德育队伍创新教育形式,在开展德育工作过程中,充

分把握中西文明特点，将中华文明的核心内容和表现形式更加形象化、具体化、生活化，减少单向度灌输，增强德育内容的趣味性，强化职校学生对于中华传统文化的内心认同，从而在国际比较中更容易、更乐意接受和践行社会主义核心价值观。

（二）德育工作者强化互动，增强德育观念的丰富性

习近平总书记说："文明因交流而多彩，文明因互鉴而丰富。文明交流互鉴，是推动人类文明进步和世界和平发展的重要动力。"[①] 从职校德育工作的实践来说，强化德育环境互动，实现本土文明与世界文明中德育资源的有机融合，可以不断增强职校德育观念的丰富性。新陆职校作为"上海市非遗进校园优秀传习基地"，通过中华优秀传统文化的引入，加强职校学生与德育工作教师在思想上的碰撞，实践中的交流。在交流过程中德育教师从正面或侧面了解学生思想动态和心理状况，准确、及时开展德育工作，进而引导职校学生建构独立、成熟的价值认知系统，唤醒职校学生文化自信意识，提升职业素养。

（三）德育工作者联系实际，展现德育形式的生动性

新陆职校德育队伍在培训的实践基础上，改变传统德育模式，推动德育内容和实践路径创新，使德育工作在形式上更具有针对性，使现实德育环境中职业素养、理想信念、爱国主义、集体主义、公民意识等德育内容含义更加丰富、立体、开放；学校全员德育与学校、社会、家庭"三位一体"的德育网络，让更多的志愿活动、公益活动等以更加开放的形式组织开展，吸引带动着更多职校学生主动参与，形成理论联系实际、展现德育生动性的重要路径。

六、体会与思考

西汉学者戴圣曾说过"富润屋，德润身"，一个拥有良好品德的人，自身会焕发出光芒，也会让周围的人体会到温暖。教育是长期性工作，职校德育工作更是"成如容易却艰辛"。今后德育队伍建设作为学校基础性工

---

① 习近平．文明交流互鉴是推动人类文明进步和世界和平发展的重要动力 [OL]. https://news.china.com/ zw/news/13000776/20190501/35805282.html，2019-05-01.

作，在建章立制的基础上学校将继续做好以下两点：第一，搭建广阔平台，凝聚团队力量。德育工作队伍不是几个德育教师的简单叠加，一支优秀的德育队伍应该是一个角色优势互补的专业化团队。团队以共同愿景凝聚人，搭建成长平台，激发成长动力，提升个人素养，优化团队结构，形成团队合力。第二，实现广开言路，做好因地制宜。积极开展调研，在且行且思的教育实践中，通过德育工作教师的及时反馈，动态调整建设阶段目标与规划，切实符合学校德育工作队伍的发展需求。

学校的德育工作是一项需要投入大量的时间和精力的工作，而其成果的显现往往需要很长的时间。对学生成长要有耐心静待花开，对德育教师的成长更须予以重视，在动态培育中不断优化德育工作队伍，激发内在活力，打造卓越团队。

参考文献

[1] 朱灿明.中职德育师资建设的困局和破局[J].江苏教育，2015（10）.

[2] 林幸福.新形势下中职学校德育队伍建设的机制构建[J].中国职业技术教育，2011（30）.

[3] 茹春亚.新课改背景下中职德育课师资队伍建设的思考[J].职业教育，2015（5）.

[4] 张蓉，周述贵.新时代背景下我校德育队伍建设现状及对策研究[J].科教文汇，2019（11）.

[5] 曹荣.现代职业教育视阈下中职德育教师队伍建设探析[J].交通职业教育，2013（6）.

职校美术教学中渗透德育的思考与探索
——以美术课程"泥塑"为例

上海市新陆职业技术学校　杨佳蕾

【摘　要】美术教育是实施美育最主要的内容和最基本的途径。德育与美育作为教育体系中的重要组成部分,对塑造完善人格,培养全面发展的人,二者相辅相成,相互促进,形成合力。上海市新陆职业技术学校以美术课程"泥塑"为例,在提升学生艺术素质的同时,充分发挥美术教育的德育功能,实现对学生道德品质的培育,塑造健康人格,使职校学生健康全面成长。

【关键词】美育　美术课程　德育功能

党的十九大立足中国特色社会主义新时代,提出"要全面贯彻党的教育方针,落实立德树人根本任务,发展素质教育,推进教育公平,培养德智体美全面发展的社会主义建设者和接班人";"以美育人"的教育目标,须"始终与党和国家的现实目标和未来方向紧密联系在一起"。早在2015年,国务院办公厅印发《关于全面加强和改进学校美育工作的意见》就引导学生树立正确的审美观,陶冶情操,进行爱国主义教育,树立正确的价值观,培养全面发展的社会主义接班人。以美修德、以德尚美,是教育发展的内在要求,德美相融也是德育与美育发展的必由之路。

一、实施背景

《中等职业学校艺术课程标准》中指出,"中等职业学校艺术课程要坚持立德树人,充分发挥艺术学科独特的育人功能",上海新陆职业技术学校(以下简称"新陆职校")适应新时代人才培养需求,以"泥塑"课程为引领,将"德"浸透在审美教育中,"以美育德",高度发挥"美"与"德"的特性。

(一)"以美育德"的历史渊源与时代价值

德育与美育的融合成为时代发展的必然要求。纵观中西,以美育德的思想源远流长,并不断在传承中丰富、在守正中创新、在实践中发展。德国古典美学家席勒在《美育书简》中以人本主义的立场阐释了人的全面发展是美育的最高目标和价值取向,并提出了美育学的思考。从我国学者王国维的相关论述中也能够看出,美育能够使人成为完整、完善、感情充沛的人,并且能够成为德育的实施手段。但美育的作用绝不仅限于此,美育不仅仅是工具性的存在,而且有其内在的德育功能。有学者认为,美术教育的目的应该是透过艺术课程的学习以建构自身的知识体系、道德观念等。美育是感性与理性、形象与思想、情与境、知与意的直接统一,对职校学生人格的塑造更全面、更立体,方法更形象、更生动、更丰富。此外,美育之于新时代具有独特价值。一方面"以美育人"提出的根本原因是响应培养德智体美劳全面发展的人才的时代号召;另一方面"以美育人"能彰显职校德育的审美价值,也符合承继中华民族传统臻美风尚的时代潮流。

(二)美育是职校学生素质发展的迫切需要

美育的本质是发现美、利用美、表达美的过程。为培养职校学生的社会责任感,大力发展美育也是一个发力点。新时代背景下,职校不能仅仅将学生的专业理论知识学习和专业技能培训作为学校教育的中心任务,还要加强学生的德行素养培育。受不良文化的误导,不少职校学生表现出审美观念的偏差,例如,盲目追求时尚,过分追求个性、奇装异服与浓妆艳抹,与学生身份极不相称。职校必须大力改进和加强美育。德育讲究方式方法,要充分认识当代职校学生的想法,引导他们进行自我管理,激发他们的正面价值观。

(三)美育是丰富德育工作手段的重要抓手

如果说德育的目的是让人"向善",那么美育就是一种很好的手段。职校学生的基础素质普遍薄弱,因此,要针对职校学生的特点转换德育的教学形式。职校德育工作不应该仅限于狭隘的几门德育课程,而要关注职校学生精神生活的需要,将职校美术课程渗透德育教育,能兼顾德育的深度和广度,促进学生感性与理性协同发展。通过丰富德育工作内容,设计易为学生接受的德育教育模式,而美术课程的教学模式,能弥补传统德育模式短板,起到刚柔相济之效。

二、实施目标

在美术教学中,泥塑作为我国传统工艺品有着一席之地,作为一种流传悠久的工艺,它对学生塑造立体感的发展有着不可估量的作用。新陆职校美术教师在"泥塑"的课程教学中渗透德育教育,让学生从不同的角度、层面,运用不同的形式、手段,表现对世间真、善、美的感受。无论是泥塑还是思想教育,学生们都是在用心灵创作,体现出它们的质朴与灵气。本案例的实施目标是:教师在美术课程"泥塑"的教学过程中,以泥塑为载体,通过其生动的表现形式,以丰富的形式和灵动的载体来诠释德育情与理。德育和美育相互融合能让学生在欣赏提升审美的同时,享受德育所带来的心安之感。

三、实施过程

新陆职校结合学校办学特色,通过"泥塑"中的一节典型课堂案例,从美术课程的教学过程中,充分展示通过美术教学的课前设计,运用知识关联、价值引领、技法活化以及情感升华,开展美术课程渗透德育的探索与实践。

(一)知识关联,素材准备中引申德育内容

本课程在选题上选择学生比较容易接受的动物——企鹅,课前让学生收集了有关企鹅的基本资料,对企鹅有个基本的了解。而在课上放映的则是截取影片《帝企鹅日记》中企鹅团队冒着昏天黑地的恶劣冰雪天气,勇敢顽强地向着寻找安全的环境前进,以及帝企鹅最特别的群体生活习性的片段。从视频中感受情感,来激发学生的学习兴趣,在学会分析企鹅形体的同时,运用夸张变形来表现有自我个性的企鹅造型,强调自己、展示整体,从整个教学中希望班级学生能感悟到动物世界的集体氛围、团队合作精神,在外部环境恶劣的情况下,坚强的个人意志和与大自然抗争的不屈不

挠的精神值得大家学习，使学生在一种情境氛围中接受感悟。

（二）价值引领，确定主题过程中启迪思想

在美术课堂的初始状态，学生的思维就处于很好的活跃状态是不可能的，这需要老师及时引导和启发。因此，要把学生从课堂的束缚中解脱出来，放飞学生的思维，使美术课堂增添德育生命力和艺术情趣，给学生留有足够的探究时间和想象的空间。坚强的意志、互助的团队、冰天雪地恶劣环境中团结顽强的企鹅，把学生们深深地吸引住了。把握教育的契机，适时地展开讨论：如何锻炼坚强的意志，提高自身的团队合作能力。

（三）技法活化，在创作过程中感悟真善美

教师在本次课程中除了对企鹅进行形体分析及美学分析，还进行了仿生学设计的拓展分析：为何设计企鹅冰箱？设计企鹅冰箱是因为企鹅生活在寒冷的南极，企鹅的外形能让人产生寒冷的联想；再加上企鹅有大大的肚子正好适合冰箱设计，用于容纳很多食物；另外，企鹅外形简洁、流畅的弧线、黑白对比分明的色彩也正好适合现代人的审美情趣。鼓励学生抓住企鹅特征后运用夸张变形来表现。在这个环节中，借用企鹅夸张造型来让学生们体验单纯、质朴的呆萌性格特点。

教学中合理开展小组合作学习，采取任务驱动法，将所需掌握的内容分成小任务。学生对自己的特长、兴趣点、疑惑等进行分析，根据各自的特点来自由分组，分组后领取学习任务，每个小组中各组员明确分工。在完成任务的过程中，学生进行组织分工，这不仅可以增强团队协作，而且可以增长彼此的默契。

（四）情感升华，作品完成后总结学习收获

教师尝试以激发学生的集体意识思想共鸣为出发点，用立体的泥塑造型设计，让学生在学习运用各种艺术技巧完成作品的同时，学习动物的团队精神和不折不挠的坚强意志去解决问题。教师看到学生们的作品，都能感到自己正轻轻地叩开他们的心扉，倾听到他们心中的歌，正与他们一起"塑造"他们心中的感受。

四、实施保障

学校通过一系列保障工作为艺术教育课程融入德育实践保驾护航。第一，课前精心设计。美术课程的教师们通过教研活动、课下培训等，不断提升课程设计优化、教学方法改善的能力。第二，创设优良环境。比如在教室创设了一个教育教学环境，教室的四周都挂上学生收集的和老师精心设计的企鹅装饰画。在活动时，为学生播放轻音乐，让她们欣赏图片，观察企鹅和它的生活环境，让学生仿佛置身于奇妙的南极世界中，学生制作泥塑的愿望就被激起，战胜困难的情绪也被调动起来。第三，其他配套保障。专门设置"国学苑"，切实为"泥塑"课程等课下活动开展提供良好的基础设施。园内典雅安静，学生们能在"非遗进校园优秀传习基地"开展泥塑的社团活动，发挥自主探索与研习的能动性等。第四，完善运行机制。学校建立健全泥塑等传统文化学习的社团组织，完善组织活动章程，探索美术课程等课下学习的规范化、系统化。

五、特色与成果

新陆职校作为浦东新区非物质文化传承基地学校，也获得"上海市非遗进校园优秀传习基地"的殊荣，学校借助"泥塑"等美术课程，一方面让非遗传承，让匠心坚守，另一方面通过美术课程教学对学生进行德育熏陶和感染，唤醒了学生道德成长的主动性。

第一，放飞情感，提供自由的创作空间。泥塑的教学对于造型难度较大，如何降低难度，除了注重造型本身的创意教学外，也思索着如何让活动更有趣、更多元化，以达到寓教于乐的目的。创造力的基础在于"观察力"的培养，鼓励学生由具象的物体外在观察，转换另一种造型创作，借此可以培养学生空间转换和创意的能力，建立从整体—局部—整体的关系概念。

让学生在泥塑活动时，可以根据自己的爱好选择自己感兴趣的表达方式，展开想象的翅膀，自由地创作，不追求完美，只享受快乐，在玩中学，在学中玩，真正体验到学习的乐趣。在学生的操作过程中，也期盼能将关爱和耐心，就如同捏制造型土作品一般，一点一滴地搓揉进去，而学生也将被塑造成一件完美的作品。期待学生通过手部运动，刺激其视觉与触觉的灵敏度。老师通过一些有效的语言和行为环境唤起学生的想象，尽量照顾到各类学生，让想象的思维占据。

第二，鼓励合作，塑造融洽的人际关系。泥塑教学和其他课程一样，面临学生有差异的问题。而合作教学为我们提供了良机，这也是开放性教学的有效尝试。

泥塑中的合作是指学生以集体为单位共同来创作完成作品。马克思说过："个人的发展取决于和他直接或间接进行交往的其他一切人的资源。"学生在发展中存在差异并不可怕，合作学习能把这种差异转变为一种教学资源。如果老师能把这种差异因素构成的矛盾转化为动力，就能有助于培养学生的合作意识和合作技能，让他们学会各展所长，达到"1+1>2"的效果。教师让班级的学生合作完成这一作品时，擅长做造型的选择了做企鹅，擅长手捏的设计制作南极冰天雪地的造型，擅长构图的负责摆放。在一片冰雪天地中，一队排列个性的企鹅在顽强地行进，当完成作品呈现在他们眼前时，学生为班级的作品欢呼、雀跃。在这次合作中，他们不仅发挥了各自的长处，而且共同的作品增进了他们团队的友谊。

第三，启迪思考，双向融合美育与德育。有"灵魂"的德育，能促进学生的个性发展。在开展德育的过程中，她只有动之以情，晓之以理，才能走进学生的内心世界，只有当德育拥有一个有趣的"灵魂"时，才能发挥其最大的价值。泥塑课程中，教师们通过让学生们于实践中践诺美、丰富和创造美，旨在敦促学生"行"，并在学生做的过程中引发学生发散思考，从而在艺术行为中感知美，体味德。比如课堂上的形体塑造，也是一种集体精神的凝聚，作为专业老师在注意学生的艺术技法运用的同时，也希望学生通过领会感悟用顽强的意志抗击恶劣的环境。再如针对学生的课堂不规则的行为，老师的处理方式也应比较人文化，学生乐于接受，并对学生的心灵产生余震。学生拙朴的造型之所以让人心动，正是因为其表现了她们蓬勃的生命力，洋溢着她们天真活泼的感情，展示了她们积极的创作本能。教师作为一个引导者，带领孩子步入艺术的殿堂，真诚地同学生交心，交朋友，交流意见，特别关注和鼓励那些勇于表达自己的艺术感受和真实情感但技巧尚不成熟和有个性的学生。正如王国维在《论教育之宗旨》中强调："道德的内在根源是意志，外在表现是人的践履行为。"

六、体会与思考

泥塑课程在课堂教学后，通过对学生的访谈可以了解到，美育与德育交融的过程中，切实对学生们道德素养的提升有颇深影响。因此教师们在反思与总结中也有两点体会与思考。

第一，加深对美育资源挖掘，探索推广路径。泥塑课程作为一种认知美的途径和表达情感的媒介多层次地丰富了美的内涵，使人的理性和感性在某种情形上得到完美的统一。用审美的思想、眼光和态度去看待和解决问题是当今德育发展的趋势。加强审美教育加强不仅可以增强德育的实效性，也符合当代青少年的价值观理念。"以美育德"不仅能有效地帮助学生树立正确的审美观，塑造健康完美的人格，还能帮助学生形成科学的人生观、世界观。新陆职校也将把该课程的案例推广至其他美术课程中，多方位多维度获取、理解、整合和运用各类美育资源，尤其是要充分挖掘这些美育资源所蕴藏的德育价值。泥塑教学中美育与德育有机结合，也能为职教一线教育工作者提供更广阔的教学思路和深层次的研究方向。

第二，加强对美育形式的拓展，实现深度融合。新陆职校未来也将继续通过机制的创新，从运行体制、课程建设、教学改革、师资培养等方面入手，努力构建美育与德育协同育人的模式，在原有美术课程的基础上，鼓励开展形式多样的美育实践活动，积极探索与创造富有时代性、独特性、针对性、教育性的美育实践活动形式，避免活动同质化严重和审美疲劳；另一方面丰富美育教学形式，运用如短视频、戏剧、游戏等富有娱乐性的教学手法和资源，寓教于乐，让广大职校学生参与其中、享受其中。此外，鼓励其他教师在从事日常的教育工作中，将美育与德育巧妙地融会贯通，达到良好的德育效果。

概而言之，将美育与德育进行融合、渗透发展是教育改革的一次有益探索，在德育活动中充分运用美育的优势，在美育中发挥德育的作用，提高美育的效果，从而使德育和美育能够更切实有效地完成改造人、塑造人的任务。

参考文献

[1] 田甜，王舟.浅析公共艺术中的德育蕴含及价值[J].现代交际，2019（22）.

[2] 郭倩颖.审美教育"以美育德"作用机理与路径探微[J].泉州师范学院学报，2020（8）.

[3] 蒋红黎.新时代美育与德育内在联系的再思考[J].科教文汇，2020（28）.

[4] 李喜梅.新时代高职院校公共艺术教育与德育协同育人的逻辑与路径[J].职教通讯，2020（12）.

立足立德树人目标　助力专业扶贫项目

上海市浦东外事服务学校　张琇锴

【摘　要】以智力扶贫为目标,以专业教学为抓手,以服务发展为宗旨,以促进就业为导向,依托高星级饭店运营与管理专业已建成的、以数字化信息技术为支撑的教学流程和实训系统,将航空服务专业的学生纳入已有的教学和实训体系,将他们培养成不仅精通航空服务专业,而且熟练掌握所有服务领域必备的服务技能,为将来走上工作岗位奠定坚实基础。

【关键词】专业建设　智力扶贫　技能培养　区域协作

一、实施背景

扶贫脱困是党和国家的一项重要战略决策,是实现中国梦的一项重要举措。面对西部地区发展相对落后、贫困人口居多的现象,作为首批国家改革发展示范学校,我校认真贯彻落实《上海市人民政府关于加快发展现代职业教育的决定》(沪府发〔2015-9号〕)精神和市教委关于对口支援青海省果洛州的职业教育政策,实施推进智力扶贫工作。从2015年起,我校每年招收贫困地区(青海果洛地区)学生,迄今已招收56名航空服务专业学生。

近几年,我校高星级饭店运营与管理专业在专业学科建设上取得重大进展(见图1),主要体现在教学实训设施和资源库建设方面实现了高度数字化,由此大大提升了教学和实训效果。航空服务专业和高星级饭店运营与管理专业具有高度的兼容性,都强调服务意识和服务技能的培养,因此该专业建设的优势完全可以辐射至航空服务专业,让这部分学生一起分享建设成效,一起助推服务技能和服务水准的提升,让服务之花不仅盛开在饭店行业，也盛开在航空服务领域。为此，从2016年起学校尝试在实施航空服务专业教学的同时，运用高星级饭店运营与管理专业建成的数字化教学手段，对学生实施知识传授和饭店服务专业技能训练，通过学习和实训，使学生不仅能掌握航空服务专业知识，而且能拓展掌握其他各类服务岗位所需的服务技能和文化素养，从而使他们毕业后能身怀更多的服务技能跻身社会竞争行列，最终获得成功，最终达到实现一人就业、全家脱贫的目标。

图1　上海市浦东外事服务学校航空服务专业毕业班合影

二、实施目标

以智力扶贫为目标，以专业教学为抓手，以服务发展为宗旨、以促进就业为导向，依托高星级饭店运营与管理专业已建成的、以数字化信息技术为支撑的教学流程和实训系统，将航空服务专业的学生纳入学校的教学和实训体系，将学生培养成不仅精通航空服务专业，而且熟练掌握所有服务领域必备的服务技能，为将来走上工作岗位奠定坚实基础。

三、实施过程

(一)扶贫情况调查

学校就如何积极参与贫困地区脱贫工作进行了全面深入严谨的调研，学校校长亲自带队，远赴对口帮困的青海省果洛州，对当地贫困情况进行摸底，走访了当地居民和学校，并和教师、学生进行了深入交流，基本摸清了贫困原因。除了自然环境制约，主要还是当地居民缺乏一定的工作技能，而学生由于长期封闭其中，对外界了解不多，视野受阻，知识面比较狭窄，尤其是社会工作所需的技能更是严重缺乏，导致就业形势十分严峻，难以立足社会的窘境导致父辈的贫困在下一代身上继续延续。现实情况告诉我们，要脱贫，就必须寄希望于这一代青年学生，要通过锻炼培养，使他们拓宽视野，增强才干，掌握必备的工作能力，尽早融入社会，成为有用之才，以此推动家庭脱困。

（二）培养目标定位

那些贫困地区的学生只是囿于当地闭塞的环境和比较薄弱的教学条件和手段，因而难以在学业和技能上有所发展。作为发达地区的中职学校，我们拥有比较优秀的师资队伍、比较完善的教学资源，完全可以通过对贫困地区学生进行学业和能力的再造，将他们培养成与上海学生相媲美的人才。为此我们对果洛地区学生设定的培养目标是成为拥有比较开阔的国际视野、知识结构比较全面、精通汉藏族语言、熟悉汉藏文化、能运用英语进行交流、具有较强的服务理念和意识，同时具有较强工作技能的复合型人才。

（三）实施培养过程

1. 确定招生对象

根据市教委的统一安排，学校在当地主要招收航空服务专业学生，学生来源于家庭贫困、本人基础条件较好并且为藏族的家庭。

2. 实施教学过程

（1）课程设置模块。在航空服务专业课程基础上，增设了中西文化传承、国际礼仪规范、服务理念与服务素养、为客服务（包括接待礼仪、语言表达、规范操作、中外知名酒店文化和服务内容介绍）等，在实训课程方面，包括各种服务实景案例和服务应变能力、中西餐标准化服务、调酒服务、情景英语操练等。

（2）教学资源建设。依托数字化教学资源，将知识传授以数字化形式呈现。针对这批学生汉语表达能力不强的特点，我们相继开发了中文藏文字库转换 App，用生动活泼的图文动画互动等形式，使他们能在较短时间内掌握好汉语。专业老师利用微型饭店博物馆的各类数字化素材,对学生进行饭店文化、国际礼仪服务、为客精细化服务等专业知识的传授,拓展了他们的知识结构,为今后走上航空服务岗位做了知识储备。

图2　对学生实施数字化技术训练

学校充分利用数字化教学训练场景,对学生技能实施数字化技术训练(见图2),主要包括饭店创意仿真实训、饭店综合技术体验、饭店会议服务3D仿真互动实训、饭店智能化客房设施等,学生在模拟的饭店各营业场所进行高端服务练习,让他们体验饭店服务的氛围,并用学会的饭店服务礼貌礼仪和技能进行服务。在智慧性客房,面对高科技含量的声控、音空、人工智能等设施设备,学生通过学习,都能熟练掌握并能使用汉、藏、英三种语言向客人介绍使用情况。这些服务技能将来移植到航空服务领域必将起到重要作用。

学校还利用专业优势组织各类富有趣味的活动,如演讲、讲故事比赛、文字接龙、小小主持人、精彩模仿秀以及当一天前厅、餐饮和客房服务员等,体验茶艺师、调酒师、咖啡师等相关服务流程,让学生通过活动提升汉语和英语表达能力,同时又融入专业技能。

格桑梅莎同学是15级航空民族班的班长。来学校时,她还是一个满脸懵懂、不知所措的小姑娘,在汉语和英语表达上存在较大障碍,老师将她带到饭店前台接待实训室和智慧性客房,手把手教她如何使用中、英、藏文接待客人,然后安排学生扮演客人和她进行实景多语言交流,她进步很快,成为服务方面的多面手。由于数字化设施设备具有极大的仿真性，因而在身临其境的氛围下，教学效果呈现阶梯式上升。

四、实施保障

（一）课程设置保障

学校在安排航空运输专业课程时，重点引入饭店服务相关课程，重点在人文情怀、国际性服务礼仪、国际化接待标准、最新服务设施操作与使用介绍等方面，以专业数字化建设的最新成果对学生进行课程教学和实训。

（二）资金资源保障

在本专业建设方面有专用资金的前提下，学校还设立了为西部地区学生进行本专业训练的专项基金，全部用于对这些学生的培养和训练。

（三）质量考核保障

学校制定并实施量化的考核机制，为每个学生建立训练卡，根据实训情况做出评估，在每一项数字化训练科目结束后，专业老师对学生进行考核，以确保各项实训要求落到实处。

（四）动态优化保障

学校结合专业训练的实际情况，不断调整优化训练过程，使学生在跨界训练高星级饭店运营与管理方面能对航空专业学习起到助推作用，为此相关的课程经常处于深化调整之中。

五、特色与成果

（一）实现了优质资源辐射引领的目的

饭店专业建设的成效不仅有益于本专业学生的学习和实训，而且应该在资源共享、作用辐射、输出建设成效方面也要取得成效。航空服务专业学生经过本专业的教学和实训，不仅巩固了原有专业知识，而且拓展了与此相关的其他服务专业知识和技能，尤其是经历了数字化实训手段的锤炼，学生在综合素质、服务意识、服务能力、视野拓展、领悟能力等方面均优于单一专业学习的学生。

（二）实现了跨界合作共谋发展的目的

学校在尝试跨专业使用数字化教学设施的过程中，积极探索并建立了跨专业合作机制，为达到专业建设成效的最大化，本专业老师联手航空服务专业师资力量，共同制定跨专业学生培养，在实施精准扶贫、帮助贫困家庭学生实现毕业后即能凭借专业技能找到工作进而实现家庭脱困方面进行了有益的尝试。

（三）实现了学生发展多元化的目的

中职校学生不仅要掌握一定的文化知识，更要有一定的专业技能，对于一名贫困地区的学生来讲，只要具有一定的视野，做到一专多能，就能找到合适的工作。这批学生在校期间多次受托参加上海市重要礼仪活动（见图3），受到广泛赞誉。学生毕业后能迅速找到满意的工作。据统计，现已毕业的学生均在不同的服务岗位找到工作，有4名学生已成为空乘人员，有的学生在机场贵宾室为客人提供 VIP 服务。根据毕业生的跟踪反馈，学生们普遍反映，正是得益于饭店专业课程的学习和实训，在他们毕业后走上工作岗位，能在较短时间内适应工作要求，无论在航空服务还是在地面服务岗位上，都能得心应手，施展所学知识和技能，为客人提供更好的服务。用人单位也反映，这批学生综合素质高，工作能力呈现多元化。这充分说明我们对这批学生多元化教育是成功的。

图3　学生在校期间参加上海市重要礼仪活动

（四）实现了智力扶贫助推脱困的目的

教育系统扶贫的最大优势是智力输出，我们在帮助贫困地区脱贫工作中，始终秉持智力扶贫的宗旨，根据贫困地区的实际需求和学生的现状，选择见效好、见效准的扶贫方式，充分利用现有的数字化训练体系，全面实施智力培养和技能训练，确保在有限的时间内，达到扶贫的最佳效果。这些学生在找到工作后，其家庭均实现了基本脱贫的目标。

六、体会与思考

（一）智力扶贫是教育系统帮助扶贫的重要途径

根据贫困地区的特殊情况，学校选择进行智力扶贫这一途径，帮助学生通过现代化教育手段的学习和训练，使其掌握更多的知识和专业技能，使其能在毕业后找到心仪的工作，从而实现家庭脱困，这是最有效的办法，从毕业生目前就业情况来讲就充分证明了这一点。

（二）数字化教学手段有助于教学效果的提升

贫困地区学生与东部地区学生虽存在一定的差异，但面对数字化教学手段，他们同样抱着十分欣喜的目光来对待。实践证明，实施数字化教育手段，对学生的视觉感官冲击起到了巨大的促进作用，且教学效果是十分明显的，因此坚持数字化教学发展方向仍将是今后努力的方向。

（三）要不断调整完善数字化教学模式

学校充分认识到即使是数字化教学手段也仍然存在一定的缺陷和不足。首先它难以准确反映学生内心真实的感受，其次有些手段还存在一定的机械性，与实景尚存一定的差异，尤其是针对贫困地区学生的学习，我们还应做适当的调整，使其更适合更实用，一定要确保效果的最优化。

（四）智力扶贫任重道远且永远在路上

学校正在实施的只是智力扶贫中的一个环节，贫困地区学生情况既有普遍性又有个体差异，因此，我们一定要摸清情况，找到最能体现智力扶贫效果的途径，精准扶贫，为贫困地区学生做好实事。

创建职校文明宿舍 提升校园文化育人软实力

上海第二工业大学附属浦东振华外经职业技术学校　秦　榕　蒋文娟

【摘　要】宿舍文化是依附于宿舍载体来反映和传播的文化现象的总和，它既包括校园中的物质文化、制度文化，也包括师生的价值观念、群体心态、校园舆论等。上海第二工业大学附属浦东振华外经职业技术学校（以下简称"振华职校"）结合本校住宿学生实际工作，开展文明宿舍文化建设，营造浓厚的文化氛围，陶冶学生情感情操，提升学生综合素养，让学生在宿舍中感受文化育人的力量，成为"德技并重，上进达人"的振华学子。

【关键词】宿舍制度　评优机制　宿舍文化

一、实施背景

宿舍文化是校园文化建设的重要组成部分，包括宿舍物质文化、精神文化、制度文化和行为文化。职校宿舍是学生学习和成长的重要场所之一，也是学校育人环境中最基本的单位。职校宿舍文化的建设，是职校德育工作的重要阵地，是校园文化的重要构成，更是人才培养的关键作用点。职校宿舍文化的建设是一项长期性的、持续性的工作，也是教育改革对职业院校文化管理提出的新要求。

（一）强化宿舍文化育人功能，落实国家德育工作的根本任务

宿舍文化是规范职校学生言行举止的重要载体，可以使学生潜移默化地在思想素质、道德品质、集体观念等方面得到培养和提高，正是因为宿舍文化建设在职校育人方面和学生成长成才方面的重要性，才使其成为职校完成"立德树人"根本任务和"筑魂育人"神圣职责的内在要求。振华职校认真贯彻落实《教育部办公厅关于加强和改进新时代中等职业学校德育工

作的意见 》(教职成厅〔2019〕7号)中关于"强化学校文化育人功能"以及"加强行为规范养成教育"的重要指示,秉持学校"德技并重,上进达人"的办学理念,结合学校文明校园创建工作活动,创建宿舍文化系列活动。

（二）创新宿舍文化建设模式,适应职校学生发展的现实需求

对于职校学生的精心引导和栽培需要全员、全过程、全方位地持续进行,而宿舍文化建设在其中均起到不可或缺的重要作用。习近平总书记在全国教育大会上也明确指出:"要把立德树人融入思想道德教育、文化知识教育、社会实践教育各环节,贯穿基础教育、职业教育、高等教育各领域,学科体系、教学体系、教材体系、管理体系要围绕这个目标来设计,教师要围绕这个目标来教,学生要围绕这个目标来学。"[①] 实际上,职校学生宿舍是学生课余生活休息、交流实践实训知识的主要场所,是学生放松身心、调整自我、自由言行的小天地。学生生活在一起,思想行为都会相互影响,如果没有正确的教育与疏导,那些不良的思想、行为就会使学生在德育课堂上学习的知识化为零。基于上述背景,建设职校优良的宿舍文化环境,引领、指导学生的宿舍生活,陶冶学生情操,提升学生素养显得十分重要。

二、实施目标

为了落实文化育人的任务,充分适应学生发展需求,振华职校自2016年起,就积极创建"全员参与、实效可见、学生欢迎"的品牌宿舍。所谓"全员参与"是指文明宿舍创建工作要抓到班级,每个班主任带领班级都积极行动,每位住宿生都自觉参与并积极行动;"实效可见"是指文明宿舍创建工作能切实解决学生宿舍中存在的影响学生健康成长成才的突出问题,落实到每位学生,确保每位学生都能参与;"学生欢迎"是指文明宿舍创建符合住宿生群体学习和生活方面的实际使用,让住宿生自觉参与创建,受到学生推崇并力求实际能完成的展示结果。

为了实现上述目标,振华职校贯彻"以评促建,以评促改,以评促管,评建结合,重在建设"的指导方针,充分发挥德育处、团委、总务处、年级组

① 新华社.习近平出席全国教育大会并发表重要讲话 [OL].http://www.gov.cn/xinwen/2018-09/10/content_5320835.htm,2018-09-10.

长、班主任、学生会干部及家委会等现有学生工作队伍的作用,认真调查不同性别、不同楼层的宿舍文明状况,找准关键问题,明确工作目标,制定工作方案,建立工作制度,形成长效机制,进一步监督和引导住宿学生创建文明宿舍,改善住宿居住环境,提升卫生管理水平,提高学生自身修养,展现振华职校学生达人风采形象,成功打造具有振华特色的宿舍文化建设品牌。

三、实施过程

职校学生宿舍文化建设是校园文化建设的重要内容,振华职校高度重视,多个部门齐抓共管,全体师生共同参与,不断完善管理制度体系,进一步加强文化建设力度,使宿舍真正成为职校学生的精神驿站、学习宝地和生活乐园。在整个实施过程中,学校从制度建设、纪律建设以及文化建设等多方面入手,着力开展宿舍文化建设工作。

(一)加强制度建设,培育学生养成优良文明习惯

为了有效了解宿舍建设现状与学生发展需求,学校对学生宿舍进行全面的调查研究。重点检查宿舍内部管理制度是否完善,宿舍公共卫生和个人卫生是否达标,宿舍成员作风是否符合道德礼仪规范,宿舍内部人际关系是否和谐,宿舍学习风气是否良好,寝室长是否发挥了带头示范作用,不同性别、不同楼层宿舍状况有何差异等。调研重点放在宿舍寝室长工作职责和住宿学生表现上。在调研的基础上,为了保证宿舍各项管理制度的贯彻落实,发挥制度的约束功能,学校在"以人为本"理念指导下,弘扬新时代精神,建立科学化、可操作的宿舍制度,让广大学生心悦诚服地接受、遵守,对影响学生的价值取向起到了积极的作用。同时各相关部门人员也忠于职守,做到有理有序,保证规章制度的贯彻执行。学校制定了宿舍内务要求、宿舍评分细则、文明寝室(文明标兵)评分细则,对学生宿舍安全、内务、卫生、纪律等制度评分细则进行监督和评选,每月评选文明寝室、文明标兵学生,建立学生宿舍基础档案。

(二)开展评比活动,树立榜样激发比学赶超意识

学校进一步找准学生文明宿舍创建工作存在的关键问题,明确改进提

高的目标和措施,完善工作机制,认真抓好落实,对楼层长、寝室长、文明寝室、文明标兵学生进行表扬和鼓励,使学生宿舍整体文明水平有新的提高。学校对照《学生宿舍内务要求》《学生宿舍内务评分细则》《学生宿舍文明寝室(文明标兵)评优细则》《学生宿舍楼层长、寝室长评优细则》进行检查,统计汇总后日公布、周反馈、月评比。

　　每天早上由团委学生会协同宿管老师对宿舍进行安全、内务、卫生等进行检查,每天晚上就寝后由楼层长协同宿管老师对宿舍就寝纪律进行检查,并填写好《宿舍内务检查评分表》《宿舍夜间就寝检查评分表》,每天检查结果当天公布在宿舍进门公共区域,发现违纪现象及时做好登记,情节严重者由宿管老师填写《宿管老师反馈单》交班主任,由班主任组织该班学生整改到位且反馈宿管老师。在评比活动中,宿舍之间也有了良性竞争意识,最终形成宿舍整体内务统一性、物品统一性、摆放统一性,使宿舍内务成为创建文明宿舍的硬条件,成为校园文化建设一道靓丽的风景线(见图1、图2、图3)。

图1　住宿学生管理手册(试用本)

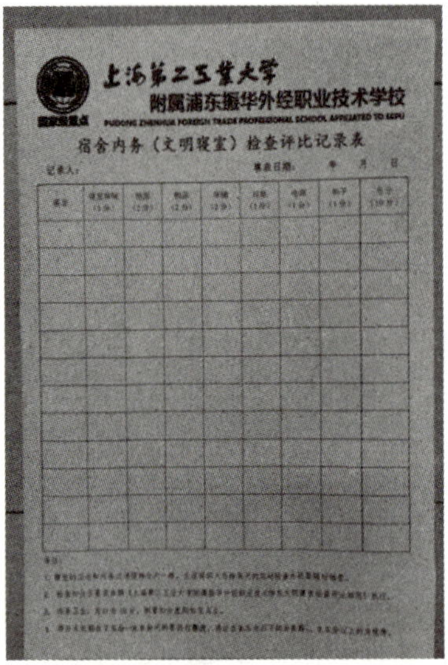
上海第二工业大学
附属浦东振华外经职业技术学校
宿舍内务（文明寝室）检查评比记录表

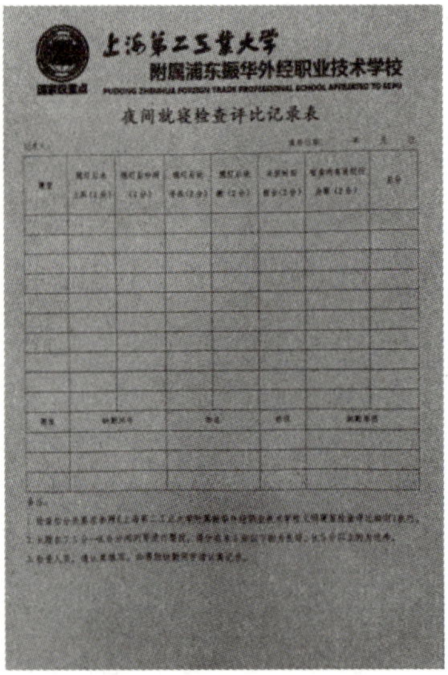
上海第二工业大学
附属浦东振华外经职业技术学校
夜间就寝检查评比记录表

图2　宿舍内务检查评分表　　图3　夜间就寝检查评分表

（三）创新文化建设，营造富有职业特色良好氛围

学校积极组织开展宿舍文化建设，将宿舍文明创建与劳动教育有机结合有机融合，开展“文明宿舍”“宿舍标兵”“宿舍标语设计”等宿舍文明创建活动。学校召开启动、宣传仪式，通过班主任会议、学生干部会议、住宿学生大会等层层明确要求。随后各个楼层各个宿舍召开寝室会议，制作宿舍标语，统一宿舍内务等，多渠道、全方位宣传文明宿舍的意义，通过创建文明宿舍过程提升学生劳动教育，为落实创建文明宿舍活动实施奠定了基础。此外，振华职校在宿舍管理工作中明确要符合社会主义核心价值观的要求，借鉴国内外优秀企业管理制度和模式，将职业道德和规范渗透到宿舍日常行为规范中。例如：运用起源于日本的以整理、整顿、清扫、清洁、素养为主要内容的现代化 5S 管理方法，通过 5S 的管理，宿舍干净整洁，生活用品和学习用品的摆放都规范了，思想态度、言谈举止和精神面貌发生很大变化，由小及大，培养了职校学生有条不紊的习惯。

四、实施保障

为了保障宿舍文化建设项目的有力实施，学校从以下三点着手。

第一，多元参与。自创建活动启动以来，学校广泛发动德育处、总务处、团委、学生会干部、物业老师，带领全体学生齐心协力，共同参与文明创建工作，在明确各宿舍卫生文明建设中的职责的同时，强化部门联动，建立起有效的沟通协调机制，积极调动各方力量共同对学生进行管理和教育。

第二，制定规范。为使文明创建工作得以持续有效开展，详细制定创建文明宿舍工作实施方案、住宿学生管理制度，并宣传推进制度进学生宿舍、进学生心里。根据创建文明宿舍实际工作，完成《住宿学生管理手册》（试用本），将创建工作评价系列化、多元化，对宿舍创建实施规范管理、科学管理，并建立一整套宿舍管理制度，使创建文明宿舍工作更加精细化、科学化（见表1）。

表1　创建文明宿舍实施内容

工作项目	具体内容作要求	负责部门
制度制定	学生文明宿舍制度细则制定	德育处
	学生文明宿舍评优细则制定	德育处
	学生文明宿舍内务要求细则制定	德育处
	学生文明宿舍各类检查评分表制定	德育处
宿舍管理	宿舍检查分数公告栏	总务处
	宿舍值日生、宿舍标语等内容统一张贴处	总务处
	各类评比流动红旗准备	总务处
培训学习	楼层长、寝室长选拔	德育处
	楼层长、寝室长培训学习	德育处
	学生会纪检部、生活部相关学生培训学习	德育处
	全体住宿生大会宿舍管理制度学习	德育处
评优机制	日检查	德育处
	周反馈	德育处
	月评比	德育处
	学期考核	德育处

第三，常规监控。创建文明宿舍工作的核心是日常的检查与监督。通过团委、宿管老师的定期检查、德育处不定期抽查，督促学生做好宿舍文明创建。在此过程中发现问题，及时整改，达到共同促进、共同成长的效果，引导学生养成良好的文明卫生习惯。

五、特色与成果

（一）形成评优机制，培养学生干部

宿舍文化建设围绕的是学生，强调的是学生的学习和成长，所有的制度规范都是为了更好地满足学生学习、安全、教育需求而制定，因此，振华职校宿舍文化建设强调人本管理理念，既注重制度约束力，又注重学生的权利。学生会干部协助宿管老师每天广播操时间进宿舍检查评分，并且公布给各个寝室长；把每周的检查情况反馈给年级组长，告知班主任；根据每月情况进行评比，在底楼大屏幕进行表扬，通过日检查、周反馈、月评比形成激励机制。学生自主管理委员会对学生宿舍进行每周不定期"全覆盖、全公布"的卫生检查；德育处组织学生干部对学生宿舍进行卫生抽查，并对每周的卫生检查数据进行汇总分析，报学校德育处审核，于每周二在底楼大屏幕展示获奖名单。

同时，严格执行楼层长、寝室长工作职责，发挥学生干部、寝室长先锋模范作用，引导他们树立积极向上的人生观和价值观，培养对宿舍卫生建设的认同感，落实楼层长、寝室长责任岗位认领工作，选拔责任意识和服务意识强的学生担当楼层长、寝室长。每月对楼层长、寝室长开展相关考核及评优，进一步充实文明宿舍建设的学生干部队伍（见图4、图5、图6）。

图4　宿舍检查每周反馈　　　图5　女生宿舍　　　图6　男生宿舍

（二）满足发展需求，提升学生素养

环境的改善是宿舍文化建设很好的载体，教师顺应学生们的需求，提供各种文化活动的场所，达到寓教于乐、潜移默化的效果。振华职校在宿舍每个楼层设置一间宿舍活动室，每个活动室里有100本书，其中60本是每个楼层都有的共性书籍，40本是根据楼层性别不同配置的个性书籍。活动室每天下午3：30—5：30开放，由于疫情防控要求，每次限进入2个宿舍的学生进行活动，寝室长为活动室管理员，楼层长负责督促。进入活动室必须保持安静、文明，每个活动室提供2个小号收纳盒，统一放置手机。活动室布置了绿化角、心愿墙、心愿本，给同学们记录感想发表意见，还给同学们提供了适量的活动用品如五子棋、象棋、积木等。这种良好的文化氛围，让振华学子具备文明、健康、积极的正能量，有效地促进了学习与生活，净化了心灵，学生之间的互动更和谐，推动了学生的发展（见图7、图8）。

图7　女生宿舍活动室

图8　男生宿舍活动室

（三）创新多样活动，展现达人风采

学校积极抓住文明宿舍评比、宿舍标兵评比、优秀寝室长、楼层长评比、宿舍标语设计等各类活动，为学生宿舍卫生建设营造文化氛围。一方面有力地推动了学生宿舍的卫生建设，另一方面充分发挥了文化育人的效果。比如，"宿舍标语设计"手写作品展（见图9），增强了对学生的思想教育，加大了学生对文化娱乐、文体活动上的投入力度。在"宿舍标语设计"的过程中，学生充分发挥想象力，加强协作，凝聚集体智慧。活动结束后，

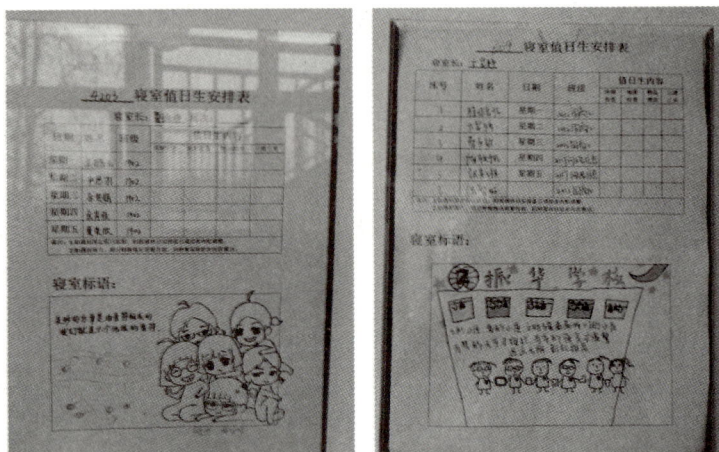

图9 宿舍标语设计

学校展示优秀作品，这些作品能充分地反映宿舍成员之间团结互助的友情，展现振华职校住宿学生积极向上的精神风貌。学校这一系列的宿舍文明创建活动，让学生充分发挥了精益求精、敬业热诚的态度，忠诚守信、包容他人和沟通协作的精神，从而提高了学生适应社会生活和职业岗位的能力和发展能力，为职校学生的成长成才和终生发展打下坚实基础。

六、体会与思考

振华职校作为上海优质中职培育学校，未来将在前期宿舍文化建设的基础之上，多方着力，进一步优化宿舍文化建设工作，全面服务校园文化建设水平的提升。

（一）健全宿舍管理制度，形成学风建设保障

宿舍管理制度是宿舍一切良好秩序的基础，建立健全宿舍管理制度，坚持"全校一盘棋"的观念，振华职校未来将把宿舍文化建设与校园文化建设、学风建设更加有机地结合起来，创新工作机制，使治理工作和人的行为进一步制度化、规范化、程序化，保证组织协调、有序、高效运行，开创各部门各负其责、齐抓共管的良好工作格局。学校未来也将修订出台更加细

致化、人本化的管理制度,将服务学生与宿舍卫生建设相统一,用服务暖人心,用服务促文明;同时将宿舍卫生建设与学生的成长成才相结合,积极将学生宿舍建设成为提高学生专业能力、文明修养、人文素养的平台。

(二)开展宿舍文化系列活动,提升文化育人实力

在开展了"文明宿舍"为主线的活动之后,学校也在思考如何着力创新宿舍文化活动的形式和内容,增强学校宿舍文化活动的思想性、知识性、艺术性和高雅性。结合学生现有住宿基础,学校未来计划开展"德技融合,共育达人"——振华职校宿舍文化节系列活动:一是"文明寝室(标兵)"评选,二是"爱在馨屋宿舍文化风采"小报展,三是"生活、点滴、掠影"摄影作品展,四是宿舍活动室读书征文活动。希望通过形式多样、内容丰富的活动开展,让学生们主动发现身边的榜样,在住宿学生中形成影响力,为振华宿舍特色文化打下扎实的基础。

总之,宿舍文化建设是一项系统工程,振华职校将以全员联动的建设体系、科学的管理考评机制、发挥先进学生模范带头作用为抓手,自上而下,协同发力,充分发挥宿舍第二课堂的育人功能,全面丰富职校学生宿舍生活,营造良好校园文化氛围,教育引导学生坚定理想信念,坚持爱党爱国,涵育良好德行,成长为时代新人。

参考文献

[1] 杜桂萍.大学生生态文明行为养成教育实践路径[J].高教学刊,2017 (10):169-170.

[2] 窦素琴.试论高校学生寝室文化建设[J].教育与职业,2008(17):177-178.

[3] 吴宝宁,霍苗,任秀.民族院校学生文明寝室建设途径初探[J].吉林省教育学院学报,2013,29(8):9-11.

[4] 张妮妮,杨保国.以社会主义核心价值观引领高职学生宿舍文化建设初探[J].教育现代化,2017(21):205.

融合篇

产教融合视域下"项目引领，三元对接"的教学模式探究

——以"网络综合布线实训"课程为例

上海第二工业大学附属浦东振华外经职业技术学校　　沈　禧

【摘　要】产教融合是社会主义市场经济背景下职业教育发展的必然方向。本文以产教融合为背景，探究在计算机网络综合布线实训课程中实施以真实企业项目为引领，实施课堂实训与企业实践对接，日常教学与技能大赛对接，专业教师与企业导师对接，形成"项目引领，三元对接"的教学模式。将产教融合与项目教学有机融合，促进教学模式改革，不断提升学生职业能力和职业素养。

【关键词】产教融合　项目教学　网络综合布线实训

一、实施背景

深化产教融合，是国家推动教育优先发展、人才引领发展、产业创新发展、经济高质量发展相互衔接贯通的战略性举措。《上海市建设产教融合型城市试点方案》（沪发改社〔2020〕41号）文指出："上海市将以改革人才培养模式为核心，以搭建信息交流平台为依托，深化职业教育改革，促进教育链、人才链与产业链、创新链全方位融合。"所谓"产教融合"是指职业学校根据所设专业，积极开办专业产业，把产业与教学密切结合，相互支持，相互促进，把学校办成集人才培养、科学研究、科技服务为一体的产业性经营实体，形成学校与企业浑然一体的办学模式。"产教融合"的教育理念是国家对职业教育人才培养的指导思想，它为解决人才培养与就业匹配提供依据。

与此同时，习近平总书记也在首届世界互联网大会的贺词中说道："当今时代，以信息技术为核心的新一轮科技革命正在孕育兴起，互联网日益成为创新驱动发展的先导力量，深刻改变着人们的生产生活，有力推动着社会发展。互联网真正让世界变成了地球村，让国际社会越来越成为你中有我、我中有你的命运共同体。同时，互联网发展对国家主权、安全、发展利益提出了新的挑战，迫切需要国际社会认真应对、谋求共治、实现共赢。"[①] 在这一发展背景下，我们可以预知计算机网络技术方面的人才需求量将会激增，这也为中职学校开展信息技术人才培养改革提供了动力。

二、实施目标

在产教融合视域下，学校通过三年教学改革，积极探索专业教学要求与行业、企业的岗位需求，专业课程内容与职业标准，教学过程与生产、工作过程科学衔接的有效途径，真正把职业岗位所需知识、技能及其职业素养要求等融入学校的专业课程体系以及专业教学的全过程，探索出校企一体化人才培养模式。总结提炼并形成具有学校特色的以真实企业项目为引领，实施课堂实训与企业实践对接，日常教学与技能大赛对接，专业教师与企业导师对接，形成"项目引领，三元对接"的教学模式。通过"引企入教"将产教融合理念有机渗透到项目教学过程中，促进教学模式改革，从而不断提升学生的职业能力和职业素养。

三、实施过程

依托学校完善的实训基地、深度融合的校企合作模式，积极探索产教融合视域下的教学新模式，以企业真实项目为引领，实施"专业教师与企业导师相对接""课堂实训与企业实践相对接""日常教学与技能大赛相对接"的"项目引领、三元对接"的教学模式（见图1），在计算机网络技术专业的"网络综合布线实训"课程中开展教学试点，初显成效（见表1）。

[①] 新华网 . 习近平致首届世界互联网大会贺词全文 [OL].http://cpc.people.com.cn/n/2014/1119/c64094-26054619.html，2014-11-19.

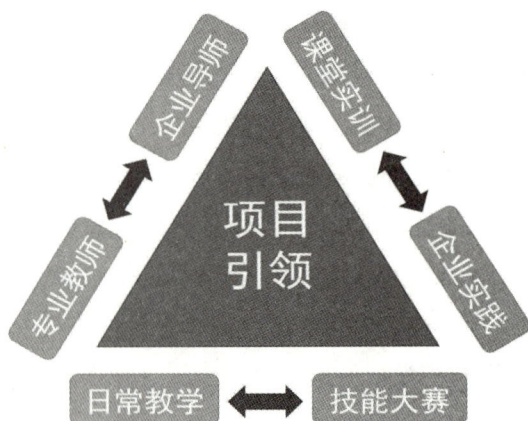

图1　"项目引领、三元对接"教学模式示意图

表1　网络综合布线实训课程教学项目设计方案

项目名称	任务（教学内容）
××学校办公区域网络综合布线项目	综合布线系统的规划与设计
	标准网线制作
	端接信息模块
	安装信息插座
	线槽、线管制作与铺设
	线缆铺设
	端接配线架
	制作数据／语音转换线
	线路连通性测试
××学校实训机房网络综合布线项目	实训机房规划与设计
	信息插座、信息模块安装
	线槽、线管、线缆铺设
	机柜安装
	配线架与交换机安装
	线路连通性测试

（续表）

项目名称	任务（教学内容）
××学校网络中心、楼层配线间网络综合布线项目	网络中心、楼层配线间规划与设计
	机柜组装
	链路搭建
	链路测试
	光纤制作与熔接
	光模块制作
	光纤铺设
	端接光纤配线架
	光纤链路搭建与测试

网络综合布线实训课程是计算机网络技术专业的一门方向性课程，是计算机网络技术专业学生必须掌握的一项专业技能。通过理实一体化教学，加深学生对网络综合布线规范的理解，掌握其设计方法，并通过课程实践，全面熟悉网络综合布线的设计、施工、管理、测试和验收等各环节技术要领，从而使学生对网络综合布线系统知识有一个全面的理解，真正掌握一门实用技能，从而为今后的就业奠定基础。

（一）企业项目入课堂，确保教学内容"新"

在"网络综合布线实训"课程中开展教学试点之前，学校计算机网络技术专业教师与沪上知名网络综合布线公司的企业导师共同探讨，制定教学目标及教学内容。通过将企业的真实项目进行适当的改编，引入课堂教学中，以项目总任务引领整个课程，将总任务细分为若干个子任务进行每一堂课的教学，通过"示范—学做—领悟—总结"的模块化教学方法（见图2），让学生掌握知识技能要领。每个项目都先在校内实训室中完成模拟实操，再到企业进行实战项目实践，最后完成本课程考核。

同时，学校将网络综合布线实训课程设置校内课时数为总课时数的2/3，进行理实一体化教学；其他的1/3课时数在企业进行实践，由企业导师担任教学工作；此外，学生在三年级的实习中，由企业安排直接进入顶岗实习，大大缩短了毕业生的岗位适应周期。

图2　专业教师进行模块化教学

（二）企业环境入实训，确保教学实践"真"

完善的实训条件将为网络综合布线实训课程的教学创设实践环境，因此我们需要建设的是能满足实际教学需求的实训室（见图3）。实际教学需求是由学校和企业共同来提出的，通过校企合作，聘请企业专家，共同建立了一个完善的网络综合布线实训室，构建了一个完善的现场应用环境，为学生创建一个接近未来工作岗位的实训环境。这样，学生能更好地结合理

图3　学校网络综合布线实训室

论与实操，大大增强自己的实践操作能力，并通过完成校企共建的实际项目，熟悉未来工作岗位的现场环境，达到各模块知识技能融会贯通。同时，学校也定期定时开放实训室，以便学生利用课余时间进行实操练习，这样能提高学生的自主学习能力，缩短学生今后走向工作岗位的适应期。

（三）技能大赛入教学，确保教学要求"特"

在当前产教融合视域下，以企业实际项目作为教学推手，以项目为核心，引领学生学习，使学生在实际项目的实施中，训练和提高专业技能水平，积累实际工作经验，同时也培养了学生的沟通和团队合作能力，这样的能力和素质正是学生今后职业发展所需要的关键能力和核心素养。

我们以技能大赛助力日常教学，以大赛标准来激励学生达到更高的技能水平。网络综合布线项目是上海市"星光计划"职业院校技能大赛中的传统常规项目，赛项方案由企业和上海市教育委员会、上海市人力资源和社会保障局共同制定，对获奖选手颁发职业技术资格技能证书，参赛学校都会选拔优秀学生参加，他们有机会还能代表上海队参加国赛。同时，这也是企业挑选优秀人才的一个途径。星光技能大赛可以说是学生专业技能的大比拼，也是指导教师之间专业水平的大较量。大赛的举办宗旨是以赛促教，以赛促学，以比赛带动专业发展，以优秀学生带动全体学生的学习积极性，为学生营造一个良好的学习氛围，为教师专业技能水平的提升提供一个平台。网络综合布线的星光计划比赛项目是一个集知识与技能、沟通与合作为一体的综合技能团体项目，通过这样的项目类竞赛，使学生和教师更了解网络综合布线人才所需要的技能。笔者连续带教多届学生参加市星光大赛，网络综合布线项目的学生在高密度、高强度的项目训练中，实现了自身能力和综合素养的跨越和提升（见图4）。不少学生在走出校门后迅速成为企业业务骨干，深受用人单位欢迎和认可。

图4　学生参加上海市"星光计划"职业院校技能大赛网络综合布线项目

（四）专任教师入企业，确保师资水平"高"

教师是学生的领路人，学生的发展离不开教师，优秀的教师队伍才能培育出优秀的人才。这对专业教师队伍有了更新要求，专业教师们需要不断学习、开拓思维，多培训、多研讨、多交流，这样教学才会有创新、有亮点。随着网络科技的发展，网络综合布线实训课程内容已经发生了很大的变化，课程的教学目标也越来越高。因此，学校专业教师必须接受新的知识技能，教师下企业实践，与企业导师展开知识技能、教学方法的交流与学习，共同探讨课程教学目标是十分有必要的。与此同时，学校聘请企业专家作为特聘兼职教师，参与学校课堂教学工作和专业建设工作，这样才能满足社会对现代网络综合布线人才的需求（见图5）。因此，新要求、新挑战将不断激励我们网络综合布线的专业教师日益进取、开拓创新。在学校日常教学中，我们可以发现，凡是经过下企业实践锻炼，或曾参与职教工作坊实践项目等的教师，其教学理念和教学方法往往更受学生欢迎，教学实际效果也会比较理想。

图5　企业专家进课堂

四、实施保障

上海第二工业大学附属浦东振华外经职业技术学校自2006年开设了计算机网络技术专业，是浦东新区第一所开设该专业的学校，同时也是浦东新区重点培育专业。自2006年以来，计算机网络技术专业以专业建设为抓手，进一步深化课程教材改革，创新创优教学方法；落实校企合作培养人才模式；进一步加强师资队伍建设，优化队伍结构；调整实训中心功能，提升实训中心能级；开展课程建设，造就一支高水平教师队伍，取得了一批特色鲜明的标志性教研科研成果，在专业建设、课程改革、教学模式创新、师资队伍建设等方面取得了一定的成效。同时整合并辐射相关专业，实现计算机网络技术专业整体水平的全面提升。

在人才培养成效层面，学生屡次在上海市星光杯职业技能大赛"网络综合布线"项目以及上海市"网络安全攻防"项目中获奖。计算机网络技术专业自成立以来，招生数稳定，由最初每年招收1个班，扩展到目前每年招收2个班。近三年就业率始终保持在95%以上，专业对口率90%以上，就业稳定率92%，呈现"招生、就业"进出口两旺局面，这都为该专业新一轮的改革提供了强有力的引擎。

五、特色与成果

产教融合视域下，学校积极探索"三元对接、项目引领"的教学模式。学生通过校内实训，掌握相应的理论知识和技能水平。在三年级的实习阶段，学生通过企业实践，知识技能得以应用与展现，逐步完成了从学生到职业人的转变，得到企业的认可。学校培养出了企业需要的网络综合布线人才，而企业也得到了自己期望的人才，校企合作的价值得以体现。我校和企业通过这几年的良好合作，连续三届毕业生都得到用人单位的好评，如今已成为企业订单班的深度合作模式。

（一）依托项目实战，点燃创业梦想

自创建上海市示范校开始，学校就启动探索创业园区的建设，现已初具规模。创业园区的建设与发展离不开学校和企业、教师与学生的深度参与。学校和企业合作为师生搭建创业项目和平台，教师帮助学生进行创业。我们将创业教育实践化，在专业教育中渗透创业教育，让学生在"做中学""学中做"，以学生的亲身实践为教育切入口，鼓励学生参与创业实践活动。网络综合布线项目正是一个试点项目，校企合作企业在课余和假期时间为学生创业团队提供诸多项目来供学生实战，学生的创业梦想由此而萌发。

（二）依托海外实践，拓宽专业视野

学校作为上海最早一所开展外经贸人才培养的职业学校，曾与国外不少职业学校开展过交流，先后与英国、德国、澳大利亚、荷兰、美国、加拿大等国家进行师生互访与交流、海外学习实践等活动。笔者曾有幸带领专业学生赴加拿大亚岗昆学院进行海外学习实践活动（见图6）。加拿大亚岗昆学院是一所理工科类的学院，注重培养学生的职业技能。此次学习实践活动，我们参观了其完善的实训场所，学习了其先进的教学理念，深度体验了其项目化的教学课程。为期8天的海外学习实践活动，拓宽了教师的视野，更新了教育理念；学生通过实战演练，提升了综合能力；教学模式突破了国界，促进了专业发展。学校计算机网络技术专业组正与企业积极探索，为学生选取一张合适的计算机网络技术专业相关的国际证书，为学生走向世

界打开一条通道。

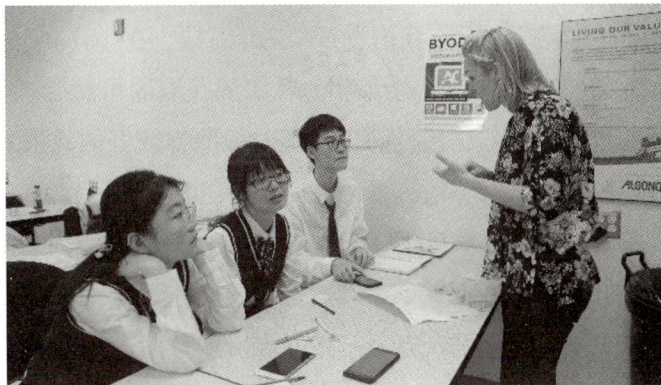

图6　学生赴加拿大参加海外学习实践活动

（三）依托教学创新，助推专业成长

通过不断实践与探索，目前"三元对接、项目引领"的教学模式已经在学校计算机网络技术专业的多个方向性课程中实施。一方面，根植于教学创新改革为教师提升教学水平打下坚实的基础；另一方面，本专业学生的培养成效较以往也有了很大的改变与提高。

为了更好地进行教学项目设计，专业教师6人次参与市级下企业实践锻炼，与企业工程师一起将企业真实项目改编后引入课堂教学中。专业教师成长迅速，在近三年中，在各类期刊中共发表专业论文十余篇；在区、市级教学比赛中，获二等奖2个、三等奖3个；2位校骨干教师参与了计算机网络技术专业的上海市课程标准的修订工作和专业教材编写工作，6人次参加上海市计算机网络技术专业骨干教师培训。在此教学模式的实践探索下，近三年中，学生的计算机网络技术专业考证合格率逐步提升，毕业生双证率也逐年上升。学生在区、市级各类技能竞赛中共有6人次获奖，6人次在行业类比赛中获奖。

六、体会与思考

（一）引企入校，深度合作，校企共育职场能人

通过近三年的教学试点，我们发现"三元对接、项目引领"的教学模式符合中职学生的特点，充分考虑到学生对知识获取的可接受性和适应性，从而使教师在运用教学方法传授知识技能时能取得较好的效果。同时，"三元对接、项目引领"的教学模式的开展也离不开企业的支持，因为中职校专业课程的起点来自职业，来自工作岗位和岗位需要的工作任务。因此，我们要与企业进行深度合作与融合，进行一体化办学，这样才能更好地实施"三元对接、项目引领"的教学模式，培养出符合社会需要的网络综合布线能人。

（二）立足实践，做强师资，名师培养职场高人

俗话说"名师出高徒"。要想给学生"一杯水"，教师自己就必须有"一桶水"。在"三元对接、项目引领"的教学模式中，学校教师与企业导师的对接，无疑为教师的"一桶水"注入了保鲜剂。企业实践是提升教师专业技能水平和实践教学能力的有效方法和途径，计算机专业教师应主动、积极地参与到企业实践中，不断提高行业、企业的实践能力，这样才有助于提升日常实训教学能力。网络综合布线技术发展很快，在网络5G时代到来的当下，如果我们教师仅仅埋头苦干于课堂教学之中，教师的知识结构体系将永远停留在原始阶段。教师下企业实践可以让教师学习到很多新的网络布线技术，有助于教师将最新的技术传授于学生。通过定期下企业实践，向企业导师学习最新技术，教师的知识与技能才能紧跟时代的步伐，教师在以学促教、以教促学中成长，提升自身的教育教学能力。在国务院发布的《国家职业教育改革实施方案》（"职教20条"）中，把奋力办好新时代职业教育的决策部署细化为若干具体行动，特别提出了双师型教师成长和培养的目标与路径，这为我们专业教师提供了努力方向和成长空间。

（三）立足文化，倡导精神，匠心铸就职场达人

计算机网络技术专业是一个需要"动手"的专业。"工匠精神"是优秀网络综合布线企业的灵魂，它也是企业发展的精神支柱，不少优秀企业以

此作为企业文化的立足点。"工匠精神"又是企业员工的态度,生产的标准。网络综合布线实训课程是一门理实一体化课程,在"项目引领,三元对接"教学模式中,在真实企业项目的引领下,同时引入企业的优秀文化——"工匠精神",将激励学生的职业素养向着高标准、严要求前进。上海第二工业大学附属浦东振华外经职业学校秉持"德技并重,上进达人"的办学理念,以"一好三强"(品德修养好,服务意识强、交往本领强、操作能力强)为培养目标,用大国工匠精神指引着无数优秀学子成长、成才、成功的职场人生路。从学校走出了一批德尚艺高的工匠,他们得益于学校的培养,在祖国的建设岗位上一展才华,成就了平凡而绚丽的人生,成为现代职场达人。

参考文献

[1] 凌敏.产教融合背景下计算机网络专业专业课程改革[J].计算机产品与流通,2018(09).

[2] 陈礼娟.中职计算机网络技术专业构建校企合作模式的研究[J].现代职业教育,2016(05).

[3] 唐跃松.技能大赛与网络综合布线教学内容的衔接研究[J].现代职业教育,2017(08).

[4] 田永民.项目式教学法在网络综合布线技术课程教学中的应用[J].西部素质教育,2017(15).

[5] 王彬炬.翻转课堂在网络综合布线实训教学中的应用[J].计算机产品与流通,2020(01).

实践虚实融合教学　增强职业技术教育适应性
——以"移动电商"课程为例

上海第二工业大学附属浦东振华外经职业技术学校　陈晓雁

【摘　要】职业教育就是一种面向人人的终身教育，面向市场的就业教育，面向能力的实践教育，面向社会的跨界教育。具体要落实到办学体制、育人机制以及教学方式上。本文以专业核心课程"移动电商"为例，积极探索实训环境建设与教学模式，实践虚实融合教学，以增强职业技术教育的适应性。

【关键词】实训　虚实融合　移动电商

一、实施背景

《中共中央关于制定国民经济和社会发展第十四个五年规划和二〇三五年远景目标的建议》明确提出，"加大人力资本投入，增强职业技术教育适应性，深化职普融通、产教融合、校企合作，探索中国特色学徒制，大力培养技术技能人才"。

对此应如何理解，"十四五"期间职业教育将往何处发展？陈子季表示，关于职业教育的适应性问题需要把握好三点，首先要深刻把握职业技术教育的类型特征是什么。"职业教育就是一种面向人人的终身教育，面向市场的就业教育，面向能力的实践教育，面向社会的跨界教育。"他认为这一类型特征要落实到办学体制、育人机制以及教学方式上。

原教育部党组书记、部长陈宝生强调，贯彻落实党的十九届五中全会精神，职业教育要在"五入"上下功夫，为"人人皆可成才、人人尽展其才"进一步创造条件，努力建设技能型社会、技能中国。"学历只是一个证书，能力才是我们的保证。"他强调,大家要认识到没有技能寸步难行,使具有技能成为做人的"标配",推动形成国家重视技能、社会崇尚技能、人人学习技能、人人拥有技能的良好氛围。

二、实施目标

增强职业技术教育适应性,让职业教育成为面向市场的就业教育,面向能力的实践教育,实训教学是关键环节之一,承担着培养学生职业能力与职业素养的重要任务。

学校电商专业经过多年建设,深度校企合作,共同开发实训平台,加强实训环境对教学的有效支持。统筹规划实训项目与流程,设计有效教学活动,激发学习者的学习兴趣、探究兴趣和职业兴趣,逐步形成了"虚实融合"的教学模式,从而夯实学生的岗位技能,提升学生综合运用能力。

三、实施过程

虚实融合,"虚"是基于虚拟仿真实训平台(见图1),通过完成仿真的实训项目,让学生获得与工作岗位能力要求相关的虚拟体验,掌握工作岗

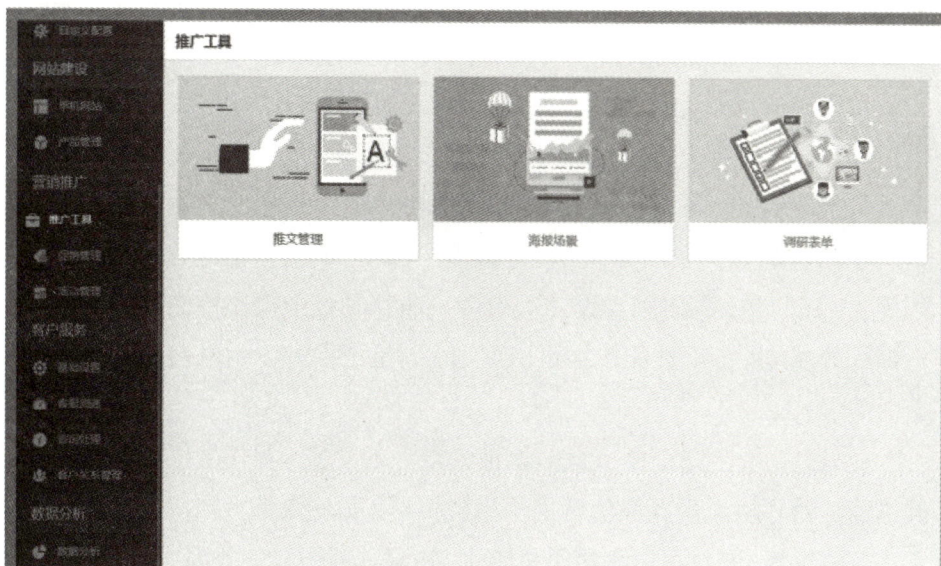

图1 移动商务运营平台界面

位所需的知识和技能。"实"指在真实的工作环境中(包括实验室、实训室、车间等)进行实际性操作的实践活动和技能训练。

"虚实融合"教学模式,有机结合真实实训环境和虚拟实训环境,有机结合工作内容和实训的项目,同时,支持系列化、弹性化的实训教学任务的设计,促进学生知识技能的学习。

(一)聚焦综合能力,开发虚拟平台

电子商务专业是融计算机科学、市场营销学、管理学、经济学、法学和现代物流于一体的新型交叉学科。作为一个复合型领域,学生不但要学习商务相关知识,掌握信息技术相关手段,更要学会商品采编、客户服务、网络营销、电商运营等复合型能力。专业本身建设了上述几门课程的实训室,并且配备了相应的实训软件,可以满足各门课程的实训需求。

但是传统学科式的人才培养模式,实训室主要是用于单项技能强化,给学生形成了一种"实训即上机"的概念。学生对电商行业认知零散、实操能力相互割裂,不清楚电商领域中典型岗位间的相互作用关系。从电商运营的角度出发,扎实的单项技能仅相当于达到了"生产流水线上一颗完美的螺丝钉"的标准,而这些对电商专业的学生来讲是远远不够的。他们需要一个平台一个场景,能够看到整个电商的过程,能够帮助他们了解每项技能的重要性以及这些技能的具体应用,从而能够提升电商运营的综合能力。

在这样的背景下,专业引进了移动商务运营平台,该平台包含微信营销、客户服务、数据分析、网站建设等模块,主要聚焦于移动电商的运营。

从实际的实训效果来看,该平台在知识层面上,帮助学生巩固市场营销、网络营销、客户服务等理论;在技能层面上,有益于学生扎实图形图像处理、文案写作、调研问卷设计等内容。达到了各个操作技能在一个平台上训练的功能,各项技能成绩可以共通,满足了提升学生电商运营综合能力的需求。

此外,该平台完全模拟微信认证公众号的功能(见图2),营造了全真的微商运营环境。内置微信营销手机模拟器,实现微信平台内容的同步查看和实时更新,并且可以利用手机预览,达到虚拟仿真的效果。

图2 模拟微信公众号界面

撇开具体工作环境，"电商人"的真实工作模式不外乎就是在平台上进行，尽管是虚拟平台，但是仿真的后台运营环境，也给学生带来不小的视觉冲击感，日常训练已经近乎"逼真"（见图3）。

图3 电商实训楼——客户服务、网络营销实训室

（二）突破场地界限，再现真实环境

另一方面，电商行业的特性决定了该类企业并不需要庞大的工业设备，也不像一间间车间那样有特殊的企业环境，因此大部分电商实训室从外貌上看就是一间"机房"甚至是"网吧"。久而久之，学生就失去了上课积极性。我们一直追求的再现企业真实场景，也难免变为空谈。

　　因此，我校新建了电商实训中心——新零售实训区和仓储配送实训区（见图4），具体包括消费场景体验区、互联网数据场景区及支付履约场景体验区。仓储配送实训区，提供结算、自提履约、快递登记等售后服务实训场景；新零售实训区，以传统零售为原型，融入最新的"零售展厅化"这一业务发展方向，提供"在店消费"全新的营销实训场景。同时单独划分"互联网数据场景区"，展示整个场馆的运营数据，让学生不仅能完成认知学习，同时也能将这些"自生产"用于运营改进中。不同于传统实训室的"隔间"，新实训楼呈现全场景实训空间，两大实训区域，打破实训室场馆界限，让学生体会电商"应用场景"，融入线上线下概念，再现电商真实的业务流程，再形成实训闭环。提高学生学习兴趣的同时强化操作技能，达到培养复合型技能人才的教学目的。

图4　新电商实训中心——新零售实训区、仓储配送实训区

（三）统筹规划实训，协同"环境""教学"

　　实训项目怎么安排，具体的实训流程该怎么设计与实施，才能与虚实融合的实训环境相协同，以取得更好的效果，也是探索"虚实融合"教学模式的关键问题。这需要从顶层设计开始，从全局的角度出发，将虚拟实训平台、真实实训器材与设备等资源有效集中，从而高效快捷地实现目标。

　　以"移动电商"课程为例（见表1），根据岗位能力要求，划分教学模块及具体工作任务，结合实训环境，设计实训流程。模块四"无线店铺营销"及模块五"新媒体营销"，采用"24+8"的形式完成，即实训室完成理论学习，实训中心（场景）完成实训操作。

表1 "移动电商"课程 实训项目安排

课程模块	模块内容	工作任务	实训平台 （移动商务运营）	实训场所
模块一	移动电商概述	（略）	（略）	（略）
模块二	移动商城运营			
模块三	移动商城后台搭建			
模块四	无线店铺营销	店铺推广	店铺推广模块	营销实训室 （24课时） 新实训中心 （8课时）
模块五	新媒体营销	微信营销	微信营销模块	
		微博营销	网络营销模块	
		（略）	（略）	（略）

　　在完成平台端训练的基础上，教师安排学生平台与实训中心同步实训，这部分可以理解为"虚"与"实"的融合，"模拟实训"与"真实训练"融为一体（见表2）。具体操作：教师将全班分为4小组，各组又分AB两队。A队在实训室进行后台营销操作，利用虚拟平台，进行公众号推送、朋友圈营销、微博营销，营销对象包括全班同学。同时，同组B队成员则进入实训区（新零售实训区内，提前摆放各组待售的商品或者预售商品），从客户的角度选择商品，购买结束后，各组从销售效果出发，对营销设置进行评论，并反馈给同组A队成员，优化营销策略，以开始下一轮实训。

表2 新媒体营销"虚实融合"实训流程

序号	实训流程	学生活动		教师活动
		A队	B队	
1	进行分组	自由组队，4~6人一组，确定组长、组员，明确成员分工		给出分组意见：成员互补
2	选品	各组讨论销售的商品		提供6-8种待选商品及具体信息
3	营销准备	制定营销方案，分别完成商品拍摄、图片美化、文字编辑		巡视各组，给出指导意见
4	营销/购买	按照方案，发送微博推文并发布朋友圈等	完成支付，比较各组营销效果并反馈	教师总结点评各组情况

（四）设计仿真任务，提升课堂效果

实训教学离不开一定的知识讲解，只有在充分掌握基础知识的前提下，学生才能通过虚拟平台进行模拟训练，从而具备"真实训练"的可能性。虚实融合的实训环境能给予教学支持，但设置合理的教学活动，仍然十分重要。比如调整"移动电商"课程中"微信营销的概念与方法"的授课内容，结合企业对岗位能力需求，以企业真实工作任务为原型，设计"微信公众号的回复设置"教学任务，充分利用虚拟平台的功能，按照"做—评—做"的流程，实施理论教授。教学实施步骤如下：

1. 任务导入

通过介绍企业微信公众号的运营情况，指出其许多用户取消关注以及用户不活跃等问题，引出本节课的任务。

2. 任务实施

任务一：确定回复内容。

教学设计及意图：教师展示"优秀案例"帮助引导学生归纳出设置要点。整个活动的设计以学生为主，通过分析案例归纳出知识点，培养学生自主探究学习的意识与能力。

任务二：设置自动回复。

教学设计及意图：整个活动的完成分为4个步骤，遵循"学生做、师生互评、教师讲、学生做"的流程。首先学生在平台上设置并提交回复，接着教师引导学生以设置要点为依据，进行互评，然后教师进行内容与格式的点评，最后学生根据修改意见，重新提交结果。

设计意图：整个活动设计，要求学生围绕本课的任务背景及任务一归纳的知识点，登录平台进行设置，促使学生将理论知识运用到实践操作中，以达到学生对知识的融会贯通。

3. 任务评价

教师围绕本课的任务背景，依据回复设置的要点，点评各组成果。并利用平台中的"表单"模块设计投票信息，邀请其他任课老师投票，为学生的"公众号回复设置"内容进行打分，以代表市场反应，从而提高学生参与教学活动的积极性。

4.任务总结

教师引导学生归纳总结本节课所学知识。通过小结,对知识进行梳理,再次巩固重点和难点。

四、实施保障

我校电商专业自2005年开设以来,2009年被确立为校骨干专业,2011年成为上海市重点建设专业,2013年被评为上海市首批精品特色专业,2019年被立项为上海市示范性品牌专业。师资力量和招生规模居上海中职校之首。

自专业成立以来,校企深度合作,协同育人,明确人才培养定位;积极探索实施"三段五阶"课程体系,帮助学生逐步构建专业知识体系、强化专业核心技能、培育职业系统思维;名师引领,企业导师助力,专业师资队伍能力与素质不断提升;专业还承担职业鉴定与专业培训,同时还是上海市以及全国电子商务专业建设联盟会发起单位和理事长单位,经过多年建设,引领上海,辐射全国,声誉显著。

近三年来,专业学生学习成效显著,专业毕业生对口率100%。毕业生第一年工资3 500元起步,就业企业层次高,随着工作时间和经验的增加,毕业生晋升较快,不少优秀毕业生已经成为企业骨干,如17届毕业生罗旭现任上海果珈商贸有限公司运营主管,张无名担任戴森科技公司运营经理等。

五、特色与成果

(一)产业趋势融入教学资源,推进课程建设

专业积极探索"虚实融合"教学,深度校企合作,将产业趋势融入教学资源,推进课程建设,提升人才培养内涵。近三年专业联合合作企业共同开发新课程6门,调整优化课程12门(见表3)。同时,在数字化专业教学资源库中融入行业新动态,形成丰富的教学资源,资源库容量从2.08T增加到2.53T。

表3　电子商务专业新增教学资源

产业趋势	新增课程	新增配套教学资源
新零售 移动购物	移动电商、移动商务 视觉设计、移动商务 运营实务	课程文本:课程实施方案1套 校本教材1套:移动电子商务 教学资源:VR资源1个、沟通课程题库1个 实训平台2个:微信营销、移动电商开发 实训区:新零售体验馆
大数据	电商数据采集与分析	在线开放建设课程:电商数据采集与分析 实训平台1个:电商数据分析软件
信息安全	电商信息安全	校本教材1套:基于ITIL的电商信息安全运行管理 实训区:信息安全实训室

专业承担上海市电子商务专业3门课程标准的撰写工作,近三年新开发校本教材16本,其中出版10本。截至2018年6月,与双证融通配套的校本教材《电子商务商品信息采编》印制发行7 000余册,用书地区包括北京、上海、浙江、广东、云南等地,用书单位包括上海商业会计学校、上海市商业学校、上海市西南工程学校、上海市第二轻工业学校等。

(二)专业能力与教学研究并举,助力教师成长

加强"虚实融合"的教学实践、不断拓宽教师的理论知识、提升专业技能也是提升教师能力、助力教师成长的关键。近三年,专业教师个人下企业实践20人次,组团实践3次;积极参加各种培训,包括英国ITIL Foundation培训、跨境电子商务实战、1+X网店运营推广、1+X数据分析培训、创业教育师资培训等。

同时,积极开展课堂教学研究,教师成长迅速。1名老师参加2016年上海市中职校教学法评优比赛,获得二等奖;2名教师获中职—应用本科贯通教育试点培养专业三等奖;1名教师获2016年上海市中等职业学校"微课程"制作大赛二等奖。三年来,专业教师积极开展多项课题研究,硕果累累。完成了"中等职业教育电子商务专业'五阶式'实训模式探索与实践"课题研究;"中职电子商务专业校企一体化课程建设研究"获上海市教育教学研究院第六届学校教育科研成果三等奖;与中本贯通高校共同探索的"产教融合导向的电子商务'233'人才培养模式探索与实践"获上海市教育成果二等奖。

六、体会与思考

（一）探索教学活动，提升教学实施效果

虚实融合的教学模式，不仅依赖于环境建设及合理的实训项目规划，日常教学的活动设计也同样十分重要。教师需要充分利用虚拟平台的各个模块及功能，在进行理论教学时，辅助以平台进行举例讲解，完成"虚拟实训"。通过该环节理解掌握过程性知识，提高操作的效率，为"真实训练"做准备。教学活动的灵活及多层次，能降低学生的"厌烦"心理，始终保持积极的心态，并且使学生在一次次的活动和任务中慢慢摸索，逐步成长，形成做电商的意识。

（二）产教深度融合，提升教师专业能力

随着专业内涵的不断提升，实训教学也要紧跟行业步伐，应当鼓励专业团队走出学校，面向企业，主动参与企业技术服务活动，承担合作企业中技术员、技术顾问等职务，参与企业的产品生产、技术开发等工作。同时，紧密参与区域电子商务行业协会相关产学研合作，共同开展实践课题研究。专业在助力企业运营与技术开发的同时，提升自身能力。

参考文献

[1] 朱孝平，林晓伟，张剑平.虚实融合的实训教学环境及应用研究——以数控加工为例[J].中国电化教育，2015（12）.

[2] 董明海，郭哲璐，李同兰，李云，王俊武.基于"虚实结合"的"船体生产设计"课程教学设计及改革路径[J].宁波工程学院学报，2020（04）.

[3] 田明君.基于虚拟实训环境的实践教学交互研究[J].江苏科技信息，2017（29）.

[4] 张剑平，许玮，杨进中，李红美.虚实融合学习环境:概念、特征与应用[J].远程教育杂志，2013（03）.

[5] 谭京丽."虚实结合"实训模式在中职电子商务教学中的应用[J].职业教育（中旬刊），2017（10）.

中职跨境电子商务产教融合培养模式的策略研究

上海第二工业大学附属浦东振华外经职业技术学校　罗　芸

【摘　要】在国家产业发展的大背景下，近年来跨境电商获得巨大发展，并于2019年成为中职学校新增专业之一。行业的快速发展使得跨境电商人才短缺。本文主要从跨境电商人才需求现状出发，分析当前中职学校跨境电商人才培养问题，结合渠道、师资、课程体系、评价体系等方面的改进和创新，提出跨境电商产教融合的人才培养模式。

【关键词】跨境电商　产教融合　人才培养

一、实施背景

(一)服务国家战略需求的必然

根据国家产业发展战略需要，按照《中国制造2025》、"一带一路"建设、"互联网+"行动等要求，发展新兴对外贸易模式，推进沿线国家的经贸往来，跨境电商成为面向产业价值链延伸的相关专业。2020全球电子商务大会上，《中国电子商务发展报告2019—2020》对外发布，根据海关总署统计数据显示，2019年中国跨境电商进出口商品总额达到1 862.1亿元，同比增长38.3%。跨境电商交易总额快速增长，结构优化升级，贸易范围不断扩大。

(二)服务新兴专业发展的必然

在国家战略发展背景下，教育部根据《中等职业学校专业设置管理办法(试行)》，组织开展了《中等职业学校专业目录(2010)》修订工作，并于2019年6月公布了增补的46个新专业。其中，跨境电子商务从国际商务专业中分离出来，成为新增专业之一。

（三）满足跨境电商人才的需求

随着跨境电商市场的迅猛发展，跨境电商人才缺口巨大。电子商务、外经贸行指委在专业新增建议报告中指出："2016年，中国跨境电商整体交易规模达到6.5万亿元，保持23.5%的快速增长态势，预计到2018年将达8.8万亿元。行业急需知识结构完整的跨境电商人才。"随着跨境电商市场的迅猛发展，跨境电商人才缺口巨大。据商务部电子商务和信息化司发布的《中国电子商务报告(2018)》显示，中国跨境电商人才缺口据统计已接近450万，并以每年30%的增速扩大。

（四）破解人才培养瓶颈的必然

目前我国专业人才培育多数还是沿用传统模式，以学校培养为主。企业作为追求经济利益的群体，在考虑培养成本的前提下，虽然有用人的需求，却没有培养人才的足够动力，社会培训机构资质和水平又良莠不齐。因此，对于全新的跨境电商专业来说，社会储备的人才少，需求量大，仅靠学校人才培养模式，很难在较短时间内培养出符合企业要求的人才。

事实上近年来每年有大量外贸、电商等专业的应届毕业生流入人才市场，但此类专业和跨境电商专业存在较大区别，不能适应新兴的跨境电子商务的岗位工作需求，一旦走上工作岗位，不但缺乏工作实战能力，甚至缺乏跨境电商基本的专业知识。企业找人难、岗位培训成本高周期长成为较大的问题。产教分离的现状导致了跨境电子商务人才的严重短缺。

对于中职学校而言，面对全新专业，应理清思路，找准定位，通过教学改革和模式创新，培养出适合行业企业需要的跨境电商人才。

二、实施目标

《国家职业教育改革实施方案》(职教二十条)提出：完善职业教育体系，深化产教融合、校企合作，育训结合，健全多元化办学格局，推动企业深度参与协同育人，扶持鼓励企业和社会力量参与举办各类职业教育。

基于目前行业人才需求现状，跨境电商的人才培养应以学校为主，社会、企业积极参与，共同培养。学校主动与具备条件的企业在人才培养、技术创新、就业创业、社会服务、文化传承等方面开展合作。

在国家大力支持跨境电商发展和职业教育改革的大背景下，中职校作为人才培养的前沿阵地，应积极探索产教融合新型人才培养模式，积极与企业合作，鼓励企业参与到人才培养中来，深化校企合作，从而为跨境电商人才培养和国家产业布局优化作贡献。

三、实施过程

（一）破除实践时空局限，校企共建育人基地

跨境电商受国际贸易环境和政策影响大，国际贸易局势、各国政策的变化，以及跨境电商平台政策的调整都会对跨境电商产生重要影响。企业处于行业的一线，对此类变化反应迅速。而学校教育受限于课程体系、教材、考试评价制度、教师的视野等，对此类变化反应较慢，甚至会出现教学上还在强化的内容和方法，实际运营中已被摒弃，而实际工作中出现的新问题新情况，学校教学却未能及时跟进的情况。

目前跨境电商方面的校企合作比较少，很多跨境电商企业本身还处在起步发展阶段。相比国内电商行业，跨境电商的校企合作开展情况不尽如人意。对于很多中职校来说，现阶段主要是通过一些跨境电商平台来了解相关的岗位分工。而这些平台实践起来要涉及开店资质、国际物流、境内外资金结算等很多中职校无法解决的问题。因此中职校仅依靠自身条件开展平台实战困难重重，最终导致学校不了解企业需求，对企业岗位分工不明确，教学的实践环节难以有效开展。

我校与深圳睿禾科技有限公司签约合作，由学校提供场地、基础设施及办公条件，睿禾公司全权负责设计和施工，在学校专用实训区域建设了一个企业冠名的"振华－REMAX"跨境电商工作室。工作室集产品展示、开发、采编，小型跨境物流及仓储为一体，把企业在跨境电商平台的实际运营、仓管、物流、客服等工作部门搬到产教融合实践基地来（见图1）。由企业利用自身资质注册的亚马逊专业级卖家店铺交给学校运营，同时还为学校提供技术、货源、物流等方面支持。学校常年聘请企业专家和员工固定时间在线上指导或到学校实地开展跨境电商相关日常运营维护工作。企业能够在校内实践基地正常完成工作项目和任务，并在日常的运营工作过

程中对学生给予指导。学生不但能够了解参与真正的跨境电商企业日常工作，了解工作岗位的任务内容，习得处理工作突发事件的方法，还能近距离直接感受到企业的工作氛围和企业文化，为将来尽快适应工作岗位打下良好的基础，这充分体现了职业教育产教融合的特点。

图1   产教融合实践基地

（二）立足专业岗位要求，创新课程体系设置

对于中职校来说，跨境电商是个全新的专业，已出版的相关理论和实训教材虽多，但符合中职学生特点和要求的教材相对较少，且局限于具体的跨境电商平台，对于其他跨境平台的应用性和可操作性不足。课程体系面临和教材相同的问题。

目前，由于亚马逊、速卖通等主流跨境电商平台对于在平台注册开店的资质要求较高，大多数中职学校的跨境电商实训课采用的是模拟软件的方式。模拟软件实训能够让学生熟悉和掌握跨境电商运营的基本流程，但模拟环境下和真实环境下产生的数据无法相比。学生可以通过对模拟软件的反复训练，掌握模拟数据的产生条件，从而得到较好的结果和成绩。而真实平台的运营经常要根据政策、贸易环境、季节、不同国家人们的喜好，甚至流行趋势变化而变化。因此，现有的模拟实训软件种类虽多，但其实训效果仍与真实平台相距甚远。结果是学生的实训成绩虽然优秀，但一旦接触实际工作岗位，仍无法快速胜任。

我校作为上海市跨境电商专业发展的先行者，大胆改革传统的课程体系，将跨境电商专业课程设置按照企业岗位分工来划分。教师充分参与企业实践和产教融合基地的实践指导,熟悉和掌握整个跨境电商企业岗位工作流程和工作任务,根据中职学生的认知特点和本校实际编写校本教材。

如笔者参与编写的校本教材就是在企业指导下,将跨境电商企业常规九大类工作岗位按照工作性质归并为四大类岗位群,基于产教融合实践基地所使用的亚马逊(美国站)平台的具体工作任务和内容,编写了四本活页式和工作手册式校本教材《跨境电商产品开发》《跨境电商物流》《跨境电商客户服务》《跨境电商运营管理》(见图2)。学校还将根据跨境电商平台的不同,修订增补符合其他跨境平台需求的校本教材。

图2 活页式和工作手册式校本教材

学生除了按传统方式完成共同的专业课程学习获得学分外,可以根据个人兴趣,在实践基地工作室自主选择跨境电商岗位分工中的某一岗位深入学习实践相关技能,成为一专多能的跨境电商人才,从而在就业市场上增加竞争力。

(三)请进来走出去结合,提升教师团队素养

目前中职学校的跨境电商专业教师多数是从电子商务、国际贸易、计算机、英语专业转型而来,跨境电商专业毕业的教师严重缺乏,即使有相关专业教师,也是理论教学经验多于实践实战经验。教师缺乏企业实践机会,普遍没有相关工作经验,大部分教师的教学只能依赖教材,局限于书本知识,导致跨境电商授课内容与企业需求严重脱节,培养的学生无法胜任岗位需求。相关企业资深人员虽然有丰富的实践实战经验,但没有教学经

验,且没有参与学校教学的积极性和动力。

校内教师拥有丰富的理论知识和娴熟的教学技能,了解学生的特点和需求,但缺乏跨境电商实践经验。企业专家了解行业发展现状、人才需求及岗位工作要求,具有丰富的经验和实际操作及解决问题的能力,但不熟悉教学技能和方法,不了解中职学生特点。因此,学校除了积极创造条件,加强教师的企业实践之外,还聘请企业导师在校内实践基地讲学和工作(见图3、图4),并在校内教师的辅助下,开展实战教学,手把手、面对面地带领学生完成工作任务,解决突发问题。校内教师把平台运营维护的工作内容和技能要求融入课堂教学,有针对性地开展常规教学。教学和实践相互辅助,共同完善产教融合模式。这为合理的课程体系设置和校本教材的编写积累了经验和素材。

图3　学校教师在校内实践基地教学　　图4　聘请企业导师在校内实践基地讲学和工作

(四)完善师生评价体系,注重创新实践导向

中职校的学生评价体系虽然已实践学分制改革,但现有的学分制本身仍有其局限型。基于固定的课程、固定的学分下的学分制,已不能完全适应创业就业导向下的环境。跨境电商的行业特点决定了跨境电商需要产教融合的实践平台,而平台运营会涉及大量8小时以外的业余时间。传统评价体系下学生修满固定课程的学分,教师完成固定学分课程的教学,师生缺乏创业实践的推动力。教师作为创业导师在业余时间巨大的工作量没有得到应有的肯定和评价。

为此,我校加强制度建设,建立对教师和学生的激励机制和弹性考评机制。如学生的实训实践，为参加跨境电商各类比赛而开展的训练及最终获奖可对应相关课程学分；学生可以在产教融合实践基地根据岗位设置进行轮岗工作，在此基础上选择自己喜爱并擅长的岗位进行深入学习和实践并获得相应的学分；学生在产教融合基地的工作时间和运营业绩转化为学时和学分等，从而鼓励学生多元发展，积极尝试就业和创业。

我校大力支持产教融合模式下教师工作任务的改变。教师的工作不仅仅局限于课堂授课，在企业实践中，在产教融合实践基地作为创业导师的工作量和工作成果逐步纳入教师工作绩效考核和职务晋升考核条件中。

四、实施保障

（一）制度建设

我校修订了《学校教学工作奖励实施细则》，并在考核、评优、教师岗位晋升等方面提供有效支持，激励教师积极投身跨境电商专业建设。

（二）经费保障

请进来——保障常年聘用企业专家的经费使用；走出去——鼓励教师参加各层次跨境电商人才及师资培训。目前我校已有数十人次获得各类跨境电商高级培训师资格。

（三）硬件建设

我校划出专门区域建设与企业相同功能的实践基地工作室，购买相关工作器材、设施设备，维护实践基地良好运转。

（四）人员保障

我校设立跨境电商专业学科组，积极吸纳和培养新入行的年轻教师；专业教师定期与企业专家、高职院校联合教研。

五、特色与成果

（一）人才培养显特色

我校的跨境电商产教融合实践基地自2018年5月建成以来，吸引了大批跨境电商专业、国际商务专业中高职贯通班和其他各专业学生积极参与到实践基地日常运营工作中。实践基地工作室除了承担跨境电商专业课教学任务外,还承担了每学期的社团课和选修课教学。初步统计,三年来,共培养了超过300名懂跨境电商基本运营、熟悉亚马逊店铺管理的跨境电商初、中级人才(见图5)。

图5　学生在跨境电商产教融合实践基地学习和实践

(二)自主经营见成效

三年来,在企业的支持下,实践基地师生在完成正常的教育教学基本任务之余,从零开始,自主运营亚马逊(美国站)店铺,逐渐实现了收支平衡。运营过程中出现的各种情况案例、突发事件为学生提供了良好的实践机会。

(三)课程体系初完善

在目前跨境电商尚未出台市级课程标准的情况下,学校先走一步,制定了跨境电商专业教学标准、跨境电商的课程标准,编写了四本基于跨境电商亚马逊(美国站)的校本教材。

(四)以赛促学得发展

近年来,教师依托实践基地的工作环境和工作条件,培养和组织学生参加全国性跨境电商大赛,以赛促学,以赛代练,在中国贸易协会举办的全国跨境电商大赛中多次获得特等奖、一等奖的佳绩(见图6),学生得到迅速成长。在教师指导下学生以自己在产教融合实践基地工作室运营亚马逊(美国站)店铺的真实工作经历撰写的创业计划书获得浦东新区中职生创业设计大赛金奖,以中职生身份首次参加第六届中国国际"互联网+"大学生创业设计大赛,获上海赛区铜奖。

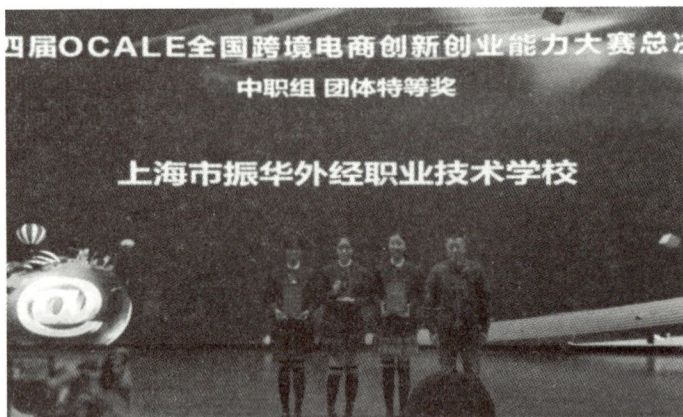

图6　在中国贸易协会举办的全国跨境电商大赛中获得中职组团体特等奖

（五）以赛促教获提升

教师以赛促教，自身课堂教学和教学实践能力也快速提升，6人次在全国跨境电商专业教师教学实践技能大赛中获一、二等奖。笔者基于常年跨境电商课堂项目教学和工作室运营指导经验总结设计的"跨境邮政小包的选择与运费计算"一课在第八届上海市中职校教学法评优中荣获二等奖。

（六）产教融合有成果

学校加入了上海市跨境电商行业协会，全国跨境电子商务产教联盟，积极参与行业活动，与跨境电商企业建立了良好合作关系。2018年被全国外经贸职业教育教学指导委员会评为"首批全国跨境电商专业人才培养示范校"。2019年上海跨境电商行业协会举办的"优秀跨境电商企业"评选中获得"成就未来奖"。

（七）专业建设展通途

学校自2005年首次开设电子商务课程，通过整合国际商务、电子商务、计算机等专业的资源和力量，十几年来积累了丰富的电子商务课程和专业建设经验。2017年在国际商务专业中首次开设跨境电商专业方向，通过校企合作产教融合探索专业发展之路，2019年抓住《中等职业学校专业目录（2010）》新增专业的机遇，设立跨境电商专业，并于2021年与思博学院合作开展中高职贯通跨境电商专业的招生。

六、体会与思考

随着新兴对外贸易模式的发展，国内产业升级和跨境电商产业链的完善，跨境物流、通关、支付等跨境电商配套运营体系也日趋完善。面对行业分工的日趋完善和细化，中职学校人才培养也应更有针对性，紧跟时代和行业发展。

（一）多方合力，多元办学

政府完善制度建设，引导和保证职业教育的发展方向，行业制定和规范教学标准，企业和学校密切合作，根据职教二十条提出"深化产教融合、校企合作，育训结合，健全多元化办学格局，企业深度参与协同育人"，培育产教融合型企业，在中职校孵化出高水平、专业化的跨境电商产教融合实训基地。

（二）打好基础，高瞻远瞩

作为跨境电商人才培养的主阵地，学校教育要有前瞻性，可持续发展。中高职贯通、长学制、高层次应用型人才培养是国家职业教育改革发展的重要方向。中职学校的课程设置应着眼于可持续发展性，按照专业设置与产业需求对接、课程内容与职业标准对接、教学过程与生产过程对接的要求，打通中高职、中本贯通教育，规范和完善中职阶段课程和教学体系，为学生接受高等职业教育打好基础。

（三）抓住机遇，共同进步

2019年上海自贸区临港新片区的成立给上海的跨境电商发展带来了新机遇。上海中职校应抓住机遇，以具有跨境电商专业领头优势的学校牵头，建立区域性跨境电商职业教育联盟，组织和协调中职校与企业的密切合作；积极参加跨境电商行业协会，与企业沟通，拓展中职学校的跨境电商"朋友圈"；发挥上海职业教育改革排头兵的作用，将成功经验向全国中职校乃至高职院校推广。

参考文献

[1] 国务院.国务院关于印发国家职业教育改革实施方案的通知[EB/OL].

http://www.gov.cn/zhengce/content/2019-02/13/content_5365341.htm，2019-01-24/2019-02-13.

[2] 教育部.中等职业学校专业设置管理办法（试行）[EB/OL].http://www.gov.cn/zwgk/2010-10/12/content_1720184.htm，2010-10-10/2010-10-12.

[3] 商务部研究院电子商务研究所.我国跨境电子商务发展报告[N].中国经济时报，2019-06-19（06A）.

[4] 徐国庆.中等职业学校专业建设与课程开发[M].北京：高等教育出版社，2012.

多主体深度融合共育人才
——自贸区背景下中职人才培养实践探索

上海海事大学附属职业技术学校　陶莉华

【摘　要】上海海事大学附属职业技术学校是由浦东新区教育局与上海海事大学合作共建的一所特色中等职业学校，地处上海自由贸易试验区外高桥区域，目前有商贸物流类和智能制造类两大专业群。学校主动对接自贸区产业需求，提出了校区—园区、校区—社区、校区—校区深度融合共育中职人才的教育理念，有效地搭建产教融合校企合作大平台，通过加强校企合作，与社区共建、与高校联合办学等途径满足自贸区对各层次技术技能型人才的需求。学校在专业设置、师资培养、培养模式、校园文化、实习就业等方面展开积极探索，努力走出一条中职学校服务自贸区建设的发展之路。

【关键词】深度融合　中职校　内涵发展

一、实施背景

随着社会经济的快速发展，尤其是自贸区加速发展，行业企业对技术技能人才的需求日益变化，单纯的学校职业教育已经不能满足人才培养需求。在此背景下，职业学校办学必须遵循经济社会发展规律和职业教育的特殊性，展开多方面改革。置身于改革背景下的中职教育必须与自贸区企业、高校、社区充分对接，大力加强校企合作，融入产业链，服务区域经济社会发展，才能提升人才培养质量和办学质量。

为深入贯彻落实国家、上海市中长期教育改革和发展规划纲要以及《现代职业教育体系建设规划 (2014—2020 年)》和《上海现代职业教育体系建设规划 (2015—2030 年)》《浦东新区教育整体综合改革实验方案 (2015—

2020年)》《浦东中等职业教育改革和发展十三五规划》等文件精神,根据浦东职教集团的总体部署,上海海事大学附属职业技术学校(下称"海大职校")作为集团内研发评估指导中心,充分依托委托管理及贯通高校,加强与集团内高校、企业及社区的深度合作,共同开展教学研究和教学改革,提升中职教师的教学能力和学生的技能水平,为学校内涵建设及可持续发展提供智力保障。

二、实施目标

(一)根据产业需求优化专业设置

在前期充分的产业结构调研的基础上,调整专业设置,使其适应自贸区五大重点产业集群创新需要。

(二)加强创新创业教育和传统文化教育

创新创业能力是自贸区建设的需要也是职校生自身发展的需要,自贸区正好提供了绝佳平台。此外,中职校还需要根据地方特色加强传统文化教育。

(三)丰富人才培养层次

自贸区重点产业集群的发展对技术技能型和应用型人才的需求更加明确,这就倒逼中职校调整人才培养方案,丰富人才培养层次。

(四)健全多方合作机制

加强中职校和产业集群的合作,健全互动共赢的长效合作机制。加大校企合作的广度和深度,密切联系高校、社区,形成全方位、多层次的全面合作体系。

三、实施过程

(一)校区园区对接,加强校企合作

1.专业设置对接产业布局,实现职业教育的供给侧改革

海大职校位于原外高桥保税区,是上海自贸区最早的区域,根据自贸试验区产业经济发展目标和产业发展基础,外高桥保税区依托区域先发优势,联动森兰区域,打造成为以国际贸易服务、金融服务、专业服务功能为

主，商业、商务、文化、休闲多元功能集成的综合性功能集聚区；外高桥保税物流园区依托外高桥港区和外高桥保税区，打造成为国际物流服务功能区。

学校根据自贸区产业定位，梳理自身专业结构，做强自贸区紧缺专业，如物流管理、电气自动化等专业，提其升办学层次，满足自贸区人才需求；尝试开设新兴专业，如智能制造等专业，紧跟自贸区新业态发展。学校逐步形成智能制造和商贸物流两大专业群对接自贸区五大产业集群的新格局。

2. 教师培养对接技师评聘，锻造教师队伍

学校根据自贸区产业的需求和双师型教师要求，采用培养、引进和特聘的模式建立"知识＋经验"的师资队伍。学校选派专业教师到相关企业挂职锻炼，由企业按实际生产或经营需要分配工作任务，完成挂职后，由企业做出评价。挂职教师回学校后，与教研组内教师进行分享交流。专业教师的企业实践，促进了专业教师实践技能的提升和业务能力的提高。此外，学校制定了双师型教师的认定、管理和奖励政策，从制度上保障双师型教师队伍建设。

学校每年聘请20多位企业的高技能师傅作为特聘兼职教师（见图1），定期授课，并在实训室开展实训教学。特聘兼职教师还参加学校专业教研组活动，帮助提升专业教师的技能水平。学校充分发挥特聘兼职教师的资源优势，在专业教研组形成"工匠精神"的教学氛围，引领学校专业发展。

图1　自贸区职业教育研究所校外专家聘用仪式

3. 人才培养对标企业标准，落实职教改革

专业人才培养模式对接自贸区人才需求，以学生为本，突出能力培养，与自贸区企业共同开发特色鲜明的校本课程，例如物流专业依托自贸区红酒交易平台和艺术品交易平台开发的"红酒鉴赏和存储""国际产品技术"等课程，电气自动化专业针对自贸区物流企业的自动化装备的升级改造，开设物流设施与设备、物流信息技术、无线射频识别（RFID）技术、仓储与配送等专业课程。这些校企合作共同开发的校本课程，更贴近自贸区产业发展趋势，更贴近行业企业实际。

学校重视校外实习基地建设，与多家自贸区企业签署协议共建校外实习基地。学校还积极探索并推进现代学徒制培养模式（见图2），与上海三国精密机械有限公司合作建立校企一体化"岗位轮换"分段培养的现代学徒制人才培养模式。校企共同开发一体化的人才培养方案，构建以"公共基础课程＋专业核心课程＋生产教学项目"为主要特征的现代学徒制专业课程体系，开发基于工作岗位的校本课程，建立由学校教师、企业技师共同组成的"教师团队"与"师傅团队"，实现职业教育更好地服务区域经济社会发展和学生终身发展。

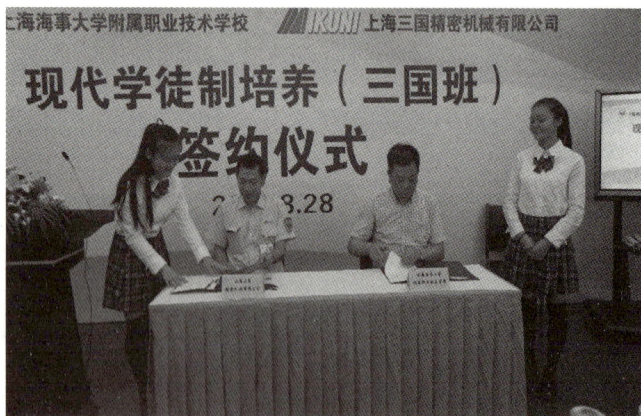

图2　现代学徒制培养签约仪式

4. 校园文化融合企业文化，共育工匠精神

学校主动适应自贸区国际经济活动特征，尝试将自贸区国际企业文化

与校园文化相融合,实现校企文化的紧密对接。学校依据自贸区企业的生产环境和生产方式,创建具有自贸区文化的育人环境。在教室、实训室、宿舍等学习生活场所,根据专业特点建立真实的企业学习环境,使学生更早更好地适应企业环境,从而培养能具备企业精神和优良职业素质与技能的高端人才。

根据自贸区发展的新态势,结合学校自身发展规划,重新确定校风、教风、学风等校园精神文化。借鉴企业管理制度加强内部管理制度和教学管理制度等制度文化建设,建立与自贸区企业发展需要和发展战略相适应的校企合作机制。学校引进企业的创新精神、发展意识、经营理念、服务意识、质量意识、环保意识、管理模式等现代企业的优秀文化。

(二)校区社区联动,助力自贸建设

1. 促进创新创业,助推学生就业

学校与高桥镇社区事务受理服务中心、浦东新区就业促进中心外高桥分中心经过友好协商,一致同意采取"双区联动"促进创业服务的方式,积极做好社区和校区创业工作,服务区域经济发展,助力自贸区建设,并签署了"双区联动"促进创业服务战略合作协议。

学校每年举办的校园招聘会得到了中国(上海)自由贸易试验区国际人才服务中心和高桥镇社区事务受理服务中心的大力支持,每年都有40余家企业参加招聘会,为学校搭建与自贸区的桥梁,为学生就业铺设了直通自贸区企业的捷径。此外,还邀请了上海市优秀创业指导专家、同济大学创新创业教育导师方静在学校阶梯教室为海大职校的同学做了《从〈朗读者〉到创业设计》的创业指导讲座,向师生讲述了全新的创新创业意识(见图3)。

2. 借力社区,营造传统文化学习氛围

学校重视学生的传统文化教育,借助学校的区位优势——地处临近自贸区的历史文化名镇高桥镇。"高桥绒绣"于2009年被列入上海市非物质文化遗产保护名录,因此,学校成立了学生绒绣社团。借助高桥绒绣馆的力量聘请了绒绣传人担任教师,指导学生开展绒绣技能培训,社团两名学生被高桥镇任命为传承人培养对象。在上海市学生职业体验日的活动

中,绒绣社团作为展示项目,获得了家长、学生的好评。学校借助传统文化搭台,乘势向社会宣传了自贸区、宣传了高桥镇、宣传了学校。

图3　校园招聘会

(三)校区校区互助,提升人才培养层次

1."站在巨人的肩膀上看自贸"高校的帮助扶持

学校委托主管单位上海海事大学与学校共建"中国(上海)自由贸易试验区供应链外高桥研究院",多次开展自贸区人才需求调研,为学校办学提供依据。海事大学是学校改革与发展指导委员会主任委员单位,海事大学全力支持学校为区域经济发展培养人才的综合性改革,并承诺为学校提供全过程、全方位、全力的支持。

2.开展中高贯通办学,提升人才培养层次

2016年,学校在充分分析自贸区人才需求调研结果的基础上,积极组织开展中高职贯通项目专业与高校的遴选工作。结合学校实际的专业设置,学校成功申报并开展"物流管理"专业和"电气自动化"专业中高职贯通培养的试点。2017年学校成功申报并开展"物流管理"专业中本贯通培养试点和"报关与国际货运"专业中高职贯通培养的试点。

3. 大中小思政一体化

学校与上海电机学院签约，推进大中小学思政课一体化建设，推动思政课建设内涵式发展，以多种形式与高等院校共同开展学校思政教育一体化工作。从而推动新时代思政教育的实践创新，深化思政教育的内涵发展，提升学生思想道德素质和综合素养，以培养担当民族复兴大任的时代新人。

（四）完善多方合作机制，搭建产教融合平台

学校充分整合校企、校校、政校合作资源，成立了由中职校、高校、政府主管机构和自贸区企业的领导与专家组成的学校改革与发展指导委员会，围绕学校有关建设和发展、专业教学计划审订、课程体系建设、专业技能提升等方面展开研究与指导（见图4）。

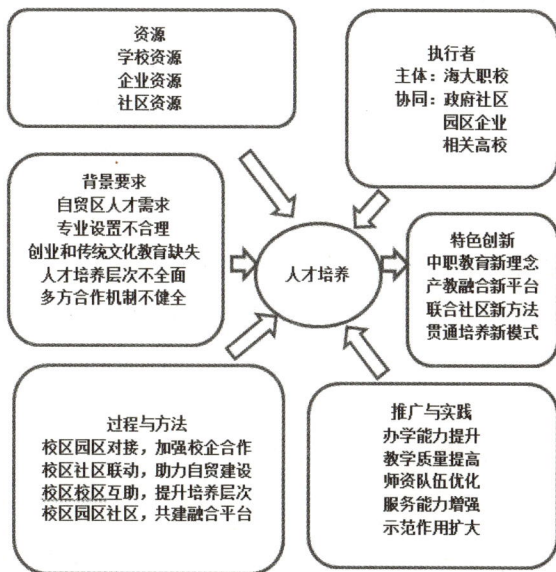

图4　自贸区背景下中职人才培养过程图

四、实施保障

（一）组织保障

为了更好地开展多方合作，学校由校务办公室牵头教务处、政教

处、招就办等部门，充分利用好学校改革与发展指导委员会这个平台（见图5），与高校、企业、社区深度融合，成立学校教科研室，借助供应链外高

图5　学校改革与发展指导委员会

桥研究院的研发能力，充分开展产业调研与教学研究，提升学校教研的积极性与实效性。

（二）资金保障

为了保障合作深度，保证各合作项目的顺利开展，学校结合自身发展需要，积极申报浦东新区中职校内涵建设项目和上海市中职校竞争性项目，深度开展贯通培养、现代学徒制、德育建设等项目。

五、特色与成果

（一）形成"校区园区、校区社区、校区校区深度融合共育人才"的职教理念

学校通过加强与自贸区园区企业的校企合作，主动对接自贸区产业需求，推动专业与产业对接，学校与企业对接，课程与职业标准对接，校园文化与企业文化相互融合；与社区合作助力自贸区建设；与高校合作开展贯通培养，更好地满足自贸区人才的需求，形成了"校区园区、校区社区、校区校区深度融合共育人才"职教理念。

（二）搭建产教融合创新平台

为更好推进产教融合，服务自贸区建设，学校充分整合校企、校校合作资源，成立了由上海海事大学、浦东新区教育局、上海外高桥集团股份有限公司、上海电机学院领导专家及自贸区企业代表构成的学校改革发展指导委员会。对学校专业建设、学生实践、教师培养等进行规划梳理，有效搭建了产教融合大平台，逐步形成符合自贸区人才需求新业态的培养模式（见图6）。

图6　自贸区产教融合高峰论坛

（三）创造性地联合社区力量共助自贸建设

学校与高桥镇社区事务受理服务中心、浦东新区就业促进中心外高桥分中心签署"双区联动"促进创业服务战略合作协议，创造性地将中职院校和社区力量融合，将学校资源和社区资源有效整合，实现双赢。

（四）创建"合作办学、合作育人、合作就业、合作发展"的中高贯通培养模式

学校与上海外高桥集团股份有限公司、相关高校展开深度合作，创建了"合作办学、合作育人、合作就业、合作发展"的中高贯通培养模式，致力于培养服务自贸区的技术技能型人才。同时在合作方案中充分发挥中高职院校在课程、师资、实训条件、企业合作等方面的优势，发挥校企合作优势。

六、成果推广实践

(一)学校办学能力提升

多主体融合的人才共育模式提升了学校办学能力。学校荣膺"2017中国职业院校物流专业竞争力排名中职院校100强",排名第二。物流服务与管理专业被认定为上海市品牌专业。电子技术应用(电气自动化方向)专业建成浦东新区的重点发展专业。数控制造专业与上海三国精密机械有限公司联合开展现代学徒制培养试点,并通过验收;《国际货运代理》成为市级精品课程,同时还与自贸区企业共同开发了一批具有鲜明自贸区特色的校本课程。此外,学校还积极实施"物流管理""电气自动化""国际商务"等专业的中高职贯通人才培养以及"物流管理"专业的中本贯通人才培养。

(二)人才培养质量提高

通过多方合作、共育人才的人才培养模式,学生在各类比赛中屡获佳绩,就业率非常高。学生在市星光计划和浦东新区职业技能竞赛中多次获得团体和个人一、二等奖;乔泽珺同学的《社区玩具共享》创业计划获得"海纳百川 乐业家园"高桥镇首届社区创业大赛一等奖并代表高桥镇参加浦东新区比赛;现代物流综合作业赛项获得2019年全国职业院校技能大赛团体二等奖,分布式光伏系统的装调与运维比赛获得团体三等奖;学生就业率长期稳定在98%以上,就业巩固率达到90%,专业对口率达到92%。

(三)师资队伍优化

学校多批次选派专业教师到自贸区企业顶岗实践,提升了专业教师的实践技能,推动了教师专业化发展。学校还鼓励教师围绕服务自贸区开展教育课题研究,其中"上海自贸区物流人才需求分析及培养对策的实践研究"已在上海市职业教育协会立项,另有多个课题在浦东新区立项研究。

(四)社会服务能力增强

学校物流实训中心多年来一直承担浦东新区中职校"物流服务与管理"专业高技能人才培训工作,面向社会、面向自贸区,积极开展物流技能的职业培训和职业技能鉴定。学校数控实训中心历时两年对上海三国精密机械有限公司的班组长进行机械基础知识培训。

（五）示范作用扩大

通过课程教学改革、师资队伍建设、校企合作、校园文化建设等措施，大大提升了学校的办学水平，示范作用日益显著。学校撰写的《产教融合中职教育服务自贸区建设的探索》案例，经浦东新区教育局选送，被评为上海市教育综合改革2016年典型案例；《服务区域经济，提高人才培养质量——中高贯通教育试点专业遴选评估案例分析》《基于CIPP理论构建学分银行试点工作评价指标体系——海大职校中高职立交桥学分银行试点工作实施方案》入选上海市中职教育质量保障案例；数控专业"生产性项目"实训教学的课程化实践研究获上海市级教学成果二等奖。

七、体会与思考

（一）探索更好的评价和激励制度

学校现有激励机制是基于学校常规教学活动的绩效工资分配方案，无法包含非常态化的学校教师活动。若能优化现有绩效工资方案，将对外合作等创造性的事项纳入绩效分配，则能对产生合作成果的教师及时给予激励，更好地激发教职工参与到学校建设发展中，发挥各项社会资源。

（二）创新办学模式

创新办学模式是提升教学质量的重要抓手。在探索过程中，学校还应结合职教特色，根据社会的实际需求调整专业布局，充分依托上海海事大学的高校办学优势，尝试探索五年一贯制学院或职业大学的办学模式。

参考文献

[1] 国务院关于印发国家职业教育改革实施方案的通知[EB/OL].http://www.gov.cn/zhengce/content/2019-02/13/content_5365341.htm.

[2] 董志远，倪雪琴.中职教育人才培养模式的实践与思考[J].新课程研究（中旬刊），2013（01）.

[3] 万菲.上海自贸区背景下产业人才需求培养机制研究[J].经营管理者，2014（5）.

[4] 姜泽海.中职产教融合教学模式探究[J].现代职业教育，2019（36）.

基于企业文化融入的探究型课堂设计
——以"旅游计调"课程为例

上海第二工业大学附属浦东振华外经职业技术学校　黄奇俊

【摘　要】在职业教育工学结合人才培养模式下，如何培养适应企业需求的员工无疑是职业学校提高育人水平的关键。同时，用人单位寻求的员工，除了需要技能过硬，还应当了解和认同企业文化，作为能够更快更好地适应新员工角色的必备条件。本文尝试通过课堂教学活动设计及实施，以探索企业文化融入中职旅游服务与管理专业课程的途径与方法。

【关键词】企业文化融入　探究型课堂　教学设计

随着社会经济的不断发展，越来越多的用人单位除了要求员工技能过硬，还要求员工应当有较强的组织性和纪律性。但由于中职学生入职前对企业文化的了解和认同相对缺乏，使得许多学生在工作中不能很快进入新的角色。如果在日常教学过程中融入企业文化内涵，把职业规范、职业行为、职业使命和职业荣誉感等渗透到学生的认知中，必将有利于学校培养出真正适合现代企业需求的高素质人才。

一、实施背景

为了探索企业文化融入中职旅游服务与管理专业课程的途径与方法，笔者选用了中职一年级"旅游计划与调度"课程中"多程交通计划制订"的教学内容作为研究对象。在以往的教学活动中，学生通过探究，一般能够发现：旅游出发地前往目的地，交通行程方案往往并不唯一，可供选择的方案是多元的。但至于应当如何根据游客的特殊需求和"三经济原则"（时间、费用和路程）为游客制订合适的交通行程计划服务，对学生而言存在一定的困难。具体有以下两点原因：

（一）初次尝试，缺少认知

本课的教学对象是旅游服务与管理专业一年级的学生，经过前期课堂学习和预习，已经掌握了点对点的单程交通信息查询的方法和注意事项。日常生活中，部分学生也对不同旅游交通工具的乘坐与换乘有一定的感性认识，但对于制订较复杂的交通票务计划则感到束手无策，太多的选择让学生眼花缭乱、无从下手。同时，由于缺乏分析和应对游客个性化需求的能力，导致制订计划的难度更是被加大。旅游行业认知的不透彻不深刻使得编排旅游计划时所需要的全面细致、为客着想的服务思维相对比较薄弱。

（二）内容复杂，变化多样

通常情况下，由于旅游时间有限，计调人员在进行定制线路设计时，会依据行速游缓原则选择相对方便快捷的直达交通方式（直接从出发地前往目的地，无中转无停留），但由于某些特殊原因，如直达飞机航班或火车车次未开通、直达交通价格过高，使计调人员不得不向游客推荐多程交通方案，且方案应当不唯一。这非常考验计调人员的思维拓展性，也是学生较为欠缺的方面，而自主探究学习活动的实施能够一定程度上打破学生实践思维的局限。

与此同时，通过在线旅游网站，游客可以直接便捷地查询到一些中转交通线路，但是这些线路往往耗时长、接驳环节复杂、舒适度低，不利于开展旅游活动。

二、实施目标

自主探究是学生在教师的指导与启发下，主动学习、掌握知识与能力、培养核心素养的过程。在上海中等职业学校"匠心匠艺"优质课堂建设的背景下，本课尝试利用信息化教学互动平台，结合企业真实案例与情景的融入，有效地组织学生开展课前、课中和课后的"三段式"探究活动。尤其在课中，着重与学生一同拆解工作任务，依次组织学生"探客型—探路程—探性价比"的三探活动，帮助学生掌握多程交通行程计划制订的"渔"法，培养学生全面细致、为客着想的服务思维。从而提升学生的知识能力和认知水平,争取让本专业学生毕业后能顺利实现从"学生"到"员工"的角色转化,尽量减少学生到企业的适应期,实现"零过渡"。

三、实施过程

旅游服务与管理专业学生有善于思考、反应敏捷的特点,时常会产生出乎意料的思维碰撞,在适当的引导下能够主动提出问题并尝试探究解决方案,可以尝试探究式教学法调动学生的学习兴趣。

为了使游客有更多的路线选择,培养学生面对定制要求时全面细致、为客着想的服务思维,融入企业"至诚服务"的文化理念,本课在原有日常交通票务查询和预订的基础上,创设情境,设计自主探究任务,引导学生逐步制订交通票务计划,关注游客个性需求,为游客设计专业化、路程简捷、费用节省、时间经济并且符合个性化需求的方案。

(一)课堂设计聚焦,循序渐进贯全程

本课聚焦"自主探究学习活动的设计与实施",融入企业文化,自主探究学习任务贯穿在课前、课中、课后的各教学环节中,完成学生知识和能力的铺垫、强化以及提升。同时教师借助信息化手段掌握学生学习进度,及时反馈,实时评价,以学为主,引导学生开展自主探究活动并积极主动完成学习任务。

1. 课前探究铺垫——探常规

学生利用课余碎片时间进行探究学习,观看发布在"课堂派"学习平台上的微课《交通票务预订》,自主学习网络上的机票和火车票查询方法,完成检测试题,实现翻转课堂。通过预习环节的自主探究任务,学生达成以下两个目标:

(1)巩固单程交通票务预订的操作流程;

(2)引出本课涉及的计调岗位典型工作任务——多程交通票务预订,并知道常规情形(查询过程中有明确中转地)下的多程交通票务计划制订。

2. 课中探究强化——探特殊

课中以任务引领,教师提出的问题作为串联引导,学生首先探究游客

类型、细化需求,然后通过"探究路程""探性价比"两次探究帮助游客小悠找到较优交通计划方案,归纳出多程交通票务计划制订的主要原则(路程简捷、耗时节省和费用经济),最后对比游客小悠的个性需求选定最终方案,利用穷游行程助手 App 录入行程方案。

3. 课后探究提升——探延展

设计综合案例,增加工作任务难度,将课堂教学中没有提及的时差、过境签证和不可抗力等因素纳入综合案例之中,帮助学生巩固课中所学多程交通票务计划制订的影响因素和主要原则,探究交通行程计划制订中较少涉及的一些考虑因素,进一步锻炼学生在编排旅游计划时全面细致、为客着想的服务思维,提升学生综合应用能力。

(二)课堂实施分层,稳扎稳打拓任务

整个课堂教学过程分为预习点评、任务导入、任务分析、任务实施、任务小结和任务拓展6个环节。

1. 预习导入任务

课前学生通过微课进行预习,巩固单程交通票务查询及预订的操作流程,引出本课涉及的计调岗位典型工作任务——多程交通票务预订,并知道常规情形下的多程交通票务计划制订。预习检测试题分为填空题和投票题两种形式,有唯一答案的填空题帮助强化学生对基础知识和技能的掌握;而没有唯一答案的投票题则考验学生分析和解决问题的能力,帮助学生拓展思维,积极主动参与学习。课中的预习点评环节总结学生课前预习的完成情况,重点分析投票题的分析过程和投票结果,强调答案不唯一,各有其合理性,同时梳理多程交通票务计划制订时的三个主要影响因素(总路程、总耗时和总费用)。这一环节为整堂课的实施奠定了基础(见图1)。

2. 分析探究任务

此环节引出课堂探究任务,创设任务情境。学生通过头脑风暴开拓思维,分析游客小悠的个性需求,为后续制订满足个性需求的交通票务计划作铺垫。

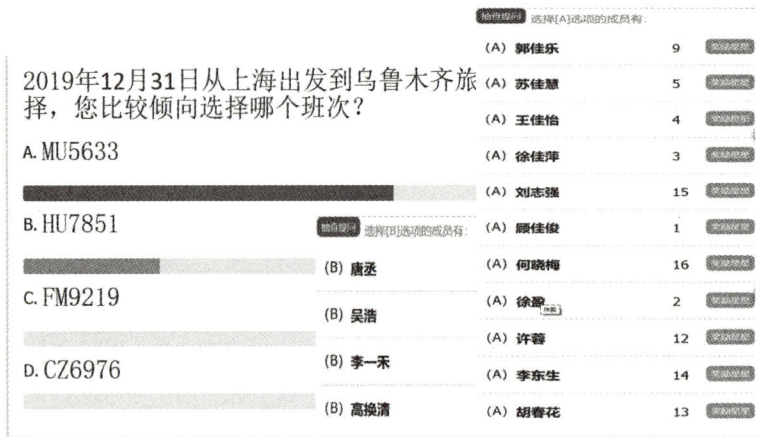

图1　学生课前预习情况统计图

3. 多元实施任务

此环节分为三个子任务进行,都以学生自主探究活动为主要形式,通过三个任务的实施层层推进学习进程。整个任务以游客小悠3天元旦假期的交通计划制订为基础,要求学生通过小组协作、组间评价和个人实施,运用教学白板、携程 App 和穷游行程助手等在线旅游软件制订小悠的多程交通计划,并生成行程路书(交通部分)。

第一个子任务是探究路程。运用学生已经掌握的点对点交通票务查询技能,查看携程旅游 App 中已有的推荐中转行程,利用地图归纳各中转城市的地理位置和特点。通过观察地图,学生发现推荐行程存在路程远、时间长的问题,进而需要探究行程中转点,归纳多程交通票务制订的第一个主要原则——路程简捷。然后引出第二个子任务,即探性价比。根据路程远近确定两段路程的交通工具,学生分四组完成多程交通计划方案,计算总费用及总时间。通过组内讨论、组间分享和方案对比,共同探讨各组方案的优势及劣势,探究分析各种方案的适用游客类型。最后一项子任务即探定方案,回归游客小悠的定制行程,学生在四组方案中自主探究并匹配符合小悠个人需求的多程交通计划,说明理由达成共识后录入穷游行程助手,生成路书(交通部分)提交学习平台。路书的其他部分(行程、住宿等)将在后期课程中补充完整。

　　三个自主探究子任务难度逐步增加，形成梯度，且符合实际工作流程。学生在探究过程中逐步加深对多程交通票务计划制订任务的理解，开拓思维，能够在教师的引导下逐步构建理论框架，形成工作思维，训练工作技能，符合学生认知规律，循序渐进。

4. 复盘总结任务

　　学生回顾课堂教学内容，自主进行课堂小结，说出多程交通计划制订的三个主要原则（路程简捷、时间节省、费用经济）。教师利用"课堂派"学习平台发布讨论话题，学生自主归纳，补充多程交通计划制订的影响因素。教师展示实时生成的词云图，分析并补充信息，检验学生课堂学习成效，开拓学生思维（见图2、图3）。

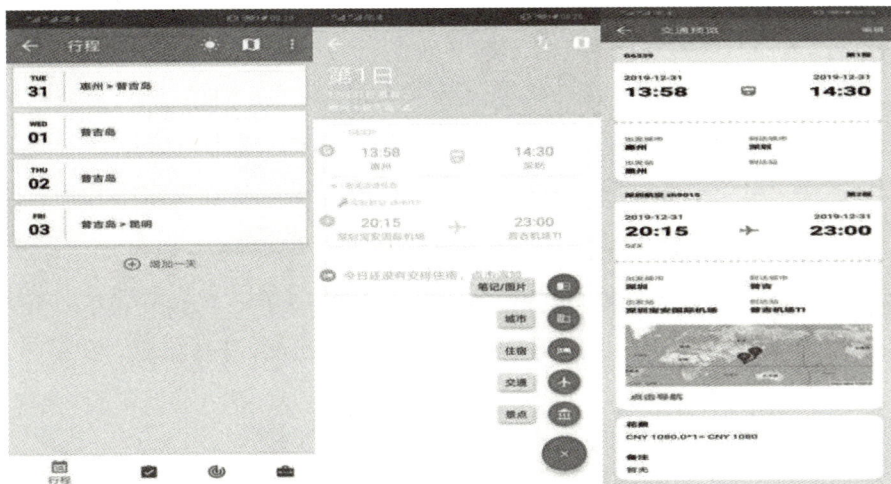

图2　学生课堂学习成果样例

图3　课堂小结成果

5.课后拓展任务

此环节设计了三个不同类型的课后拓展任务,从课堂任务的延伸到为身边同学春节返乡制订交通票务计划,任务内容全面、细致、深入,帮助学生进一步巩固课堂所学并加以实际应用。

(三)课堂评价具体,潜移默化融文化

课堂评价贯穿整个课堂,重点关注顾客的个性化需求,从顾客的实际需求出发,多环节多层次多角度进行评价和优化,为顾客提供最适合的行程方案。一方面帮助学生掌握行程规划所必要的知识与技能,另一方面将企业文化融入课堂,强化服务思维,培养学生全面细致、为客着想的服务思维,帮助学生逐步转变工作思维。

自主探究的学习任务和全面细致、为客着想的企业服务思维贯穿在课前、课中、课后的各教学环节中,完成学生知识和能力的铺垫、强化以及提升,能够基本达到设定的三维教学目标要求,但是全面细致、为客着想的服务思维非一朝一夕能够达成,依旧需要在今后的教学中不断培养。

另外,由于整堂课突出学生自主探究,但是学生的知识水平和理解能力存在差异,虽然在教学活动设计中加入了小组合作探究等活动,对学生进行异质分组,尽可能缩小各组间的差异,但依旧难以避免出现极少数学生掌握程度不高、实际应用困难的情况,这些学生需要在课后进一步学习。

四、实施保障

旅游服务与管理专业为朝阳专业,本校以专业建设为抓手,深化课程教材改革,创新创优教学方法;落实校企合作培养人才模式,优化队伍结构,取得了一批特色鲜明的标志性教研科研成果;在专业建设、课程改革、教学模式创新、师资队伍建设等方面取得了一定的成效。

在人才培养成效层面,学生屡次在上海旅游职教集团技能大赛"中文解说"项目上获一、二等奖的佳绩,并且在携程旅游学院主办的校园定制师大赛及民宿管家大赛中都有所斩获。专业师资皆取得全国导游资格,有丰富的行业实践经历,能够第一时间为学生提供行业的新资源、新风向及新信息。所培养的学生为广大旅游企业青睐,往往在实习阶段就备受欢迎。

这些都为该专业新一轮的改革提供了强有力的引擎。

现代化教学技术方面，本课整合了丰富的教学资源，一方面通过学习平台在课前向学生推送校本建设的微课资源，帮助学生巩固单程交通票务预订的操作流程，而同时推送的预习测试题能够帮助学生探究多程交通票务计划制订时的重要影响因素；另一方面，行业公司如"携程旅行"和"穷游旅行"两个在线旅游企业的案例资料及手机 App 的开放使用，为学生营造了更贴近实际工作的任务氛围；而学习平台本身的课堂互动功能和强大的资源存储功能为学生课前、课中、课后各环节的探究活动提供了完善的资源储备，课堂实时分析功能则帮助教师及时掌握学生习得情况，提高课堂效率，有效引导学生开展自主探究的学习活动。

五、特色与成果

(一)引导自主探究，激发学习潜力

自主探究的学习活动贯穿整个教学过程，为学生开展学习活动设定了框架。教师通过提问和服务案例的设计串联引导学生进行自主探究，学生或小组合作或独立完成阶段任务，提高了学生的学习兴趣；可视化的文本路书呈现了学生在本课学习的最终成果，增加了学生的学习信心；在完成各阶段任务的过程中多次对比修正，激发了学生的学习潜力。

(二)融合岗位实际，把握探究依据

教学过程以学为主，从学出发，为学服务，教师在其中起到串联、引导和解惑的作用。教学过程中使用的教学资源皆为在线旅游网站中的真实数据，贴近岗位实际，通过对教学案例的深入探究，加深学生理解。自主探究学习活动设计的目的不仅仅是完成教学任务，传授知识和技能，更重要的是让学生在自主探究的过程中学会如何完成定制线路设计任务，整理归纳解决问题的方法，具备发现需求、设计方案、提供服务的工作必备职业能力和全面细致、为客着想的必备职业素养。

(三)融入企业文化，强化服务思维

教学过程中注重挖掘顾客需求，从顾客的实际需求出发，多环节多次进行优化，为顾客提供最适合的行程方案。一方面帮助学生掌握行程规划

所必要的知识与技能,另一方面将企业文化融入课堂,强化服务思维,培养学生全面细致、为客着想的服务思维,帮助学生更好地契合工作岗位。

六、体会与思考

如果说学生是学习的主人,那么自主探究就是学习的核心。整节课的开展以任务为载体,活动为框架,问题为引导,学生通过自主探究学习活动逐步从分析游客需求到制订交通票务计划到最后实施计划生成路书,掌握多程交通票务计划制订的主要原则和影响因素,甚至能够开拓思维不断探索更为细致的游客需求,提高服务意识,为将来成为一名优秀的旅游从业人员打下基础。与此同时,开展自主探究学习活动对教师也充满挑战,教学实施过程中教师需要引导学生有心探究、有艺探究、用心探究,对教师的课堂掌控力提出了更高的要求。

另一方面,要更好地将企业文化融入日常的学校生活中,除了在课堂中注重培养学生的职业意识和岗位意识之外,还需要将企业文化融入教学与管理全过程。良好的职业素养将大大促进学生的就业进程与成效,而这种职业素养仅仅通过知识和技能的学习是无法形成的,它需要通过一定的职业文化氛围来陶冶,需要我们担负起培养真正适合现代企业需求的高素质人才的重任。

参考文献

[1] 中华人民共和国教育部等.国家职业教育改革实施方案[Z].2019.

[2] 中华人民共和国国务院.职业教育提质培优行动计划(2020—2023年)[Z].2020.

[3] 张兴科.企业文化融入职业院校学生核心素养培养的理论与实践研究[J].现代职业教育,2020(7).

[4] 兰芬.中职旅游专业翻转课堂教学模式的应用研究——以《地陪导游实(36):务》课程为例[D].南宁:广西师范大学,2020.

校企共建多轴加工"资源库" 合作培养数控技能"准技师"

上海市临港科技学校　金继荣

【摘　要】伴随着制造业的高速发展,要大力发展职业教育,产教融合是不可或缺而且非常有效的途径。本文通过学校与企业共建多轴加工"资源库"、合作培养数控技能"准技师"来深度发展产教融合,培养符合当代社会需要的复合型高技能人才。

【关键词】企业共建　资源库　合作培养　准技师

一、实施背景

近年来,伴随着"工业4.0""中国制造2025"概念的提出,制造业得到高速发展,正向着高端化、细分化、自动化和智能化方向转型升级。集高速、精密、智能、复合、多轴联动、网络通信的多轴数控加工技术逐渐成为临港重装备产业区制造企业转型的主要特征,越来越多的相关技术企业都选择使用复合型数控机床,导致该领域复合型人才紧缺,培养更多高质量多轴数控加工技术应用人才成为当务之急。

校企共建专业课程资源是促进产教融合的桥梁,通过整合行业、企业、学校等多方资源,共同打造校企人才培养合作平台、技术和专业发展协同平台和生产与实训融合平台,提升学校为制造业企业由制造向智造的跨越式发展,培养更多高质量的技术技能型人才的能力。多年以来学校依托数控技术应用专业的品牌效应,与多家企业开展校企合作。2017年,根据数控技术应用专业发展需求与合作企业调研,学校结合数控专业操作技能国家资格高级、技师等级中的相应技能考核要求和企业对多轴加工岗位的实际需要,制定了数控多轴加工技能人才培养计划和课程标准。

二、实施目标

(一)课程资源开发

目前,多轴数控技术的教学资源还不是很多或者说还不是很系统和规范。学校以 SolidCAM 软件数控编程和多轴加工机床操作作为课程核心内容,融入数控加工工艺、三轴编程基础等知识及技能,培养学生在高速、多轴方面的编程能力,以解决高端、多轴复杂产品零件的编程加工。针对课程要求,开发基础理论、软件操作、教学案例、实训课题相结合的资源库,制作完成一本校本教材,设计多个教学案例、教学视频,不断丰富实训题库。

(二)高技能人才培养

学校在校生为中职阶段学生,数控专业培养目标是数控操作技能等级四级(中级)水平,故课程以学生社团的形式对学生进行多元培养,构建了一个专业平台,开发多个发展方向的课程体系,择优录取专业知识和技能过硬的学生进行授课。在原有基础上大幅提升学生专业技能,以"准技师"的标准对学生进行培养,通过本课程的学习,使学生了解高速、多轴加工工艺基础理论;熟悉 SolidCAM 软件的三轴曲面刀具路径建立,并合理设置刀具路径各项参数以满足高速机床的编程加工;能使用 SolidCAM 软件对四轴、五轴的零件加工刀具路径进行建立,满足高端复杂产品的编程加工。同时,要求学生学会分工合作,具有团队意识,具备发现问题、分析问题和解决问题的能力。使学生达到数控机床操作技能"准技师"的标准,为后续的专业发展打下扎实的基础。

三、实施保障

(一)实训条件创设

学校申请财政专项资金,添置了乔治费歇尔五轴加工中心机床,并购买了配套的 SolidCAM 专业计算机辅助制造软件,提供专门的实训场所(见图1),为后期的教学开展提供了强有力的保障。

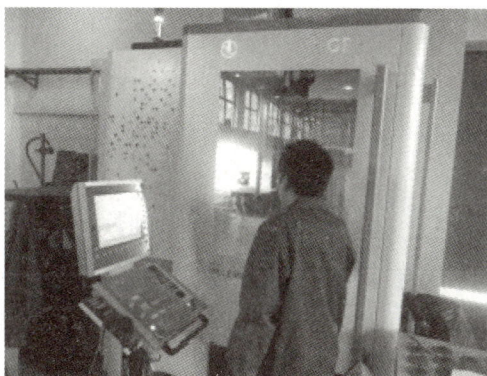

图1　学校机床操作实训场所

（二）引企入校提供技术支持

　　为符合学校的数控技术应用专业特色，便于教师开展多轴数控加工教学，学校联合惠脉智能科技（上海）有限公司校企合作一起开发 SolidCAM 多轴加工资源库（见图2），资源库建设的主要工作是根据案例完成课程设计、知识点、技能点的文字材料的整理搜集和课件制作、视频动画录制剪辑和配音、案例工件的实际加工过程录制，以及视频剪辑处理和配音讲解，多轴编程的过程录制和讲解，虚拟仿真加工过程录制与讲解，最后形成完整

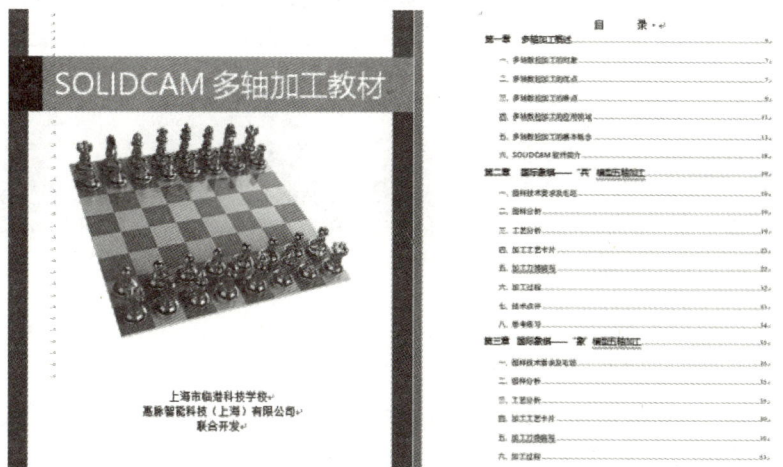

图2　SolidCAM 多轴加工资源库

的资源库建设资源包。后期又与上海航空机械有限公司联系，和企业共同开发制作丰富多样的实训题库。将公司实际加工产品引入课堂，作为实训课题，进一步充实教学资源库。

（三）师资团队有效支撑

为主动适应智能制造产业发展，促进学校数控专业和多轴数控加工技术的建设和发展，推动专业教师积极开展教学研究与实践，提升专业教师技能水平，学校派遣张雪峰、张宏、刘文刚、金继荣、夏秀英5位教师参加由上海电机学院高职学院联合乔治费歇尔精密机床（上海）有限公司举办2018年"五轴加工中心编程与操作"骨干教师研修班（见图3）。针对多轴数控加工技术应用型人才岗位的技术技能要求，采用理虚实一体化教学培训模式（理论＋虚拟仿真＋实操）。以数控技术专业建设、五轴加工中心编程与操作、五轴加工中心综合应用为主，让学员能够了解和把握数控技术专业建设、课程体系构建；学习掌握多轴数控加工相关专业知识和应用技能；了解和掌握多轴数控加工实操教学。

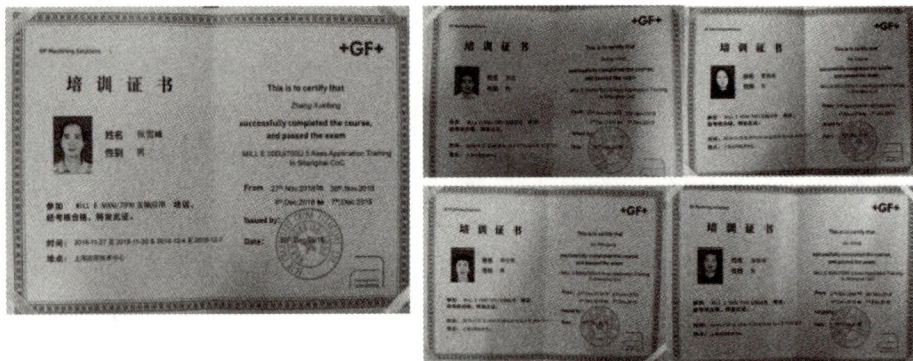

图3　学校5位教师参加骨干教师研修班

（四）筛选学生成立精英团队

2018年3月，多轴加工社团正式成立，由16名来自数控技术应用专业各班级中的技能精英组成（见表1）。在数控实训中心开班授课，教学活动顺利开展（见图4）。

表1　上海市临港科技学校"多轴加工"社团学员名单

序号	班 级	姓 名	序号	班 级	姓 名
1	1611（数控中专）	华宇昊	9	1613（数控中专）	吴荣
2	1611（数控中专）	潘奚俊	10	1613（数控中专）	张俊杰
3	1611（数控中专）	蒋进豪	11	1601（数控中高职）	徐费杰
4	1611（数控中专）	康士宇	12	1602（数控中高职）	严晨伟
5	1611（数控中专）	吴俊杰	13	1602（数控中高职）	倪智扬
6	1611（数控中专）	曹陈毅	14	1602（数控中高职）	谢壮壮
7	1612（数控中专）	陈凌博	15	1512（数控中专）	杨成志
8	1613（数控中专）	王新权	16	1512（数控中专）	周金宇

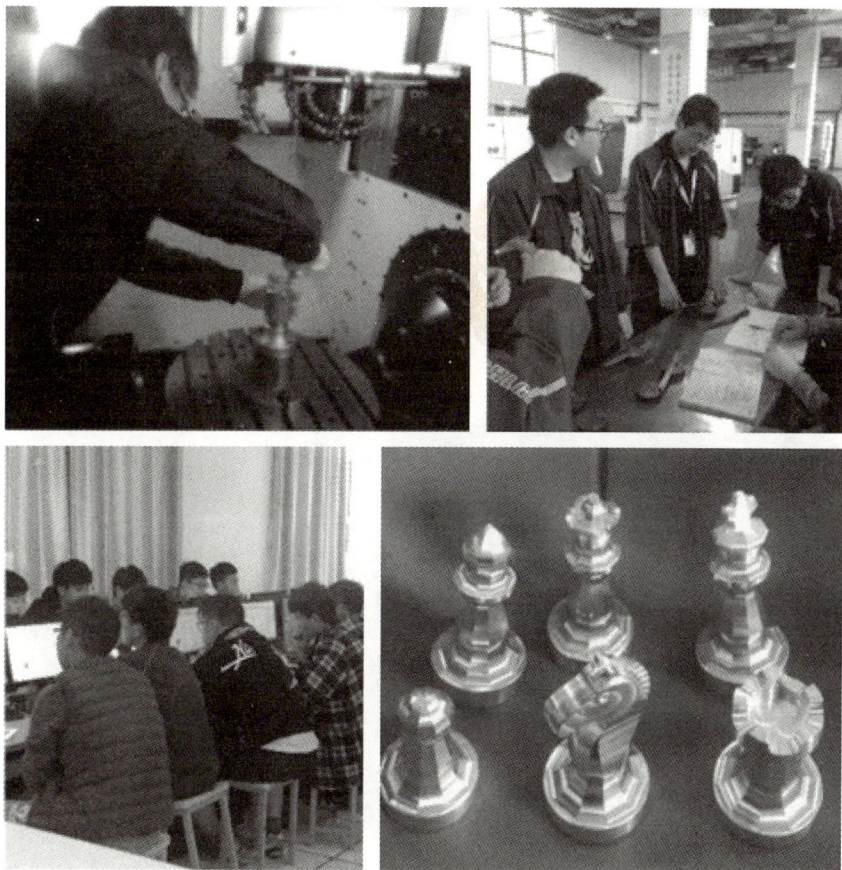

图4　数控实训中心开班授课开展教学活动

四、实施过程

（一）全套"国际象棋"多轴加工教学资源开发

学校2018年起与惠脉智能科技（上海）有限公司一起开发 SolidCAM 多轴加工资源，主要涉及 SolidCAM 软件操作及使用。

多轴加工必须经过虚拟仿真验证加工过程，把事故率降到最低；要具有很好的空间运动想象能力和软件应用能力，最基本的要求是学生精通一款 CAD 软件、CAM 软件、刀路仿真软件、机床仿真软件、数据传输软件、设备所选系统的编程与操作、在线测量技术，等等。完成完整的虚拟机床加工后，接着就是试件加工，对每一步操作与编程过程、机床每一个动作和执行过程按照技能点进行资源整理。虚拟机床加工对加工过程和程序等参数进行 1∶1 模拟加工，排除程序、装夹等过程存在的不安全因素，试件加工完成产品的整个加工。

以"国际象棋"中的"兵""象""车""王""后""马"等为例，通过实体模型的绘制、技术要求分析、图样分析、工艺分析、加工刀路编写、虚拟加工过程等，制作完成一套完整的教材和视频资源（见图5）。

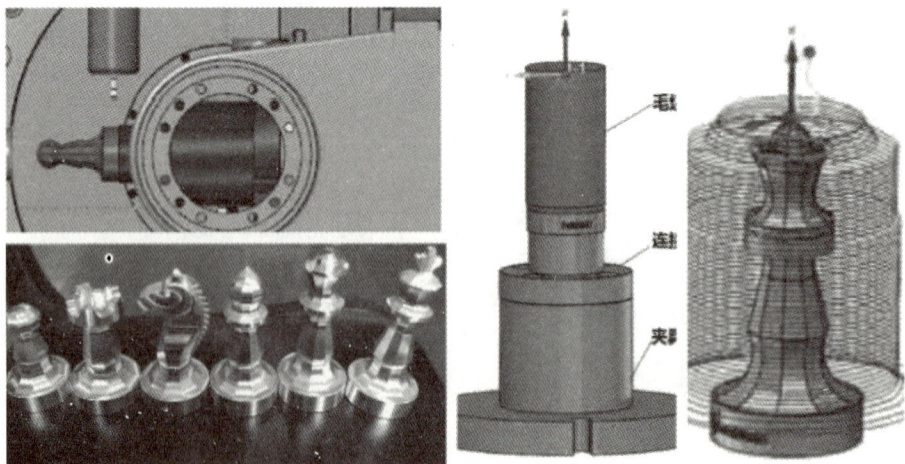

图5　多轴加工教材视频资源

（二）汽车涡轮增压装置系列产品实训课题资源开发

学校与上海航空机械有限公司合作，将企业现有产品案例引入课堂，充实原有资源库。以汽车涡轮增压装置典型多轴零件加工为例，和企业技术人员开发实训课题资源，进一步提升学生知识与技能的运用能力。

以涡轮装置中的"叶轮"实训课题资源开发为例，主要任务有：

1. 产品设计

包含了2D图纸、3D模型，包含2D图纸分析和3D模型分析。2D图纸包括图纸绘制、基本尺寸、主要尺寸公差和精度等级、形位公差、设计基准、表面粗糙度、材料、技术要求等知识内容，再把用到的具体知识进行颗粒化分解。这就形成了最小的资源库建设单元，依次把案例中用到的工艺、夹具、刀具、机床、程序、软件等知识和技能进行单元建设。

2. 工艺分析

由于案例来源于企业，零部件在加工时具有系统的工艺过程、设备、夹具、刀具、量具检测等，由企业审核合理化的加工工艺和方法（见图6）。按照学校现有的设备和条件进行选择。依托企业提供技术服务和支持，达到最优化的技术处理。因此，制作的内容主要涉及工序表、坐标系统设定、刀

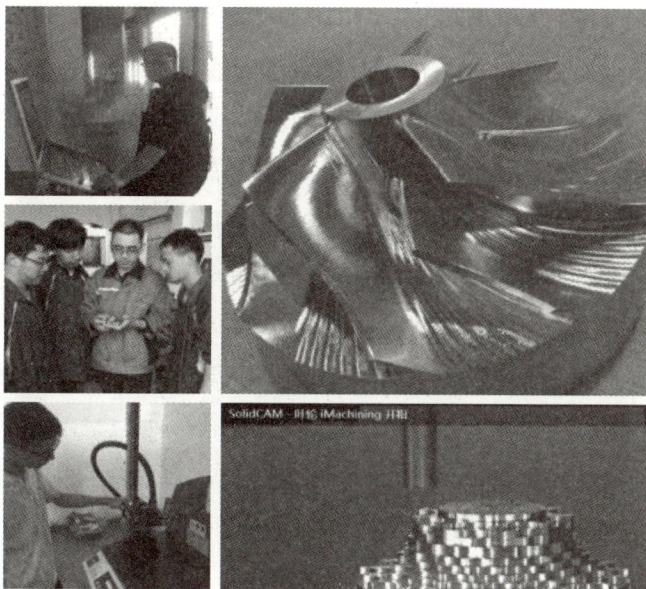

图6　零部件加工工艺过程培训

具表、参数设定、实践消耗数据表、刀具更换应用次数表等内容。选取的案例加工过程分析，所包含的内容有：加工设备型号、工艺工序、加工方法、装夹方案、刀具及参数、程序编制、零件加工等，然后进行相关知识和技能的分解。按照工艺过程进行知识点和技能点的颗粒化分解，分解成一个知识点或一个技能点，每一个点都具有相应的资源：过程图片、视频动画、练习作业等资源（见图7）。

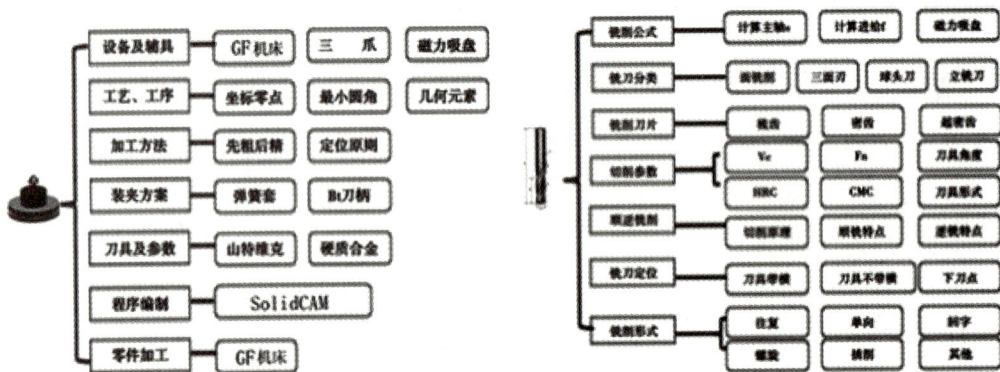

图7　零部件加工时系统工艺过程

3. 虚拟制作和试件加工

多轴加工必须经过虚拟仿真验证加工过程，把事故率降到最低；多轴加工要具有很好的空间运动想象能力和软件应用能力，最基本的要求是学生精通一款 CAD 软件、CAM 软件、刀路仿真软件、机床仿真软件、数据传输软件、设备所选系统的编程与操作、在线测量技术等。完成完整的虚拟机床加工后，接着就是正式机床试件加工，对每一步操作与编程过程、机床每一个动作和执行过程按照技能点进行资源整理。对加工过程和程序等参数进行单段加工，排除程序、装夹等过程存在的不安全因素，试件加工完成产品的整个加工，然后利用三坐标测量技术进行质量检验，给出质量检测报告。到此，整个案例的制作结束，接下来再完成单个案例资源的整理。

（三）品牌学生的打造

1. 职业规范养成

社团教学活动开展以来，以实训工厂为基础，进一步整合校内资源，将其打造成学校的生产性实训基地。学生按项目化课程在基本技能训练场地进行由浅入深、由易到难的技能训练,在指导教师的带领下顶岗生产,由简单到复杂、由粗加工到精加工,严格按照产品质量要求和操作规程加工各种零件,最后在教师和企业专家的指导下,学生在真实的生产环境中不仅掌握了规范、熟练的操作技能,而且体验了企业的管理制度、管理理念,养成了良好的纪律观念和质量意识。学生的实践技能大幅提高的同时,也锻炼了他们的意志品质和职业素质。

2. 匠心精神培育

工匠精神,匠心为本。有没有工匠精神,关键是看有没有一颗安于默默无闻、执着于追求的匠心。树匠心,就要坚守初心、执着专注,秉持赤子之心,摒弃浮躁喧嚣,在本职岗位上坐得住、做得好。怎样才能坐得住、做得好?关键是要做到专心专注、追求至精至善,将产品的每个细节都尽可能做到。"多轴加工技能人才"培养计划和社团教学在学校实施以来,教学案例从企业带到课堂中,不论是学生还是教师,都全身心地投入课程学习当中。学生按小组进行分工合作,布置不同的工作任务,小组之间也进行相互协作。从图纸分析、刀具选用、工装方案、切削参数的选择到最终加工方案的制定,经过了无数次的讨论修改,社团俨然演变成了"研究所",学生经常会自发地以小组的形式进行讨论研究,出现意见分歧甚至会争得脸红脖子粗,各持己见。通过老师和专家的分析和讲解,学生往往能很快地找到合理的解决方案。学生在进行企业产品课题实训后,制定的加工方案和加工产品最终通过了企业的合格性检验,而且令人欣喜的是,我校制定的产品加工方案对比企业本身制定的加工方案从加工效率上有了很大的提升,得到了企业技术部主管的高度赞扬。

3. "准技师"技能水平

社团学生经过培训后,他们能全面掌握和灵活运用与所学专业操作技能相适应的理论知识,熟悉多轴加工各工种的主要设备以及工艺装备的结构、性能、工作原理、使用维护和调整方法;掌握数控加工工艺与编程知识,会查阅有关技术手册;掌握读工装装配图的方法、常见难加工材料的加工性能、夹具的设计原则、精密量具的结构原理、机械加工的质量分析与控制方法。能对本工种复杂程度较大的工件进行工艺分析；能使用新技术、新工艺、新设备，具有分析能力，解决生产实际问题的能力，已经具备了数控技能"准技师"的水平。

五、特色与成果

（一）校企结合开发教学资源，工学结合培养技能人才

学校坚持走校企合作、工学结合之路，坚持企业生产与实训相结合，学生的职业能力加强，综合素质提高；充分发挥校企合作的作用，将现代化企业管理理念和先进的数控加工技术引入专业教学，使学生掌握了本工种的关键技术技能。由企业提供产品案例、技术支持，经过学校对案例全过程制作，最后利用资源库进行人才培养，将培养合格的学生输送至企业进行实践检验，全面培养合格的高端设备操作和应用技能人才。

（二）一个专业平台，多个发展方向

主动适应浦东临港地区先进制造业转型升级对数控高端技能型人才的需求，及时调整人才培养定位，根据生源情况，结合行业转型需求，学校在数控技术等优势专业选拔部分优秀学生实施分层次教学，推行"准技师"新型高技能人才培养计划和创新人才培养模式，并以此带动学校的教学改革和内涵建设。实施基于"学工交替、能力递进"人才培养模式的"多元分流"人才培养方案。

六、体会与思考

（一）面向职场，创新培养模式

根据产业需求设置专业是办好职业教育的原则，学校不同专业毕业生之间就业率差异巨大，实际上反映了专业结构和产业结构的吻合程度不同。因此，学校要把握经济社会发展趋势，提出合理的人才培养目标，还要有一定的前瞻性，把人才培养工作做在前头，积极培养企业急需的掌握新知识、新技术、新工艺的技术技能型人才，以适应产业结构升级对技术技能人才素质的更高要求。

（二）完善制度，推进校企融合

目前，中等职业院校与企业开展的校企合作多停留在中低层次，且多以项目化形式存在。为此，必须提升校企合作的深度，打造制度化的校企合作人才培养体系。一是建立企业、学校、政府、行业等多方信息互通的对接机制，真正做到学校专业设置契合产业需求，课程内容符合行业标准，学生能力素质满足职业资格要求。二是明确校企合作中企业的主体地位，各级政府应鼓励校企合作，给予企业接收职业院校实习学生和在实习设备以及实习生补贴等方面的优惠，挖掘和开发校企在人才培养方面的共同需求。

学校在新型高技能人才培养模式上积极探索，不断创新实践，取得了可喜的成果，在培养复合型高技能人才方面走出了一条创新之路。

系统学习应用文写作
提升中职学生汉语应用能力

上海市新陆职业技术学校　闵　浩

【摘　要】浦东职业教育集团培养学生汉语言应用能力,重视应用文写作,思路明确、务真求实。通过系统学习,让即将走向社会的中职生了解和掌握一定的应用文写作知识和技巧,熟悉应用文写作规范是中职生要掌握的基本技能技术,学好应用文写作可以提高工作能力,助力职场选择就业。

【关键词】中职生　应用文写作　技能选择　就业

一、实施背景

上海浦东职业教育集团自2018年起,高度重视中职学生的语言表达应用工作,务真求实,把"汉语应用能力"列入了"浦东新区第五届中等职业学校学生职业技能大赛"比赛项目。它的意义就在于明确了汉语应用文的写作就是一项中职生应该掌握的技能技术,应该和学校语言文字工作一起,作为中职生的基本技能技术来学习。

让即将走向社会的中职生了解和掌握一定的应用文的写作知识和写作技巧,熟悉应用文写作规范,对中职学生在职场中的选择和工作能力的提高,都是非常有帮助的。

然而,目前看来,上海市中职生的应用文写作不是尽如人意的。每两年一次的上海市中职校的"星光计划"应用文写作大赛,能参加到应用文写作比赛的学生仅占全体学生的十分之一。每当三年级的学生毕业前夕,他们都会为写一份求职信、自荐信而忙碌。

教师在教学中,对应用文写作不够重视,指导思想有误,教学管理和教学实践上自然重视不够。

从广泛的社会工作实践看，我认为，无论是社区工作简报，单位通知、证明，还是工程技术上的操作手册、产品说明书，抑或是技术指导和工程机械操作指导注意事项等，莫不是应用文的范畴。

二、实施目标

中职生自拿到入学录用通知书起，在三年的学习过程中，就已经和通知、请假条、总结、计划、求职信、自荐信等应用文体紧密联系在了一起。

应用文写作严格强调了规定格式，是一项重要的训练思维和动手能力的技术技能。各个专业的中职生都应该熟练掌握一些常用的应用文体，提高学生语言应用表述的准确性和认知整体语言美感。

三、实施过程

从2020年开始，我负责了学校的语言文字工作。除了宣传、规范汉字的使用外，我特别重视学校对应用文写作的教学安排。学校在教学计划里，保证了三年里有一个学期的应用文写作课时，由语文组教师负责应用文教学工作和组织学生参与市区和职教集团的"星光计划"比赛。新陆职校在学生班级中，全校7个专业、31个班级里，建立了以推普员为核心的学生校园"汉语言应用啄木鸟"团队，积极带领班级同学响应学校"推广普通话、学习应用文"的号召。下面谈谈我的一些有关应用文的教学思路。

写作是人类创造性的社会实践重要活动之一，伴随着社会的发展，伴随着人类的文明，记载、传承、促进着人类和社会的文明与发展。写作也促进着学生思维意识的提高。应用文是我国机关、团体、企事业单位之间，以及这些团体与团体、团体与个人、个人与个人之间相互联系、彼此沟通协商、共同一致守信，应时致用的重要工具。一句话，应用文在更加广泛的基础上，充分体现了语文学科实用性的特点。

（一）全面认识应用文体，梳理清楚应用文的概念和分类

文体是文章体裁的简称，是文章的外在表现形式。任何文章都有文体，而且我们只要一看到文章，就能清楚划分常用文体的分类。

一是记叙文,以叙述和描写为主要表达方式,通过具体的人物和事件来反映社会生活的一种文体,如消息、通讯等;

二是议论文,是一种以议论为主要表达方式的文体;

三是说明文,以说明为主要表达方式来解说事物、阐明事理而给人以知识的文体,如解说词、产品说明书、营销说明书等;

四就是应用文,指党政机关、企事业单位中流通的,具有某些习惯用法的公文等。

(二)公文是一种应用非常广泛的应用文

公文是公务文书的简称,是一种应用非常广泛的应用文,公文有法定公文和非法定公文之分。

法定公文:《国家行政机关公文处理办法》和《中国共产党机关公文处理条例》中规定的在政府机关和党的机关内使用的文种。

国务院规定的有13种:命令(令),决定,公告,通告,通知,通报,议案,报告,请示,批复,意见,函,会议纪要。

中共中央规定的有14种:决议,决定,指示,意见,通知,通报,公报,报告,请示,批复,条例,规定,函,会议纪要。

以上各项,其中有一些是相同的,如决定、通知、通报、报告、请示、批复、意见、函、会议纪要等。有一些是不同的,如命令在国务院规定中有,而中共中央规定中没有;条例在中共中央规定中有,而在国务院规定中没有。

去掉相同的,法定公文共有18种:命令(令),决定,公告,通告,通知,通报,议案,报告,请示,批复,意见,函,会议纪要,决议,指示,公报,条例,规定。常用公文有决定、公报、通知、报告、请示、函等。

非法定公文:不在国务院和中共中央规定的范围之内,但又使用较多的公文,如计划、总结、调查报告等。

(三)梳理清楚应用文的写作提纲,规范应用文写作格式

1.要教会学生重视列提纲

这是个习惯问题,习惯的重要性毋庸置疑。学生良好的公文写作习惯就是教师培养教导的结果。提纲就好比是文章的总绳,提纲列好了,就抓

住了文章的主线。规范严谨的格式是表现应用文美感的重要特征。

为了中职生应用文教学的条理化，下面重点从"标题、开头、结尾"理一下写作的要点。

（1）拟制标题。标题又叫题目。俗话说"文好题一半"，说明标题跟全篇有着密切的关系，常常比喻标题是文章的眼睛、旗帜，好的标题可以起到"画龙点睛"的作用。

主题：就是我们常说的中心思想，也叫主旨。主题统帅标题，标题为主题服务。

公文标题的一般要求：一是简练，要用简单而有高度概括性的词语来表达；二是准确，即充分表达意图，题文相符；三是鲜明，提倡什么、反对什么要一目了然；四是得体，要符合文种要求，不能张冠李戴。标题多用祈使句，中间一般不用标点符号。实在要分清意思时，可空格。

公文标题的基本形式：一是固定式，如报告、总结、述职报告等，规范性较强，用不着仔细琢磨。二是用非固定式的，有主副之分，往往用新闻或论文的标题作为主标题，而把固定式的标题当成副标题。

（2）写一个简单的开头。公文开头的基本要求：言简意赅，要有新的角度；符合主题的需要，与后面的段落有必然的联系，不能一味追求新颖而离开主题。不同的文种有不同的开头要求，要按具体要求开头。常见公文的开头一般有以下几种形式：

说明根据式。简要地说明公文写作根据的文件或有关法律、上级精神，常用"根据"二字开头，适用于通报、决定、条例、办法等。

开门见山式。就是一开始就讲写作意图、要说明的问题交代出来，让人一目了然。这种形式，适用于通报、意见、指示、决议等。

概述式。主要用叙述方法，把有关情况、过程或典型、总成绩等概括地叙述出来，适用于总结、调查报告、情况报告等。

目的式。常用"为""为了"等介词做开头，说明发文的目的和意义。适用于决定、通告、通知等。

引文式。引用别的文件的内容，多用于批准、批转、转发、简报等。

交代背景式。介绍有关背景情况，作为行文的依据。适用于报告、通报、计划、指示、调查报告等。

（3）写一个简短的结尾。结尾一般是对全文的总括，常用的结尾有：

号召希望式。就是发出一个号召或提一个希望。适用于决定、决议、通报、指示、意见等。

请求式。用固定的文字表述："以上请示妥否，请批示""以上报告如无不妥，请批转""请函复"，适用于请示、报告、函等。

强调式。对某一问题加以强调以引起重视。适用于决定、通知、规定等。

总结全文式。就是对全文再来一个总括。适用于总结、报告、调查报告等。

（四）规范使用提纲序码的用法

提纲一般都要用规范的序码。关于序码，《国家行政机关公文处理办法》有明确规定。序码一般分为四层：一是汉字小写的"一、二、三、四"等，后面用顿号；二是半圆括号和汉字，如"（一）"等，要注意的是此处一定不能再用顿号，不能写成"（一）、"；三是阿拉伯数字"1.2.3.4."等，注意阿拉伯数字后要用圆点，即英文的句号；四是半圆括号和阿拉伯数字，如"（1）"，注意后面也不能再用顿号，不能写成"（1）、"。用序码时要注意并列关系。

也有的提纲不用规范的序码：有的直接用"第一、第二、第三"等；"A、B、C、D"等；"甲、乙、丙、丁"等；"首先、其次、再次"等。还有的不用序码，直接写段前标题，用不同的字体以示区别。要注意的是不用序码时也要保持一致，不能混乱。不能第一段用"第一"，第二段又用"A"，第三段又用"甲"；也不能第一段用段前标题，第二段又用"其次"。

（五）梳理清楚写作材料

1. 材料的含义

材料是什么？材料是我们收集到的并写入文章之中用来表达主题的事实和论据。

公文用材料的地方很多，特别是一些非法定的公文，像总结、调查报告、述职报告、竞聘演讲稿等，都要大量采用材料。公文的材料主要是指情况、措施、办法、事例、数据等，借鉴现成的材料，自己收集材料。

2. 怎样选择材料

围绕主题选材料。能充分说明和表现主题的，就可选择；反之哪怕再好也不能选择。如让你写本单位本班级总结，结果你用了别班级的材料，很显然就有点"风马牛不相及"了。

选择真实的材料。"真实是新闻的生命"，其实公文也需要讲究真实。像总结、调查报告、述职报告等公文，你所用的材料都要真实，不能随意夸大或缩小，更不能无中生有，随意编造。特别是总结中上报成绩，要用一些事实和数据，有一说一，有二说二，不能弄虚作假。

选择典型的材料。典型材料就是最能反映你单位特色的材料。如选择工作中正在进行的新颖材料，善于选择角度和写作切入点，总结有特色有看头，跟他会用典型材料是分不开的。

要重视文字和标点符号的修改。有的人不大重视文字和标点符号的修改，所以文章写出来后标点符号混乱，语句表述不明确，条理不分明，就会影响公文的表达和美感。

四、实施保障

提升中职学生汉语应用能力，是浦东职业教育集团针对中职教育技能技术应用能力提出的又一务实理念，明确指导了中职语文教学应当系统学习应用文写作。我认为应该得到教育机构和一线教师的高度认可，并付诸实施。

学校的语言文字工作除了宣传、规范汉字的使用外，重视学校对应用文写作教学课时安排保障。在阶段性测试（期中、期末考试）中，规范应用公文的测试分值。学校在教学计划里，保证一个学期的应用文写作课时。语文组教师组织学生参与市区和职教集团的"星光计划"比赛。

建立以推普员为核心的学生校园"汉语言应用啄木鸟"团队，积极带领班级同学响应学校"推广普通话、学习应用文"的号召。

毕业前期，统一规定学生必须熟练掌握"通知、报告、请示、会议纪要、求职信"等五种以上简单的应用文格式和书写内容。

五、特色与成果

经过努力,我校教师中有近十位教师组织多批次学生,参与了上海市"星光计划"职业院校技能大赛和上海浦东职业教育集团浦东新区中等职业学校学生职业技能大赛汉语应用能力比赛,获得大小34项奖励。

"学前教育"专业在短短几年时间里,开展了"中本贯通""中高贯通"教育试点项目,把普通话的学习测试和应用文写作结合起来,整合品牌专业精品课程建设,学生的阅读、表达、写作等汉语应用能力得到全面的提高,学生对语言表述的准确性和整体美感也有了认知。2016年和2019年先后在东方艺术中心、浦东青少年宫举行了学生毕业典礼暨文艺汇报演出,取得巨大的社会反响。

2019年与西宁城市学院"学前教育专业"合作"3+2"五年一体化项目,正式经青海省教育厅批准,成为上海市第一家在青海"对口支援,精准扶贫"中的特色创新项目。目前在校果洛民族班3个班级,连续2年创造了全员毕业生考入西宁城市学院"学前教育专业"的好成绩,特别是2019年藏族学生中有5人德才兼备、歌舞专业课程成绩优秀,普通话达到二级甲等以上,西宁城市学院"学前教育专业"特此向青海省教育厅申请免试入校。

从新陆职校这十年的办学实践追踪看,学生毕业后,有的能长期在机关职能部门、企、事业办公室担任文秘工作,是和学校对汉语应用能力的积极培养分不开的。

六、体会与思考

在《上海市中等职业学校语文课程标准》里,认为语文的工具性和人文性是统一的,是语文课程的主要特征。语文课程是中等职业教育阶段的一门主要的文化基础课程。它是学生形成学习能力、培养审美情趣、学会人际交往、提高人文素质、完善职业素养的基础,对学生的继续学习和终身发展起着奠基的作用。

但是,应用文广泛地涉及着社会生活、学习、工作的各个方面,《标准》并没有足够明确地把应用文写作教学当作中职课程的一个重要方面来认识，对应用文在现实社会生活中的重要性和普遍意义的强调和研究还不够。

　　每个成规模的企事业单位，尤其是机关行政事单位都有文书档案室，新陆职校的档案几经搬迁，花费了极大的精力来装订整理。在可能的情况下，遵守文书档案制度，请部分学生有序地参与到文书档案的定期整理工作中，无疑会极大地提高学生在实践中学习应用文的积极性。

　　我希望中职学生将来如果能成为一名文秘工作人员，遵照应用文的格式，努力实现言语的精准，简明扼要，就能表现出应用文应有的美感。在其他的工作岗位上，因为有了较强的汉语应用能力而助自己一臂之力。

参考文献

[1] 王盼.浅谈办公室人员如何提高公文写作水平[J].经营管理者，2017（9）.

设立在企业里的延展型课堂
——提升学生综合职业能力的平台

上海市浦东外事服务学校　许　彦

【摘　要】目前中职酒店服务教学由于课堂局限性，故学生独立上岗后，还是存在不少短板，诸如在与客人交流时主动性不够，处理偶发事件时能力显得单薄等。故我们打破常规的封闭教学，把课堂有效延伸，设立在企业里的延展型课堂，就为学生找到一个特定的场所，让学生体验到真实的客户环境，使学生的对客服务综合能力得到真正的磨炼。

【关键词】延展课堂　实施过程　特色成果

一、实施背景

我校高星级饭店运营与管理专业与8家沪上著名饭店（酒店）有着深度合作，并为它们输送了大批高质量的学生。我们在对毕业生的动态监测中发现，那些实习期间具有较好专业操作技能、良好职业素养的学生，刚入职时，普遍得到了大家的好评，但独立上岗后，还是存在不少短板，诸如在与客人交流时主动性不够，在提供规范服务方面主导意识不强，在处理偶发事件时能力显得单薄，在复杂工作任务面前常有不安或急躁情绪出现。

这一系列问题也是我们教学经历中遇到的困境。因为学生的服务对象是动态的，不同的宾客有着不同的需求，虽然在实训教室中可以模拟一些场景，但这只是片面的训练，无法真实地检验学生的服务意识和服务效果。同时受学校的实训场地和设施等多方面条件限制，也不能为学生提供不同规格、不同类别接待服务的环境。

那是否能为学生找到一个特定的场所，体验到真实的客户环境，让学生的对客服务综合能力得到真正的磨炼呢？在与我校大量合作的企业中，如上海虹桥宾馆、上海金茂君悦大酒店、上海展览中心等经常会承担很多大型的、高规格的接待任务。我们发现这样的活动是在校学生最好的综合实践教学场所，故我们打破常规的封闭教学，把课堂有效延伸，我们把这样的专业教学课堂冠名为"外事延展课堂"。

二、实施目标

构建"外事延展课堂"。我们主要目标是学生通过延展课堂的学习学到课堂学不到的知识和技能，也通过延展课堂的实践，提高自我服务技能，提升自我服务意识，规范自我职业素养。

三、实施过程

（一）延展课堂构建

1. 企业甄选

经研究我们发现延展课堂建立的企业必须符合以下条件：一是与我校高星级饭店运营与管理专业的合作企业，二是高星级、大型的并能承担高规格、大型接待任务的饭店或会展服务企业，三是近三年中没有安全事故通报，四是能提供众多类型不同的岗位，五是能提供有经验的带教师傅，六是交通便捷，企业附近有公共交通站点。

2. 课堂建立

对照上述条件，与我校专业深度合作的8家企业都符合条件，我们结合企业的规模、知名度、代教力量及交通便捷条件，首先挑选了3家，成为我们第一批的延展课堂（见表1）。

表1　延展课堂企业表

企业名称	地　址	延展课堂建立时间
上海虹桥宾馆	上海长宁区延安西路2000号	2018.3
上海展览中心	上海市静安区延安中路1000号	2019.9
上海金茂君悦酒店	上海市浦东新区世纪大道88号金茂大厦	2018.9

（二）延展课堂实施

1. 准备阶段

学生参加延展课堂的学习，首先必须自愿，还需得到家长的支持。在这基础上，我们结合学生的专业课表现、家庭地址、企业人员要求等因素将学生分成3组，分配到固定企业进行实训。每组9~10人，设立两位小组长。因每次接待任务不同，企业人员的需求也有所变化，我们在小组成员的基础上进行调整，进行他组人员的补充，还相应地为学生办好工作证、健康证等。

2. 教学实施阶段

延伸课堂的教育主要由企业承担（见图1），学生了解企业文化，熟悉工作环境，明确岗位纪律要求，知晓服务礼仪要求等。随后跟随师傅，深入餐饮、前厅、会务等一线岗位实战演练，布置会场、礼仪引导、用餐服务等。同时要求学生进行岗位转换，切入不同内容学习，通常3次为一周期。延展课堂的教学评价也由带教师傅进行考核。

图1　学校开展延展课堂教育

在延展课堂实施过程中，学校也配有专门教师，配合企业妥善处理学生事宜，诸如处理好学生的情绪心理等问题，学生遇到困惑也能及时与企业沟通等。

3. 反馈阶段

每次延展课堂学习结束后，都要求学生结合师傅的评价写一份自我小结，收获什么，还有哪些不足。通过自我剖析提升实践能力，为下一次延展课堂的学习做好总结。同时我们也通过学校网络、班会广播等来分享延展课堂学习的收获，传递大家学习的喜悦，激励更多的同学认真参与延展课堂学习。

其次，带队老师也将企业的反馈情况带回学校，教学组织方面的困惑则通过每周的教学部会议讨论解决方案，学生的问题通过课堂提出改进，从而促进延展课堂的进步。

四、实施保障

（一）教学内容保障

延展课堂的教学内容主要由企业定制，但必须与学校的餐饮、会务、前厅等专业课程教学内容相应对接，除了这些教学的提升和拓展，还应包括岗位纪律、职业礼仪、饭店文化等相关模块的学习。

（二）安全保障

"安全运行万无一失，服务才能滴水不漏"，延展课堂实践教学开展的前提必须以安全为保障，那如何得到最大化的保障呢？首先我们在平日的课堂实训教学中严格要求学生，让学生形成良好的规范意识。其次安排老师跟随，现场配合企业监督学生的安全。在实践过程中，主要采用分组教学，选拔有一定能力和号召力的同学担任组长，这样也能更好地关注同组同学是否安全工作。还考虑到有的学生到服务场所路途较远，故还安排专车接送，保证学生的路途安全。同时有的会议规格较高，还需注意保密安全，告诫学生守密的重要性，并签订承诺书。只有以"严之又严、细之又细、实之又实、慎之又慎"的要求，才能完成各项保障任务。

五、特色与成果

(一)形成良好的社会效应

我校高星级饭店运营与管理专业自2018年起与上海多家宾馆开展延展课堂教学合作,总计388人次师生参与了延展课堂教学,学生们扎实的技能、端正的工作态度获得了企业及接待客户的一致好评。同时学生还多次承担参与了人大、政协接待工作,其饱满的精神、专业的服务素养获得了市领导和其他队与会人员的高度赞扬(见图2)。

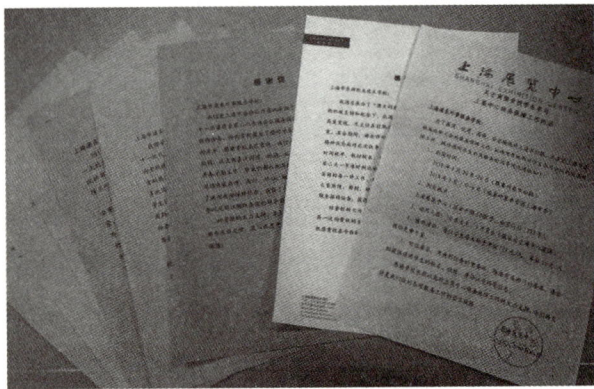

图2　企业服务感谢信

(二)提高学生专业操作能力

每次的接待任务都是一次综合的专业实践,学生都能参与到会场布置、餐饮茶歇服务等工作中,学生在实战中,不仅专业操作能力得到演练,并对自己的工作现状与岗位需求差距有了清晰的认识,回校后能更有针对性地训练提高自我专业技能。有同学说道:"在工作中,曾表现出经验不足、处理问题不够成熟、书本知识与实际结合不够紧密等问题。在回到学校后会更加珍惜在校学习的时光,努力掌握更多的知识,并不断深入到实践中,检验自己的知识,锻炼自己的能力,为今后的工作打下基础。"同时通过企业实践,学生还能学到很多课堂中学不到的技能本领。如同学在小结中写道:"我在展览中心东二馆整理椅套时,由于椅背的桃子搭扣很短,还特别紧,非常难拉,师傅看到同学们操作不熟练,就上前向大家传授了要領。掌握了技巧就是不一样，很快就搭上了。"延展课堂的教学任务真正帮助学生在实践中找到不足，促进专业操作能力的提高。

（三）提升学生综合服务能力

要为客人提供最为真诚、耐心、细致的服务，除了过硬的服务技能外，更需要有良好的服务意识、沟通能力、随机应变能力等，这也是我们学生最为欠缺的。延展课堂教学为我们提供了良好的实践平台。有同学说道："我是一个比较腼腆的学生，但在师傅的鼓励下，我慢慢地说，慢慢地习惯，胆子也大了，会主动与客人沟通了。"还有同学写道："今天临时在第二会议厅增设测温阀门，还要求服务人员实时监控、调整会场温度，确保会场的适宜。任务很紧急，但我们在组长的组织下，反应迅速，高效到位。"学生通过完成这些任务收获了实战工作经验，综合服务能力得到提高。

（四）规范学生职业意识

延展课堂的教学任务通常都是些高规格的接待任务，甚至涉及一些政治任务，故对学生的职业意识提出了很高的标准。对学生的守时规范、服装规范、言语规范、服务规范也提出一系列缜密要求，故学生在学校课堂要求的基础上会更自觉地提升服务细节，在各方面"慎之又慎"。所以延展教学课堂也是职业道德教育、职业价值观教育的良好抓手。

（五）提升教学质量

专业教师在延展课堂现场教学辅导时，能深入一线，对饭店各岗位要求有更直观的理解，从而可将岗位切实需求、有效的专业经验、行业发展新动态等带回课堂，充实专业知识教学内容。同时还可以借鉴企业接待任务的专业经验，进一步梳理服务流程，提升服务细节，提高教学质量，而且从延展课堂现场收集到的案例也是我们最好的教学资源。

（六）利于企业人才培养

通过这样的课堂教学，也能让企业关注到更多有潜力的学生，可以有意识地着重培养，充实他们的人才梯队，从而达到校企共赢的效果。

六、体会与思考

(一)开拓延展课堂承载企业

学校有部分学生住在郊区,故可以与一些郊区的、有服务需求的大型品牌饭店企业合作,给这些住址较远的学生提供更方便的实践机会。

(二)实现延展课程常态化

延展课堂对专业教学起到了很好的推进作用。但延展课堂教学的时间安排还是存在随机性,不能成为常态教学。故学校可以尝试与企业进一步合作,完善各种条件,成为常规课程,如每周五下午设定,真正发挥延展课堂对转移教学的辅助作用。

近几年饭店业发展迅速,需要大量的复合型、专业型人才。而延展性课堂在一定程度上对于饭店人才培养模式的优化起到积极作用。学生的独立处事能力、随机应变能力、沟通交流能力、服务技巧、服务意识等都得到综合良好的发展,实现由学生向社会人的角色转变,为今后就业打好基础。

参考文献

[1] 董泽武.基于职业院校与企业深度合作的人才培养实践探究[J].课程教育研究·学法教法研究,2017(24).

[2] 史小波,朱利军,郭家星.基于"企业学院"的校企合作模式的探索与实践——以苏州工业园区职业技术学院为例[J].江苏教育研究:职教,2013(7).

"一体两制，双创育人"
——动漫游戏专业上海市第三批现代学徒制建设纪实

上海市群星职业技术学校　韩晓明

【摘　要】按照上海市教委关于做好现代学徒制试点工作的要求，我校在动漫游戏专业现代学徒制试点班级开展"一体两制"产教融合模式。在人才培养、专业群建设、课程内容、实训要求、师资力量等重点环节和企业保持密切合作，形成了具有示范效应的"一体两制"产教融合模式。

【关键词】校企协同育人　现代学徒制　动漫游戏

一、实施背景

2018年经上海市教委批准，我校动漫游戏专业纳入第三批现代学徒制的试点，从2018年9月开始第一批学生进校。为贯彻《教育部办公厅关于做好2018年度现代学徒制试点工作的通知》（教职成厅函〔2018〕10号）精神，按照上海市教委关于做好现代学徒制试点工作的要求，我校在动漫游戏专业的人才培养、专业群建设、课程内容、实训要求、师资力量等重点环节和企业保持密切合作，形成了具有示范效应的"一体两制"产教融合模式。

二、实施目标

上海市群星职业技术学校动漫游戏专业依托校企合作、校企并举、两轮驱动的方式来构建现代学徒制试点的标准体系，深化专业内涵建设，推动我校人才培养工作的全面改革，将我校建成具有动漫游戏行业特色的现代学徒制育人基地，并利用我校该专业为上海市品牌示范专业的优势，结合我校建设有上海市动漫游戏专业开放实训中心的实际和我校为教育部数码研究会中职会长单位的良好基础,力争为全市和国家全面推进动漫游戏专业现代学徒制工作提供典型案例。不断探索建立动漫游戏专业校企联合招生,30人一个班级、联合培养、一体化育人的长效机制,完善动漫游戏专业学徒培养的教学文件、管理制度、相关标准,推进该专业专兼结合、校企互聘互用的双师结构师资队伍建设,建立健全动漫游戏专业现代学徒制的支持政策,形成和推广政府引导、行业参与、社会支持,企业和职业院校双主体育人的中国特色动漫游戏专业现代学徒制。

三、实施过程

(一)探索校企协同育人机制

上海艺趣网络科技有限公司是为游戏和电影以及广告业提供美术、动画、3D模型等解决方案的优质供应商。团队在项目管理等关键环节有丰富的行业经验,参与制作过多款畅销欧美、韩国、中国市场的游戏,积累了非常丰富的服务经验、国际化团队合作和产品研发的管理经验。

我校与该企业合作,开展"一体两制"的现代学徒制试点,形成校企"一体两制"协同育人机制,建立了动漫游戏专业校企联合招生、一体化育人的长效机制,完善了动漫游戏专业学徒制培养的教学文件、管理制度、相关标准,推进了专业专兼结合、校企互聘互用的双师结构师资队伍建设,建立了健全的动漫游戏专业现代学徒制的支持政策,形成和推广政府引导、行业参与、社会支持,企业和职业院校双主体育人的中国特色动漫游戏专业现代学徒制。

学校探索校企"一体两制"协同育人机制,实施现代学徒制。学校现代学徒制的路径是:形成校企协同培养动漫游戏人才机制;进学校招生企业招工一体化;完善动漫游戏专业人才培养制度和标准;建设学校和企业互聘共用的师资队伍;编制体现动漫游戏专业现代学徒制特点的管理制度。

(二)推进"一体两制"的招生即招工机制

学校按照"招生即招工、入校即入厂、毕业即就业、校企联合培养"要求,校企共同实施一体化招生。校企联合成立招生小组,首批招生试点一个班级。校企联合成立2018年现代学徒制招工招生工作组,制订2018年校企联合招生招工章程及工作方案,校企联合完成2018年动漫游戏专业的招工招生考试,录取工作人数为30人。

在进入学校的同时,学生即刻与企业签订劳动合同。明确学生的企业员工与校园学生的双重身份,确保学徒拥有知情权、保险、工作津贴等保障权益,符合技能型"育人"需求。学校和企业扩大了对现代学徒制人才培养模式的推广力度,营造良好的人才培养空间,让学生在学习期间,可快速适应到工作环境中。学生入学后,由企业和学校共同负责对学生的培养工作,并向学生传达现代学徒制人才培养目的、过程、特点、学生权利义务等。然后,由企业提供岗位、待遇,进行职业规划,让学生主动参与到企业人才选拔工作中。按照双向选择原则,学徒、学校和企业签订三方协议,对于年满16周岁未达到18周岁的学徒,须由学徒、监护人、学校和企业四方签订协议,明确各方权益及学徒在岗培养的具体岗位、教学内容、权益保障等。

(三)完善动漫游戏专业人才培养制度和标准

校企按照"合作共赢、职责共担"原则,共同设计人才培养方案,共同制订专业教学标准、课程标准、岗位标准、企业师傅标准、质量监控标准及相应实施方案。完善了校企合作"一体两制"培养动漫游戏专业人才的章程和制度,组建由多方参与的专业技术技能委员会,构建多方联动的现代学徒制运行平台;学校与企业签订现代学徒制联合育人协议,明确双主体责任及分工;探索校企共建以现代学徒制培养为主的特色学校,解决协同创新发展动力不足问题。完善动漫游戏专业学徒培养管理机制,明确学校和企业双方的职责与分工,推进校企紧密合作、协同育人有效机制。

校企根据岗位能力要求、考虑可持续发展,以"能力核心、系统培养"为指导,按照"合作共赢、职责共担"原则,学校和企业共同设计制定动漫游戏专业人才培养方案,研制适合校企双元育人的专业教学标准、课程标准、岗位技术标准、师傅标准、质量监控标准,开发基于岗位工作内容、融入职业资格保证的教学内容和教材,科学规划学徒成长道路。校企以艺术类人才核心能力要求调查为目标,通过岗位能力要求、职业发展要求及职业素质要求的调查和分析,建立能适应艺术类职业岗位群发展要求,服务于艺术类专业职业技能培养的课程体系。

在专业技术技能委员会的指导和参与下,继续完善专业教学标准研制的供需调研、职业能力分析、课程体系建构及专业教学标准(含课程标准、岗位技术标准、师傅标准、质量监控标准)编制工作。

以基于岗位工作过程的项目化课程改革为抓手,校企联合开发基于岗位工作内容、融入国家职业资格标准的教学内容和专业核心课程教材。我校与艺趣企业合作,共同开发"3Dmax角色设计""角色高模设计""photoshop"等课程。

试点专业依据相关标准,实施"双身份、双场所、双导师"一体化育人。

(四)建设"一体两制"校企互聘共用的师资队伍

以校企"互聘共用"为原则,完善动漫游戏双导师制,建立健全双导师的选拔、培养、考核、激励制度,建立师资管理、教师评聘、收入分配制度,按照现代学徒制的导师标准,科学培育、使用双导师团队,建成具有训教与服务双重功能的双导师团队,解决机制不灵活、人员交流不畅等瓶颈问题。

完善了校企联合制定的《上海市群星职业技术学校现代学徒制双导师管理办法》,进一步明确双导师的标准、职责和待遇,同时明确双向挂职锻炼、联合技术研发、专业建设的激励制度和考核奖惩政策;明确校企双导师开展双向挂职锻炼、联合技术开发、专业建设的激励措施。

专业教学任务由学校专任教师和企业师傅共同完成。学校课程教学以校内教师为主;企业课程教学以企业师傅为主;校企课程由学校与企业师资共同实施。学徒与企业师傅结成"师徒"关系,每位师傅带3~5名学徒进行企业顶岗实习。在企业学习期间,学校派专任教师到企业,开展学习指导和学徒管理。

以校企"互聘共用"为原则,完善动漫游戏双导师制,建立健全双导师的选拔、培养、考核、激励制度,建立师资管理、教师评聘、收入分配制度,按照现代学徒制的导师标准,科学培育、使用双导师团队,建成具有训教与服务双重功能的双导师团队,解决机制不灵活、人员交流不畅等瓶颈问题。

(五)建立体现"一体两制"的动漫游戏专业现代学徒制管理制度

校企联合构建含学生(学徒)管理、教学管理、教学质量监控管理制度,建立健全与现代学徒制相适应的教学管理制度，制订学分制管理办法和弹性学制管理办法。

1. 校企联合制定现代学徒制主要的教学管理制度

第一，完善校企联合制定的《上海市群星职业技术学校现代学徒制日常教学管理办法》《上海市群星职业技术学院学分制管理办法》等制度，着重对现代学徒制人才培养方案的制定、课堂教学的组织形式、教学过程性文件要求以及学生（学徒）的学制（含弹性学制）、学分、选课、考核等方面做出具体的规定。

第二，完善校企联合制定的《上海市群星职业技术学校学生（学徒）管理办法》，主要包括：学生（学徒）在校和在企业的行为、品德、纪律等方面的管理；学徒岗位及任保险、工伤保险的落实等。

第三，完善校企联合制定的《校企联合的现代学徒制目标与过程监控机制》，建立以学校、企业、社会（第三方）参与的多元质量评价体系和反馈机制；建立现代学徒制成本分担与保证机制。

第四，制定了《上海市群星职业技术学校（现代学徒制）学生实习实训考核要求》。

2. 建立健全与现代学徒制相适应的学校相关教学管理制度

学校建立健全了与现代学徒制相适应的学校相关教学管理制度，主要有：

第一，上海市群星职业技术学校学生学习实训工作章程。

第二，上海市群星职业技术学校校企合作管理章程。

第三，上海市群星职业技术学校学生实施实训及师傅带教财务运行制度。

总之，我们坚持的是将传统的学徒培训与现代学校教育相结合的一种企业与学校共同合作、双元育人的职业教育制度，即坚持"四个双"：一是双主体育人，学校和企业均是育人主体；二是双导师教学，学校教师和企业师傅均承担教学任务；三是学生双重身份，学生既是学校的学生，又是企业的员工；四是签订两份合同，学生与企业签订劳动合同，学校与企业签订联合办学合同。

四、实施保障

为确保动漫游戏专业现代学徒制试点工作的规范运行，学校特成立现代学徒制试点工作领导小组，主要负责组织架构一体化实施工作的总体策划、决策，方案的审定及对各项工作推进情况进行督导。

制定现代学徒制教学管理制度，建立学分制框架下的学籍管理规定，推进学生个性的全面发展。

建立教学评价制度，采用全面考核评价模式，形成一套重在激励创新、促进个性发展的评价体系。

建立专业指导委员会制度，明确指导委员会职责，指导学校人才培养目标及培养方案的研讨和制定。

建立校企联合教研制度，共同对专业建设、课程建设、教材建设和实践教学、教育质量评价等方面开展合作研究。规范在一体化培养过程中的办学行为，促进资源的优化整合。

校内动漫游戏专业任课教师共15名，同时还坚持聘请一线优秀企业技术人员作为兼职教师，与专任教师共同备课，共同上课，分享教学资源，他们都是本项目推进的"师傅"，完全能满足现代学徒制项目的要求。

我校拥有现代化高水平的动漫实训基地。校外动漫企业的实习实训场所更是在中国动漫界处于领先地位，学生都是在真实项目的实习实训中得到了锻炼，提升了能力。

2019—2020年，上海市教委、浦东新区教育局也对我校的动漫游戏专业的建设进一步加大了投资力度，配套相应的资金用于校企合作"现代学徒制"项目的实施。

五、特色与成果

学校建立了"双创"特色的"一体两制"校企双制的现代学徒制的产教融合模式。

（一）双创校企协同培养动漫游戏人才机制

校企双方完善了现代学徒制试点章程及其细则，组建了由多方参与的专业技术技能委员会,构建了多方联动的现代学徒制运行平台;与企业签订了现代学徒制联合办学协议,明确双主体责任及分工;探索校企共建以现代学徒制培养为主的特色学校,解决协同创新发展动力不足问题。同时,完善了动漫游戏专业学徒培养管理机制,明确学校和企业双方的职责与分工,推进校企紧密合作、协同育人有效机制。

(二)双创学校招生企业招工一体化

校企联合成立招生小组,明确招生试点人数为30人,一个班级。完善了职业院校招生录取与企业用工一体化的招生招工制度,共同制订和实施招生招工方案。学生与企业签订劳动合同,明确学徒员工和学生双重身份,确保学徒拥有知情权、保险、劳动报酬等权益。

(三)双创动漫游戏专业人才培养方案与标准

校企双方根据岗位能力要求与可持续发展素质,以"核心能力、系统培养"为指导,按照"合作共赢、职责共担"原则,学校和企业共同设计制定了动漫游戏专业人才培养方案,研制适合校企双元育人的专业教学标准、课程标准、岗位技术标准、师傅带教标准、质量监控标准,开发基于岗位工作内容、融入职业资格保证的教学内容和教材,科学规划了学徒成长道路。

(四)双创互聘共用的师资队伍

以校企"互聘共用"为原则,完善动漫游戏双导师制。校企双方建立健全了双导师的选拔、培养、考核、激励制度,建立师资管理、教师评聘、收入分配制度,按照现代学徒制的导师标准,科学培育、使用双导师团队,建成具有训教与服务双重功能的双导师团队,解决机制不灵活、人员交流不畅等瓶颈问题。

(五)双创体现动漫游戏专业现代学徒制特点的管理制度

校企联合构建含学生(学徒)管理、教学管理、教学质量监控管理制度,建立健全与现代学徒制相适应的教学管理制度,制订学分制管理办法和弹性学制管理办法。对学生的综合职业能力的评价,由校企双方共同制定评价标准,共同实施评价。

(六)双创学习环境

学生的学习场所既包括学校内的学习工作站,也包括企业的工作现场。

学校在建立学习工作室实训实习场地时,比照现代企业生产一线的工作环境。通过实施企业情境教学和在实训场地管理,着力引进现代创意文明、现代企业文化、企业理念、企业精神,将现代创意文明、现代企业文化与学生的通用职业素质培养紧密结合,落实了校企双制共建学习环境的目标。

(七)双创教学资源

校企双方合力打造学生的学习资源,既有学校提供的设施设备、学习材料,也有企业提供的设施设备,学习材料等。

(八)双创就业岗位

现代学徒制的就业岗位属技术型岗位,不吃青春饭,工作年限越长工作经验越丰富,越受企业青睐,薪资待遇越高。

我们运作的八大"双创",就是要实现"工学一体"的学习情境,形成工作过程和学习过程的一体,教与学的一体,操作程序与能力形成的一体,学习场所的一体化和学校与企业的一体。在这个过程中,学生扮演着多元的角色,学习的过程和从业的过程合二为一;其中,教师的工作过程和学生的学习过程都在一个具体的情境中呈现出来,教师和学生是互动且互助的。学生通过工学一体的教学过程,最终得到综合职业能力的成长,这不仅仅是指某些具体的知识点和技能点的积累,而且是技能和知识的综合应用,以及在应用过程中将经验的积累转化为工作的策略,包括了显性知识和隐性知识。这也体现在我们对校内学习工作室的设计中,我们认为它应该是集校园文化与企业文化、理论教学与实践教学、学习过程与工作过程为一体的职业(专业)学习场所。

六、体会与思考

现代学徒制,既是一种制度化的人才培养方式,也是一种具体化的人才培养模式。作为制度化的现代学徒制,是在当前国家层面校企合作制度体系不太健全、不太完善的情况下,拉近职业教育制度与劳动用工制度的距离,推动校企合作、产教融合的重要手段和方式,实质上就是一种产教融合制度;作为人才培养模式变革的现代学徒制,其目标是将传统的学徒培训与现代学校教育思想结合在一起,加强校企双元育人,实质是针对产教融合中的现实问题,强化校企合作关系,创新技能人才培养方式。

现代学徒制人才培养体系是以工学结合理念为指导,以校企生三方共同获益为目标,以企业学徒培训和职业学校教育相结合的培养方式,为培养行业企业需要的特定人才与应用型创新人才而采取的,由学校与企业合作制定培养计划、完成培养过程和实施过程监管的运行系统。主要由目标要素、基于特定岗位的课程体系和基于工作实践的教学组织等内容要素、以企业主体的校企关系和以师傅为主体的师资队伍条件要素以及管理机构与制度建设和统筹设计系列政策等保障要素构成,整个培养体系具有整体性、能动性、开放性、动态性和适应性等特征。

参考文献

[1] 杨善江.产教融合:产业深度转型下现代职业教育发展的必由之路[J].教育与职业,2014(33).

[2] 张军侠,潘菊素.高职院校分类培养多样成才问题及解读路径[J].中国高教研究,2015(4).

现代学徒制人才培养模式改革的实践探索
——以上海市新陆职业技术学校汽修专业为例

上海市新陆职业技术学校　虞敏霞

【摘　要】随着近年来职业教育在我国的迅猛发展和行业企业的快速变迁，原有的以学校为单一主体的人才培养模式已不能有效解决技能人才与企业"用工荒"之间的结构性矛盾。在此背景下，上海市新陆职业技术学校汽修专业开始探索现代学徒制，依托校企合作平台，建立学校企业双主体的培养模式，联合开展招生招工，健全并完善各项制度，开展基于现代学徒制的校企长效合作，理顺校企合作关系，构建适应校企融合工学结合的新型教学及管理体系。

【关键词】现代学徒制　汽车运用与维修　校企合作　人才培养模式

一、实施背景

学徒制在我国古已有之，至今已有几千年的历史，主要特征为"传帮带"，实施个性化指导，培养了一批批手工艺者。置身于工业化迅猛发展的今天，对人才需求的数量成几何级数增长，传统的学徒制已经不适应人才培养的需要，取而代之的是各类学校职业教育，通过规模化的人才量产方式快速提升人才培养的速度和质量。但是随着行业企业对技能型人才的需求越来越个性化，学校职业教育的培养模式也遇到一些发展瓶颈。

现代工业革命以后，产业结构的发展对企业人才需求提出了更高的要求，对人才的职业素质需求也在提升，传统的职业教育的不足日渐凸显，特别是学校培养的学生实践能力不足。但是企业需要的恰恰是实践能力较强的技能型人才，因此世界各国为了解决企业需求和学校人才培养不匹配的矛盾，纷纷进行探索，形成了各具特色的职业教育人才培养模式。比如德国开创了"双元制"人才培养模式，双元不但表示企业与学校共同培养学生，也表示学生具备企业学徒和学校学生两种身份，学生要参与行业协会组织的职业考试，从而获取相应的职业资格证书，完成学徒制。这是典型的学徒制培养模式，在德国成功经验的带动下，越来越多的国家开始借鉴其职业教育成功经验，并形成适合自己国情的"现代学徒制"。别国的经验给我国职业教育带来启发——在技术革命日新月异的时代背景下，人才是第一生产力，只有强大的人力资源优势才能保证本国在激烈的技术革命中立于不败之地。我国正是看到了这一发展重点，开始大力培养技术型人才，职业教育就成了输送人才的"血库"。中等职业教育培养的学生与社会联系最为直接、紧密，他们走出校门就参加工作，因此，如何将中职生的人力优势充分发挥成为重中之重。

从2011年起，新陆职校与永达（控股）集团建立紧密型校企合作关系，并开展了教师互兼互聘、课程资源建设、顶岗实习、订单培养、"多学期、分段式"教学组织模式等一系列改革。双方紧密合作，共同开展现代学徒制的人才培养模式，主要有以下几点优势：①有助于进一步理清政府、学校、企业在现代学徒制人才培养中的角色和职能边界，为政府出台配套政策扶持，形成"政府引导市场驱动"的现代学徒长效合作机制提供借鉴；②有助于理顺校企双主体合作关系，创新办学体制，为长期可持续合作提供组织保障；③有助于科学选择合作企业，实现共同发展，将学校职业教育与企业人力资本投资有效融合，实现资源共享，平衡企业和学生利益，开辟互利共赢合作的新途径；④有助于完善校企长效合作机制，加强现代学徒人才培养模式的质量监控，保障合作稳定顺畅执行，为现代学徒制试点工作的推广提供模板。

二、实施目标

围绕现代学徒制人才培养模式改革推进的需要，旨在构建市场主导社会需求导向、企业积极参与的校企双主体长效合作机制模型及制度，调动企业主体参与人才培养过程的积极性，优化校企资源配置，从而实现学校教学改革与企业技术创新同步、学校人才培养质量提升与企业人力资源优化并行、学校办学效益提高与企业竞争力提升共赢。

就具体目标而言,探索现代学徒制人才培养模式改革主要有以下3方面:第一,建立现代学徒制校企双主体合作的概念模型,量化分析当前现代学徒制校企合作现状;第二,研究国内外现代学徒制长效合作机制的经验,提炼值得借鉴的典型做法;第三,分别从学校和企业的角度,分析影响现代学徒制人才培养模式实施成效的因素及形成机理。

三、实施过程

现代学徒制实施过程中,需要企业参与学校人才培养全过程,实现招生即招工、学生即学徒、毕业即就业,其实质是企业人力资本的投资行为。这将给企业带来明确的、可预期的经济收益。相对于普通职业教育公共产品属性而言,现代学徒制的职业教育产出具有准公共属性。因此,将现代学徒制长效合作机制建设定位于市场主导型的校企合作机制设计范畴,建立以市场和社会需求为导向,其中市场主导资源配置,从而体现市场机制效率的合作机制。在市场主导型校企合作机制中,政府主要扮演辅助及监督管理的角色,通过出台配套政策或委托第三方机构,对相应的市场主体行为进行规范、监督、评价。

上海市新陆职业技术学校在汽车维修与运用专业中率先开展现代学徒制探索——选拔部分学生组成"永达"冠名班,至今已迈过第9个年头。9年来,在学校和企业的多方面精诚合作、共同努力下,初步摸索出了一种适合新陆职校汽修专业与永达汽车集团校企合作、互利共赢的学生培养模式。该模式从整体而言,促进了行业、企业参与职业教育人才培养全过程,通过有针对性的人才培养途径,提升学校人才培养质量,解决企业"用工荒"的问题;在微观层面,现代学徒制的探索创新了专业课程体系及教学内容,加速了"双证融通"实施,助推了"双师型"师资队伍建设和实训基地建设进程,生成了新的质量监控体系,变革了原有职业教育招生制度、管理制度和人才培养模式。

学校汽修专业实施现代学徒制人才培养模式的具体过程如下所述:

（一）安排学徒实习

1. 实习前

在学生实习前进行实习动员，使学生明确实习目的、任务、内容、安排及有关安全、纪律要求。

2. 实习中

在学生实习期间，实习指导教师通过电话、网络与学生及用人单位进行联系，解答学生相关问题、与用人单位保持沟通以便掌握学生实习情况；此外指导教师还要不定期赴实习单位指导学生实习以保证按实习计划安排落实实习进程，掌握实习进度，使实习内容紧凑、充实合理，时间利用充分。在此期间，每个实习小组推荐一名小组长，全面负责与实习单位和实习指导师傅的联系，负责实习期间的一切其他事务。

3. 实习后

在学生实习后认真进行实习考核，严格管理。实习生返校时必须将实习单位及带教师傅、负责人对其实习期间有关思想与行为表现、专业实践业务能力、工作态度等方面的书面评价进行密封，然后由各组小组长带回（须盖有见习单位的公章），以此作为学生实习评定的依据。

（二）明确学徒实习纪律

学生实习期间，必须严格遵守实习单位相关规定，具体包括：①自觉遵守国家的法令、法规，遵守所在实习单位的各项规章制度，服从领导，听从指挥，以良好的状态和饱满的热情投入专业实习。②遵守劳动纪律，不迟到、不早退、不无故缺勤，因故不能出勤者，应提前向实习单位师傅和所在单位部门负责人请假。③虚心向实习单位的师傅学习，积极参加所在单位所组织的各项活动。④对无故不参加实习和实习成绩不合格的学生，按学校学生学籍管理规定不予毕业。因故经批准未参加实习或实习成绩不合格的，另行安排相应实习并考核其实习成绩。

（三）明确学徒实习考评要求

在学生实习开始前，需要提前告知实习期间的考评要求：①每一个实习学生实习结束后必须交实习小结一份；一份汽修实践活动方案或写一篇实践活动评析；给家长做一次交流记录（谈话、宣传资料、联系本等），这些作为实习评定成绩的重要依据之一。②由实习单位师傅提出初评意见,学校指导教师依据初评意见、实习日志、实习报告、实践教学手册等的情况,提出建议成绩,最后由实习实践教学领导小组考核确定。实习成绩按优、良、合格和不合格四级记分。

(四)组建工作小组

组建由学校实习指导教师、实习单位负责人、实习单位师傅、实习学生干部等成员构成的汽修专业学徒制工作小组,制定人才培养方案、课程与教学改革等相应文本,组织管理本期实习工作。工作小组一方面要按实习单位各项规章制度及学校制定的有关教育实践的管理规定,指导学生完成汽修实习工作;另一方面,针对实习单位的相关管理规定,要求学生实习期间,严格遵守听从实习单位负责人和带教师傅的安排,每天按时到实习单位,实习期间不得擅自离开单位。违反实习纪律的同学,学校将给予相应的处理。

四、实施保障

依托职教集团,组织校内专业教师、企业工程技术人员、行业专家开展汽修行业的市场调研,在此基础上以汽车运用与维修专业对应的相关岗位为基础,开展工作任务与职业能力分析,通过典型工作任务分解,明确岗位任职要求,确定人才培养目标和规格。在此过程中,融入国家职业资格标准和企业员工晋级标准,对照标准和人才培养需求构建专业课程体系。与此同时,按照企业员工技术技能成长过程,融入企业新标准、新技术、新工艺、新方法等开发教学内容,形成教学单元。在教学过程中,以单元项目为载体,采用学做合一、工学交替的教学模式,按照"学徒分级制"方式,逐层考核过关,实现能力逐层递进,从而有效提升学生知识技能的掌握效果。

(一)成立职教集团

在政府主导下,成立由行业、企业参与的职教集团——上海市新陆职业技术学校现代学徒制试点项目实施领导小组,为现代学徒制的改革试点提供平台,协调处理实施过程中的问题。

（二）确定人才培养目标

学校立足浦东，面向上海城市圈，服务永达、上汽、通用等相关岗位，以培养具有吃苦耐劳品质、团队协作精神、节约环保意识等职业素养为目标，从而使培养的学生能够利用所学汽修专业知识提高设备维护能力，胜任汽修集团需求的德、智、体、美全面发展的技术技能人才岗位。

（三）联合开展招生招工

依托上海市新陆职业技术学校汽车运用与维修专业，政校企三力联动，共同开展招生招工，制定招生政策、奖助学金政策，为学徒学习就业提供支撑：企业在招工过程中，面对那些有志学习深造者，通过面试、考试、考核筛选、注册学籍等流程，与学徒签订合同。至此所有学员均具有"学生""学徒"双重身份，接受企业、学校双重管理，享受学校、企业双重奖助学金等优势政策。

（四）制定教学方案

借助职教集团的平台，学校与永达集团共同制定人才培养方案，保障现代学徒制人才培养模式的实施。学生同时接受学校和企业的双重管理；在教学中配备了由校内专任教师和企业师傅共同组成的"双导师"，教师全程跟踪，师傅密切配合。

（五）教学过程的安排

实施学徒分级培养。打破常规的教学时段，根据企业生产周期安排教学内容，根据岗位成长周期安排教学课时，将课程的教学分为若干个"企业顶岗、学校学习"的小循环。在校内以教师为主导，主要进行理论知识学习和一体化训练为主要内容；在企业以师傅为主导，主要进行核心技能的学习和训练，培养职业素养。校内、企业教学活动交替进行，由学校、企业共同完成岗位达标考核后进入岗位的学习。

（六）完善制度

第一，校企双方共同制定相关文本，为规范人才培养提供标准依据。以汽车运用与维修专业岗位现实需求与未来发展需求为依据，兼顾学徒个人发展需要的前提下，校企双方从职业工作岗位的任务分析，参照国家职业资格考试标准，开发适应岗位育人需求的人才培养方案、专业教学标准、核心课程标准、岗位标准、企业师傅标准、质量监控项保障体系及相应实施方案。

第二，政校企三方制定系列管理制度，为构建现代学徒制运行体制机制奠定基础。一是制定协议，包括学校与企业的合作协议，学校、企业、家长三方协议，师傅与学徒协议等；二是制定管理制度，包括《新陆职业技术学校现代学徒制试点工作实施方案》《校企招生招工一体化管理办法》《企业师傅选聘培训管理条例》等；三是制定考核标准，包括《学徒分级考核标准》《学徒学分管理条例》《学徒岗位绩效考核及薪酬管理制度》《学徒晋级管理办法》《优秀学徒评选及奖学金发放管理办法》等。

（七）获取证书

现代学徒制实施过程中，按照国家职业资格标准对学徒的知识、技能、素质进行综合评价考核，一旦通过考核即可获得相应的技术岗位资格证书。

五、特色与成果

不一样的道路，一样可以收获精彩。无数中职毕业生的例子都证明了当前在中职校实施"现代学徒制"取得的阶段性成效。

学校2014届汽车运用与维修专业毕业学生沈锋刚，享受到现代学徒制学生培养模式带来的互利共赢的福利。小沈从小在父母的庇护下长大，一切都是由父母安排好的。他本人的择业观比较狭隘，常常朝三暮四，动辄辞职、跳槽，优越感还很强。小沈的第一份工作是学校推荐去通用汽车厂做流水线。由于他本人缺少在市场上择业的经历，不了解就业形势，结果两个星期后，就受不了工作的辛苦，再加上打听到的工种待遇不高，便辞职了。班主任杨老师建议小沈树立"先就业，后择业"的观念，不要总想着一步到位，只有在工作中不断给自己充电，等自己有一定的实力后，才能有这样的待遇。接受了杨老师的建议，学校推荐小沈去东昌斯柯达4S店上班了。实习初期班主任杨老师帮他找到实习的师傅，三个人经常一起谈心交流，杨老师谈小沈的学习特点、个性特点，仔细分析小沈的现状，便于师傅采取相应的传授技能方法；师傅谈技术，展示实践操作技能；小沈谈学习和实践感受，找不足。在严格的师徒制带教下，动手能力较强的小沈很快在自己的岗位上得到了师傅和领导的好评。本身也对汽车感兴趣的他，才发现这是他真正喜欢的工作，于是放弃了以前的那些求职理念，工作也从一开始的基础保养，更换机油机滤、空滤等简单的操作到实习末端帮着师傅一起维修事故车。自身的钻研加上师傅的信任，很快他就成为4S店在实习期结束后想留下来的正式员工。在转正前他再次到学校找到了杨老师，这次不再是"乌云密布"的表情，转而是开口就停不下来的工作经历——"老师我跟你说，有一次我修了一辆车它的问题是……""有一次我和师傅搞定了一辆别的4S店修不了的车……"，看着滔滔不绝的他，作为老师感到非常欣慰。一年的实习期从一开始的一味追求舒适、高报酬的工作，到后期很少再谈薪资、辛苦之类的话语，谈到的都是工作中碰到各种问题时的应变和面对事故车疑难杂症解决后的欣喜，短短一年时间他的变化可以说是巨大的。在4S店的机修岗位做了2年之后，他依靠对维修车间各个工种的熟悉和自身要求进步的意愿，跳槽到了现在的绿地徐杰斯柯达做起了售后维修接待，在5个月的时间里依靠以前在车间的积累和自身的努力多次受到客户的表扬和同事的赞许。他对自己的职业生涯也做了更详尽的规划。

六、体会与思考

职业教育的目标之一便在于人人出彩，从而实现技能强国。近年来职业教育领域的多项改革从多层次、多角度、全方位展示了上海市"十三五"期间职业教育改革的发展成果、典型经验和重要贡献。但是当前新增劳动力就业结构性矛盾仍然十分突出，其中最突出的矛盾是中职校毕业生就业难和技术技能人才供给不足的矛盾。要解决这些矛盾，就要大力提升现有中职校的办学水平和人才培养质量。而现代学徒制的职业教育人才培养新模式与传统的教育方式相比更具有时代性。它的一大特点在于与企业合作，学生在企业实践过程中能够将校园所学的专业理论知识运用于实际当中，摆脱传统职业教育模式的枯燥课堂，使学习内容变得更加丰富与灵活，提高了学习效率。学生通过不断实践与经验积累快速提高技能水平，成长为真正的技能型人才。

综上所述，作为人才培养模式改革的现代学徒制可以并且应该成为技能人才培养的一大创举。

参考文献

[1] 关晶，石伟平.现代学徒制之"现代性"辨析[J].教育研究，2014
　　（10）.

[2] 李传伟，董先，姜义.现代学徒制培养模式之育人机制研究与实践[J].
　　职教论坛，2015（9）.

[3] 左崇良，胡刚.校企合作双主体办学的治理结构与运行机制[J].职教论
　　坛，2016（16）.

贯通 篇

"上下一体"中本贯通教学实施途径探索
——以上海立信会计金融学院市场营销（金融营销）中本贯通专业为例

上海立信会计金融学院　李　原
上海市浦东外事服务学校　邵　晶

【摘　要】上海立信会计金融学院与上海市浦东外事服务学校整合两校教学资源进行了"市场营销（金融营销）"专业中本贯通培养的试点。两校通过探索构建"上下一体"的中本贯通教学实施途径实现人才培养目标的达成，并取得一定成效。

【关键词】中本贯通　金融营销　上下一体　人才培养

一、实施背景

为贯彻落实《上海市中长期教育改革和发展规划纲要》（2010—2020年）和《上海现代职业教育体系建设规划（2015—2030年）》的精神，在对市场营销（金融营销）专业培养人才需求深入调研的基础上，上海市浦东外事服务学校与上海立信会计金融学院整合两校教学资源进行了"市场营销（金融营销）"专业中本贯通培养的试点。两校设计了一体化的人才培养方案，对课程体系进行有效整合，采用厚基础、宽视野、强实践、国际化的思路实现市场营销（金融营销）专业"应用型、复合型、职业化、国际化"的人才培养目标。

二、实施目标

中本贯通人才培养模式对于上海立信会计金融学院和上海市浦东外事服务学校而言是一种新的人才培养模式。两校在共同制定人才培养方案的基础上，遇到的最大困惑是如何进行教学实施，避免出现中职和本科在教学实施中"两层皮"的现象，避免出现知识的断层或者是知识重复教学的"两层皮"现象。

两校通过在课程结构、课程标准、教材、教师等方面的"上下一体"的中本贯通教学实施，实现两校对市场营销（金融营销）学生的一体化教学。

三、实施过程

（一）"上下一体"共同梳理课程结构

在专业课程设计中，两校对中职和本科阶段的课程进行了全面的梳理，整合教学内容，重新分配课时。在专业课程设计上，以职业能力模块设计开发专业课程，为了突出教学内容对接岗位，将整合后的教学内容梳理出了金融（银行）业务、会计技能、营销技巧三大课程模块，在模块化课程下设置了体现七年"上下一体"的贯通课程，实现金融营销岗位三大工作领域同时聚焦。同时在中职阶段侧重金融业务和会计技能的学习，在大学阶段则侧重于营销技巧的培养。通过这样的模块化教学，既避免了课程的重复设置，同时也兼顾了学生在不同年龄时期的认知能力与水平，发挥了两校的资源优势。

在学生实践能力的培养上，体现螺旋上升、上下一体的设计思路。加强对学生企业指导综合实训、金融营销专业实训、银行管理综合实训、实验实训超市项目的课时，学生将有针对性地参加多个工作领域和岗位的实习实训，与银行等金融机构新员工上岗培训（轮训）相衔接。

在公共基础课方面，也科学严格地遵循"上下一体化"的设计思路，实现语文、数学、英语和德育课程的中、本层次的衔接，并为学生的转段考做好准备。以英语学科为例，重视学生英语课程的学习，增加了两节外教口语课，同时开设剑桥商务英语初级，目的是能与本科阶段的剑桥商务英语高级和营销双语课程对接。通过三年的试点，该专业学生的英语听说读写能力远优于其他学生。以数学学科为例，两校正在探索将一部分高数的内容放到第三年的中职教学中，以巩固学生的数学素养。通过这样的课程设置，市场营销（金融营销）中本贯通专业学生的基础学科素养也明显优于普通高考学生，并实现了定制化的培养。

(二)"上下一体"共同制定专业课程标准

专业课程的教学内容和教学质量直接关系到学生专业核心能力的培养水平,作为贯通双方的上海市浦东外事服务学校和上海立信会计金融学院从贯通伊始即意识到了问题的重要性。因此上海立信会计金融学院举全院师资力量,依托该校工商管理学院、国际金融学院、国际贸易学院、会计学院、财税与公共管理学院、保险学院、外国语学院的优质师资与上海市浦东外事服务学校的相关教师一起从课程"上下一体化"设计的角度,就中职阶段的专业课程进行了专业课程标准开发。于2016年9月完成了《基础会计课程标准》《经济学基础课程标准》《金融机构柜面业务处理课程标准》《金融英语课程标准》等13门课程标准,并于2018年和2019年又进行了修订。

(三)"上下一体"共同开发贯通配套教材

由于现在市面上还没有统一开发的中本贯通培养的系列教材,两校在完成相关专业课程标准制定的基础上,根据教材的使用情况,于2016年10开始着手开发相关的专业课程教材。在教材开发上两校教师将教材建设选题的重点放在专业必修课和部分实践课程教材,准备有计划地开发一批适应市场营销中本贯通培养教学改革和发展、体现贯通培养特点、符合高素质技能型人才培养目标的高质量"上下一体化"的校本教材,并于2017年10月相继完成了《市场营销基础》《会计操作技能》《金融客户服务与技巧》等教材。

为了配合学生专业课转段考试,两校以需求为导向,于2019年5月联合开发了《市场营销基础学生学习手册》和《金融基础学生学习手册》,便于专业课转段科目教学中教师教学和学生复习使用。

(四)"上下一体"两校教师互相走进彼此的课堂

1.高校教师下沉中职课堂

两校组建了一支由上海立信会计金融学院工商管理学院的王晓光院长、项目负责人李原老师、徐小龙副院长、周茂涛主任等组成的金融营销中本贯通培养专业专家指导委员会,这些资深专家不但服务于市场营销(金融营销)中本贯通培养专业,同时还辐射于上海市浦东外事服务学校金融事务专业。

自2017年9月起徐小龙教授、朱捍华副教授等一批资深的高校专家直接进入中本贯通班级的中职课堂进行《会计法规与职业道德》《市场营销》等贯通衔接课程的教学,取得了极好的效果。

自2017年起,上海立信会计金融学院工商管理学院的王晓光院长、项目负责人李原老师、营销系周茂涛主任都会为进入中本贯通专业的新生召开一次新生座谈会。他们向新生介绍学校、介绍专业,并与新生一起畅谈未来,在学生的心中种下一颗职业理想的种子,等待他们生根、发芽、开花、结果。

通过形式多样的高校教师下沉中职课堂,除了实现专业教学的有效实施,学生与高校教师之间也产生了浓浓的师生之情,也能在转段后尽快适应高校的学习。

2. 中职教师走进高校课堂

上海市浦东外事服务学校老师通过师徒带教,进入上海立信会计金融学院高校教师的课堂进行观摩,学习先进的教学理念与方法,教学实施能力得到不断的提高。

对于已经转段的学生,上海立信会计金融学院与上海市浦东外事服务学校建立了一套学生跟踪调研的机制。中职中本班任课教师深入到市场营销(金融营销)中本贯通专业大一和大二的学生课堂中,与高校的相关专业任课老师充分沟通,了解学生的专业学科和基础学科中的不足,动态调整中职阶段的教学内容和方法。同时中职的原班主任也对已转段学生进行随访,了解在今后的班主任工作中的重点。例如,在英语学科调研中发现,中本贯通专业学生在中职阶段的听说能力较强,但是写作能力不足,造成在大学阶段部分学生学习困难,因此中职阶段的英语教师在教学中有意识地加强了学生的写作能力培养,收效显著。

(五)"上下一体"开展学思政教育

在浦东新区教育局的牵头下,上海市浦东外事服务学校与上海立信会计金融学院于2020年12月签订了《上海立信会计金融学院、上海浦东外事服务学校思政教育一体化建设工作协议》,并根据上级布署制订了两校思政教育一体化建设工作方案。两校以贯彻立德树人为根本任务,在课程体系、教学设计、全员育人、评价机制等方面开展了一系列的思政教育一体化建设工作。

四、实施保障

（一）组织保障

成立由上海立信会计金融学院和上海市浦东外事服务学校中本贯通领导小组和工作小组。每学期定时召开两校中本贯通工作联席会议，对人才培养方案、课程计划、师资培训等方面工作展开研究。

（二）制度保障

两校从顶层设计出发，成立了中本职贯通培养领导小组、联合教研室、实训协调组等一体化教学管理机构。贯通培养领导小组健全和完善了贯通培养教学管理机制，陆续完成《联合工作制度》《质量监控制度》《人才培养制度》《教学管理制度》《师资培养制度》《学生管理制度》《校园管理制度》等管理制度文件，保障了贯通工作的有序进行。在实施过程中，不断总结经验教训，通过贯通两校的共同协商，进一步优化了制度方案，切实保障了贯通试点工作的有序进行。

（三）经费保障

由市、区两级财政对两校的市场营销（金融营销）中本贯通试点专业进行经费上的支持，实行专项经费专款专用，科学预算、合理有效使用各项建设经费。

五、特色与成果

两校通过"上下一体"的教学实施途径探索，教学各方面取得了不俗的成绩。《文汇报》《解放日报》《新民晚报》《浦东时报》等多家报刊对该专业进行过专题的报道。招生录取分数线逐年提高，教学水平获得了社会的普遍认可。

（一）学生获奖情况

近年学生获奖情况见表1。

（二）转段情况

2018年、2019年、2020年、2021年四届共计146名学生顺利完成中专阶段学习，通过转段考试进入上海立信会计金融学院进行本科阶段的深造。学生转段率达到100%。

表1　学校近年学生获奖情况

班级	集体荣誉	竞赛获奖
15级市场营销（金融营销）中本贯通专业(已转段)	上海市先进班集体	全国挑战杯创新创业创效大赛二等奖，第29届上海市中学生作文竞赛一等奖，第30届上海市中学生作文竞赛二等奖，首届"商贸杯"众创方案设计大赛获得金融创新方案设计组二等奖，上海市浦东新区未来杯英语演讲比赛三等奖，上海市中学生作文竞赛二等奖，第十三届全国中等职业学校"文明风采"竞赛上海市复赛创业设计类二等奖。
16级市场营销（金融营销）中本贯通专业（已转段）	浦东新区先进班集体	2017年"未来杯"未来演说家大赛入围决赛，"21世纪杯"全国中小学生英语演讲比赛上海赛区三等奖、"外教社杯"全国中学生英语能力大赛上海赛区高中组三等奖、上海市第七届星光计划大赛职业技能项目五等二等奖、浦东新区中职应用文竞赛三等奖。上海市全日制中等职业学校上海奖学金2人。
17级市场营销（金融营销）中本贯通专业（已转段）	浦东新区先进班集体	上海市"工匠精神"演讲优秀奖、上海市第十四届"文明风采"竞赛活动舞台类三等奖、上海市第十四届"文明风采"竞赛活动正文演讲类优秀奖、第13届上海市"金爱心"学生称号、国家奖学金。
18级市场营销（金融营销）中本贯通专业		第32届上海市中学生作文竞赛三等奖，上海市浦东新区中学生作文竞赛一等奖、2020年上海市创业夏令营优秀营员称号、上海市奖学金一、二、三等奖。
19级市场营销（金融营销）中本贯通专业	浦东新区先进班集体	2020上海市中等职业学校"阅读永传星火——我为祖国添光辉"征文比赛特等奖、三等奖，2020英语演讲与辩论五项上海选拔区优秀志愿者，第十二届"让青少年读懂中国"高中征文竞赛三等奖，2020年AFS国际文化交流项目BP奖学金。

六、体会与思考

中本贯通人才培养模式作为一项新生事物，在专业建设的各方面还处于探索摸索阶段。因此，在近两年的建设过程中，也发现了一些问题。比如，中本贯通专业缺乏统一的基础课教材，如何做好中职阶段的数学、英语课程教学内容与本科阶段的英语四级和高等数学教学课程教学内容的衔接还存在一定的问题。

参考文献

[1] 刘磊，徐国庆.中本贯通教育外部质量保障框架设计——基于制度建设角度[J].中国职业技术教育，2020（12）.

[2] 吴娜，宋旭红，郭荣春.基于岗位群核心能力培养的"中本贯通"人才培养体系构建研究[J].山东高等教育，2019（06）.

[3] 吴叶红.关于中本贯通会计专业课程构建与实施的几个问题[J].中小企业管理与科技，2018（08）.

[4] 吕俊，王传金.中本衔接一体化教学管理的五个"共同"——以常州工学院、江苏省溧阳中等专业学校为例[J].职教论坛，2016（06）.

"互联网+"背景下旅游管理专业中本贯通人才培养模式探究

上海市浦东外事服务学校　陈　希

【摘　要】为推动现代职业教育体系建设,融合"互联网+"的思维方式,培养智慧旅游、服务旅游的新型人才,上海师范大学天华学院(以下简称"天华学院")携手上海市浦东外事服务学校,整合两校教学资源进行了旅游管理(旅游电子商务)专业中本贯通培养的试点。两校搭建了中职本科七年贯通的"立交桥"人才培养机制,培养学生达到"六懂六会三强"的人才培养目标,以满足上海旅游业发展特别是旅游信息化发展对旅游人才的需求。

【关键词】中职—本科贯通　智慧旅游　培养模式

早在2015年,文化和旅游部就下发了《关于实施"旅游+互联网"行动计划的通知》。2021年,国务院政府工作报告中也提出"发展健康、文化、旅游、体育等服务消费。运用好'互联网+',推进线上线下更广更深融合,发展新业态新模式,为消费者提供更多便捷舒心的服务和产品"。作为一种新的经济发展形态,"互联网+旅游"的融合也将是大势所趋,终将为我国的旅游业发展注入新的活力。因此,对于旅游教育也该融合"互联网+"的思维方式,培育出符合时代要求的旅游管理人才。

一、实施背景

(一)"互联网+"背景下旅游行业发展新趋势

伴随着信息技术的高速发展,信息的传递速度加快,同时也促进着旅游业的发展。人们能从网上看到很多景点的影像、图片,能够从社交软件获得客户对景点的真实评价,同时人们可以从网上快速获取旅游景点的信息、旅游攻略。"互联网+"给旅游业发展带来的影响主要有两点。第一，"互联网+"能降低客户的信息交流成本，互联网高效率地传递信息，能够减少旅游产业价值链上各环节间的重复投入。第二，提高旅游行业的信息交流效率。一方面客户获取信息的路径和效率都有所提高，客户很容易从携程、去哪儿旅行等旅游App上获取景点信息、吃住信息等，另一方面是旅游相关企业信息服务效率得到了提高，衍生出一些新的服务模式。

（二）"互联网+"背景下旅游人才培养新要求

针对"互联网+"背景下旅游行业的发展，对旅游管理专业人才也有了新的要求。第一，需要扎实的综合知识。在"互联网+"的时代背景下，旅游从业者需求的跨学科性更多地体现在现代信息技术操作、新媒体的运用等。因此，新时代对旅游人才的培养不仅要注重传统的综合知识，也要注重培养学生的现代化信息技术和新媒体运用的能力。第二，需要快速的学习能力。采用符合时代特征的现代化媒体设备进行旅游目的营销是目前大多数旅游企业的主流方式。人们也习惯于通过这些新兴媒介来获取和交流信息，这必然也对旅游从业者提出更高的要求，需要他们不断学习、掌握现代新媒体技术应用的知识和技能。第三，提供差异化服务的能力。提供差异化服务能力是旅游企业在互联网旅游时代的大浪潮中抢占市场、争夺客户资源的重要法宝，也是职校在培养人才时应该注重的一个方面。

二、实施目标

基于上述背景，天华学院携手上海市浦东外事服务学校，整合两校教学资源进行了旅游管理（旅游电子商务）专业中本贯通培养的试点。两校搭建了中本七年贯通的"立交桥"，较早于一般高校教学体系，从中职三年阶段便渗透旅游专业的学习和熏陶，培养学生以满足上海旅游业发展特别是旅游信息化发展对旅游人才的需求。

因此，本案例的实施目标是：通过旅游管理专业中本贯通人才培养试点项目的开展，该专业在贯通培养上全面实现"一体化"设计，在贯通培养制度科学顶层设计与不断优化的基础上，通过师资建设、课程建设等重点项目的实施，构建契合区域旅游产业发展需要的现代职业教育体系，实现

"互联网＋"视角下的旅游管理专业贯通人才培养模式改革，最终培养大批具有高素质的高级技能型旅游管理专业人才。

三、实施过程

（一）建设联合教学团队，优化专业师资结构

1. 成立教学团队

自2016年第一届中本旅游管理贯通班成立，学校专业教学团队由旅游行业、旅游企业技术与管理专家、高校教授组成，至今已有5个年头。无论是高校教师队伍，还是中职师资队伍，其间不断地在注入新的血液。截至目前，天华学院旅游管理专业已有6名教授以及多名博士讲师。而我校在这几年中，还根据不同阶段对专业建设的不同要求，不断完善与高校的联合教学团队的构成。

2. 优化教师结构

为了打造一支"双师型"的教师队伍，学校根据每位老师的特长和优势，确定各自的发展方向和主讲课程。在所有贯通专业课老师中，部分老师选择了利用寒暑假的时间，深入企业进行实地调研。在这过程中，我们的专业老师发现：计调是旅行社里最为核心的一个岗位，而且电子商务作为一种信息化的手段，正在介入旅行社的各个环节，运用电子商务平台来完成计调工作、提升工作效率，可以说计调工作越来越多地通过电商平台来实现，是今后旅行社发展的一个趋势。基于这些认识，我校旅游专业多位老师考取了高级计调师资格证书，仅2016学年，贯通专业中共计15名教师通过学习取得了劳动局"电子商务（高级）"证书，更加深入地走近了"旅游电子商务"。

3. 开展师资培训

学校制定了各层次的教师培训计划，学历培训与知识培训同时兼顾。在鼓励教师加强学历培训的同时，学校每一学期都会选派骨干教师到旅游企业进行课程培训。教师们除了可以对相关课程进行强化以外，更重要的是可以学习企业文化，拓宽视野。2017年，资深旅游专业教师唐菊与丁丽卉两位老师在金棕榈企业集团进行了系统学习，全方位对大数据、OTS（on line travel service）、电子合同、电子导游管理、微店开设、电子旅游保险、旅游教学软件的操作进行学习。

（二）调整课程设置，实施教学改革

课程设置是连接培养目标与社会需求之间的桥梁，课程设置合理恰当能为学生构建良好的知识框架和专业基础，旅游管理（电子商务）中本贯通专业在课程结构体系的构建过程中遵循"课程设置对接就业岗位"原则，以打基础、升能力为本位，抓住旅游岗位核心能力和关键素质确定不同课程的教学目标、教学改革的方法、手段以及质量评判体系。

1. 建立科学合理的专业课程结构

在专业课程设计中，对中职和本科阶段的课程做了全面的梳理，整合教学内容，重新分配课时，采用梯度学习模式。前三年，在职一学年已完成"旅游服务概论""旅游服务礼仪""形体训练""旅游心理学""旅游文学作品欣赏"的专业基础学习，到职二逐步渗透"中国旅游文化""中国旅游地理""客源国""旅行社计调外联"，职三为了更好地衔接本科阶段学习，开设了"导游实务""模拟导游"等更具专业性的课程，进入后四年阶段，正式深入接触旅游管理学理论和电子商务技能的学习。模块化课程下设置了体现七年一体化的贯通课程，实现旅游、景区、酒店三大工作领域同时聚焦。

2. 形成特色鲜明的实践教学模式

在中职的三年里，学校通过举办专题讲座、座谈等各种方式加强学生与企业、教研室两校老师之间的沟通和研讨。在职校一年级阶段，浦东外事学校开展了"企业领导进课堂"系列讲座，聘请了东上海旅行社、中旅、上海航空国际旅行部等管理层领导与旅游贯通专业的学生面对面地介绍旅游电商在企业中发挥的作用；还开展了"走进企业"系列参观实践课程，学生们跟随着专业老师走进上海大厦、和平饭店、锦江乐园参观学习，甚至在东上海旅行社进行了短期上岗实践的学习模式。这种"请进来，走出去"的互通学习模式，让同学们能更深切地体验职场情境，能走出对旅游行业的"误解"，更清晰地规划职业之路。

3. 增加"互联网+"相关专业课程

互联网、移动通信等现代科技对旅游业态创新的支撑作用在新形势下

更加凸显,智慧旅游、智慧景区、智慧企业建设如火如荼。现有的专业课程很大部分是旅游管理学科近三十年来传承下来的传统课程,已经无法满足快速发展的旅游业对多样化旅游人才的需求。为迎合"互联网+"的需要,中本贯通培养中,学校利用网络资源构建"互联网+"时代的课程体系,在教学中加大信息化课程比例。除了计算机基础、电子商务等基础课程外,增开旅游企业信息管理、旅游企业网站建设与管理等课程,加大学生对信息资源的利用、分析、使用能力,了解互联网时代旅游企业的发展态势和管理模式,形成互联网思维。

(三)开展实训实践,夯实职业技能

1. 加强校企合作

学校充分利用企业优秀的人力资源优势,加强校外实习、实训基地的建设,强化实践教学环节的教学效果。本专业的实践性教学环节大部分都是在校外完成的,目前已签约并且具有良好合作关系的实习、实训基地有东上海旅行社、上海大厦、和平饭店、锦江乐园、金棕榈旅游机构、驴妈妈旅游网、携程网等10多家,优良的设备设施以及富有经验的技术骨干、管理行家作为实习、实训指导老师,是学生直接面向企业、培养岗位以及岗位群能力的有效途径。

2. 创新校内实训

在充分用足本校旅游服务与管理开放实训中心、景区服务与管理实训中心和导游解说实训室的基础上,还能进入天华学院分享建设中的旅游信息化综合实验实训中心资源。具体内容包括:三维数字旅游模拟教学实验室、智慧旅游实验室、智慧旅游创业店、百度互联网营销实验室、网络营销核心能力培养平台、呼叫中心、基于移动和地理位置信息的现场应急管理实验室等。

3. 探索海外实践

为了更好地服务于上海国际金融中心建设,努力建设成为具有国际化内涵的专业,培养具有国际视野的旅游管理(电子商务)中本贯通专业人才,学校致力于海外实践基地的建设。上海市浦东外事服务学校于2017年7月通过中欧文化教育基金会、欧亚多元文化交流协会的牵线搭桥与托莱

多西班牙旅游烹饪学院建立了"伙伴学校"关系,为中本贯通培养试点的海外实践基地建设迈出了重要的一步。同期,第一届旅游管理(电子商务)中本贯通班通过层层选拔出的12名学生前往西班牙并顺利完成旅游专业相关实践任务。学生的实践报告中纷纷表示通过海外实践活动让自己的视野得到了开阔,学习能力和动手实践能力都得到了很好的提升。

四、实施保障

(一)设置贯通培养管理机构

中本贯通人才培养试点得到了两校领导的高度重视,给予了大力支持。两校注重顶层设计,成立了中本贯通培养领导小组、联合教研室、实训协调组等一体化教学管理机构,在制度建设中充分发挥天华学院的主导地位与引领作用。

(二)完善贯通培养管理机制

两校共建了贯通培养教学管理机制,陆续完成联合工作制度、质量监控制度、人才培养制度、教学管理制度、师资培养制度、学生管理制度、校园管理制度等管理文件,保障了贯通工作的有序进行,并在实施过程中,不断总结经验教训,共同协商,优化方案。

(三)建立贯通培养质量保障

为加强横向沟通和联系,确保教育教学质量,两校建立了联席会议机制,成立了贯通办公室,设立了贯通专员,每个月定期保证贯通工作的研究和教学研讨,每学年定期开展随堂听课,监控课堂教学的质量。

五、特色与成果

(一)专业课程教学有标准

专业课程的教学内容和教学质量直接关系到学生专业核心能力的培养水平,作为贯通双方的上海市浦东外事服务学校依托天华学院的优质师资进行了专业课程标准开发。现在已经开发的专业课程标准包括《旅游服务概论课程标准》《旅游服务礼仪课程标准》《中国旅游地理课程标准》《客源国概论课程标准》《旅行社计调外联课程标准》《导游实务课程标准》《旅游电子商务概论课程标准》等15门课程标准。这种通过贯通两校共同制定的专业课教学标准既保证了教学质量的稳定，同时也真正实现了一贯制教学的目标。

(二)专业教材开发出成果

2016学年以来，学校旅游专业教师在天华学院相关教师的指导下先后合作完成了《景区解说服务》《景区接待服务》《景区环境管理》《景区纪念品销售》《景区票务管理》《景区设施维护》六本校本教材的编写。其中，《景区解说服务》《景区接待服务》《景区环境管理》《景区纪念品销售》已出版。此外，两校教师通力合作，根据几届学生的实际情况，结合教学实践经验，计划开发一批适应旅游电子商务中本贯通后培养教学改革和发展、体现贯通后高校培养特点、符合高素质技能型人才培养目标的高质量一体化的校本教材。现在已经开发的教材有《旅游电子商务概论》《旅游电子商务客户服务》《旅游电子商务运营》《旅游电子商务网站设计》，在此基础上还将进一步开发更多的校本教材。

(三)学生职业素养有提升

以就业为导向、以能力为本位已经成为职业技术教育的共识，因此学校在按岗位能力培养学生素质的同时，也注重培养学生的职业道德和行为规范、思维能力、表达能力、团队合作能力、继续学习能力、职业发展能力和实践能力等关键能力在内的综合职业能力。16级旅游管理(电子商务)中本贯通班的18名学生，作为第一届贯通专业的学生，在三年的中职培养过程中，参与了一系列丰富的志愿服务活动和比赛项目。比如，在军训期间，班长脱颖而出担任会操展演的主持人，并相继主持了校团委迎新晚会等文艺活动；比如，全班承担接待西班牙、意大利以及韩国的交流生，走进班级，走进家庭，了解班级文化，了解中国文化；比如，12位同学在上海市特级德育教师任玉芬老师的指导带领下，走进中国艺术宫担任"说说阿拉上海"活动的金牌讲解员；比如，参加浦东新区和上海市的应用文大赛等，这些活动让学生的职业素养有了明显提升。

六、体会与思考

新时代旅游业的发展对教育提出了更高的要求，旅游从业人员面临的机遇和挑战也愈来愈多。因此，要培养出符合社会主义市场需求的高素质、高层次的应用型、复合型人才，就需要不断完善"3+4"贯通培养模式，使中职和本科的有效衔接真正实现3+4＞7的效果。因此，在设计中职阶段和本科阶段教学时，更应遵循学生认知发展的规律和职业成长的规律，为学生就业后职业能力的可持续发展打好基础。在培养计划的具体实施过程中，中职学校需加强社会实践环节，深化校企合作探索；本科院校办学模式和人才培养则需以技术应用为导向，保持自身特点。一体化设计中本贯通理论课程和实践教学时，中职学习阶段应当继续突出以工作任务为导向的学习过程，而本科学习阶段则应加强理论和复杂的情境化教学，在教学实践中应以解决实际问题为目标，培养学生的批判性思维和技术创新能力。

总的来说，学校在旅游管理专业贯通培养试点建设过程中，坚持、继续走在培养复合型旅游人才的教育道路上；坚持、继续走在合力创建优质课堂的道路上；坚持、继续走在旅游信息化发展对旅游人才的需求道路上。学校也将不断关注"互联网＋"的大背景对旅游管理专业人才能力培养提出的新要求，适应时代发展的特点，深化改革教学模式和课程体系，培养与新时代社会企业相适应的旅游管理人才。

参考文献

[1] 陆国民.试析中高职贯通人才培养模式[J].教育发展研究，2012（17）.

[2] 柯婧秋，石伟平."高本贯通"的政策逻辑、关键问题及理性实践[J].职教论坛，2018（06）.

[3] 杨冰，仲蓓鑫."互联网＋"背景下的高职院校旅游管理人才培养模式创新探析[J].创新创业理论研究与实践，2020（3）.

[4] 任新玉."互联网＋"背景下旅游管理专业应用型人才培养课程体系构建研究[J].产业与科技论坛，2017，16（13）.

职教集团框架下"飞机制造"专业
校企合作贯通培养案例

上海市航空服务学校　金展波

【摘　要】2015年起上海市航空服务学校在浦东职教集团的框架下与集团内上海第二工业大学开展"飞机制造"专业中高职贯通培养试点,并与中国商飞上海飞机制造有限公司合作,共同建设高技能人才培育基地。三方集中优势资源,配备一批优秀教师,共同建立"飞机制造"人才培养模式,服务于国家大型民航飞机制造的发展。历经5年多的实践探索,在多方共同努力下,该专业学生成绩优异,各方面能力突出,综合素养较高,在职教集团框架下的校企合作贯通培养取得了丰硕的成果。

【关键词】职教集团　飞机制造　贯通培养　校企合作

一、实施背景

(一)发展专业,服务航空工业国家战略的现实需要

航空工业的发展水平是衡量一个国家综合实力的重要标志之一,许多发达国家将航空工业作为支柱性产业大力发展,发展中国家也积极采取措施扶持本国航空工业参与世界竞争。我国已经将航空工业作为战略性新兴产业的重要组成部分重点扶持,并通过实施大型飞机重大专项,推动我国民用航空工业实现快速发展。此外,随着科学技术的不断发展,新一轮产业革命和工业变革蓄势待发,世界各国围绕着抢占新一轮工业竞争制高点、提高国家竞争产业新趋势的竞争日趋激烈。西方发达国家和我国周边地区国家纷纷制定制造业发展规划,如美国"重振制造业战略""德国工业4.0""英国制造2050""新工业法国""印度制造"、韩国"未来增长动力计划"

等，拉开了全球新一轮工业革命浪潮的序幕。"中国制造2025"腾势而出，中国迈向"制造强国"的发展步伐已徐徐迈进。飞机是一个庞大而复杂的飞行器系统，是人类制造的一种最复杂的高技术产品之一，飞机制造产业是国家高度重视的战略性新兴产业，在"十三五"期间乃至未来十年都是国家重点发展的行业。上海市航空服务学校的中高职贯通专业"飞机制造"正是在航空工业国家战略的背景下应运而生，学校在浦东职教集团框架下与集团内的上海第二工业大学开展贯通培养合作，集中优势资源，配备优秀教师，共同建立"飞机制造"人才培养模式，服务于国家大型民航飞机制造的发展。

（二）强强联合，助力飞机制造人才培养的质量提升

近年来，上海制造行业持续向高端、先进方向发展，中国商飞落户浦东新区祝桥，对该地区飞机制造业在内的机械制造业高技能人才的需求量日益增大。随着C919大型客机批量生产模式的开启，作为机械制造业先锋的飞机制造行业人才的缺口将会进一步扩大，特别是从飞机总装制造层面和产业链的相关环节出发，中职校如能培养掌握"对口技能"的人才，便可以满足飞机制造企业的生产、检测、实验、返修等岗位需求。但飞机制造专业又是一项高技术性的工作，从技能人员培养层面来看，需要有一定基础知识、理论水平，以及较为熟练的技术能力，懂工艺、看得懂图纸，会操作设计，同时还要达到一定程度的外语水平，因此就对从业者的整体学历提出了要求。在这一背景下，通过中高贯通模式，利用中职校、高校和企业的各自优势，强强联合，打造深化产教融合的新高地，集合各方之所长，共同为大飞机机械制造行业培养输送优秀高技能人才，服务区域经济社会发展，也为教育强国和科技强国贡献更大力量。

二、实施目标

目前，中国民航工业正处于全面发展阶段，人力资源及人才素质作为国家航空产业发展的核心要素，已经成为进一步推动国家航空事业发展、实现民航强国战略的关键，如何培养合格的飞机制造专业人才显得越发重要。上海市航空服务学校、中国商飞上海飞机制造有限公司、上海第二工

业大学同属浦东职教集团成员单位。上海市航空服务学校以培养"深蓝"人才为目标,与商飞共同建立了"高技能人才培育基地",有工具钳工实训室、飞机铆接实训室、飞机钣金实训室等专业硬件设施。上海第二工业大学作为本地区制造专业的品牌学校,在金属加工特别是商飞公司重点发展的数控加工方面有很强的实力。

随着航空格局的变化,航空制造业对专业定位和服务面向的要求在不断拓展。新的形势要求专业定位、服务面向不断调整,同时对专业的建设与改革提出新的任务。新的形势使社会需要具备良好职业道德、创新能力、心理素质,较强专业技能和可持续发展能力的高技能人才。因此,本案例的目标是:在浦东职教集团内,发挥平台共建、资源共享的优势,中国商飞、上海第二工业大学、上海航空服务学校开展中高职贯通培养试点,建立贯通培养的中高职院校协调机制,设立贯通培养的培养方案和课程,树立贯通培养的教师团队创新意识,进而培养五年制的"飞机制造"专业技能人才,共同推进专业建设,优化人才培养模式,促进技能型人才质量提升,服务国家大型民航飞机制造的发展。此外,本案例也希望经过不懈的探索与实践,形成特色的人才培养模式、课程体系、师资队伍、实训基地建设模式,能起到较好的示范引领作用。

三、实施过程

(一)对接大飞机制造岗位的需求,构建专业课程体系

按照机械制造技能型人才职业活动的内容、环境开展人才培养,让学校教学和企业生产相结合,学习与工作相结合,理论与实践结合,充分体现"做中学,做中教"的职业教育理念。学校通过与上海第二工业大学共同设计教学课程,有效避免了中、高教育断层,有利于教学效能的提升;统筹安排课程理论课程和专业技能培训,符合机械制造行业人才培养规律;采用工学交替模式,从而满足商飞的用人需求。学校组织课程专家和中国商飞培训中心教员对于本专业课程设置进行多番研讨,逐步改进和完善课程内容体系,从而构建以培养技术应用能力为主、职业素质提升和职业资格证书获取为目标的课程体系。航空服务学校主要承担学生中职期间的文化

课以及部分专业理论课程，例如语文、英语、机械制图、机械原理、飞机机构等，实训课程有钳工中级、铆接实训、钣金实训等；在升入第二工业大学后，在原有的基础上，学生将进一步强化英语、高等数学，以及机械设计、工程力学等课程，在实训上主要学习数控技能的操作。学校整合优质师资力量，航空服务学校飞机制造专业2015级、2016级毕业生进入上海第二工业大学后，在各科目统测中取得优异成绩，班级总分第一。

（二）发挥职教集团内部合作优势，共育优质教学团队

学校通过和职教集团内中国商飞培训中心、二工大实现师资互补、共享。航空服务学校每学期召开飞机制造中高贯通专任教师会议，研究部署相应工作。同时每学期分科目参与上海第二工业大学的联合教研活动，上海第二工业大学也会定期对航空服务学校的机械制图、外语、高等数学等科目进行统一测试，以检测、监督教学成果。在中职期间，上海第二工业大学教师、中国商飞教员也陆续来校为学生开展各类专业讲座或课程，例如"金属热处理材料""飞机管路""飞机紧固件"和"职业规划发展"等。学校还组织教师开展各类培训，2018—2021年，共有4位专业骨干教师前往商飞进行相关培训，2位教师被聘为中国商飞培训中心三级兼职教员；5名教师先后参与中国商飞关于"装配现场的产品保护""孔径几何尺寸测量方法""民机适航基本理念和原则"等12门前置课程的共同开发。

（三）优化专业实践育人环境资源，淬炼实践操作技能

在实训教学方面，航空服务学校一方面提升教师实践技能，比如多次组织教师前往中国商飞培训中心学习飞机钣金、铆接等新工艺、新技术，及时掌握行业发展，了解新材料、新标准；组织专业教师利用暑期下企业实习，或前往相应航空学院实训中心，学习飞机维护基础知识，不断提升操作技能水平。另一方面，学校利用校内实训基地和校外实训基地，积极构建模拟真实的教学场景，使学校的教学过程与企业的生产过程紧密结合，形成了模拟仿真教学与生产现场实际教学相结合的"双课堂"。

（四）推行项目教学创新培养模式，建设优质课程资源

在飞机制造中高职贯通班，大力推行项目教学法，项目和任务与生产实际有机结合，通过现场工作任务，努力提高学生的综合能力和素质，以

达到与岗位零距离对接的效果。充分利用多媒体辅助教学手段，积极使用CAI课件。在教学过程中突出学生能力培养的目标，按照"做、学、教一体化"的要求，以学生为主体，以项目任务为载体进行能力训练。通过组织专家和骨干教师，共同建设校级优质示范性课程"维修电工中级实操"、优质校本教材《飞机钣金》《飞机铆接》，构建 E-learning 网络学习平台，提升教学信息化水平。

四、实施保障

为了飞机制造专业贯通培养的有效实施，学校在浦东职教集团的指导与支持下，通过如下方面为人才培养质量保驾护航。

第一，机制保障。学校与中国商用飞机有限公司形成合作共赢的校企合作机制，与上海第二工业大学建立了科学合理的贯通培养机制。在校企合作方面，始终瞄准课程体系如何与岗位职业标准对接上，实现学生专业职业能力与企业岗位能力零距离对接。在贯通培养方面，强化教学管理机制建设，坚持贯彻"八个一体化"（教学计划、教学管理、教学内容和要求、教材、实训、师资、评价标准、教研活动）和"五个统一"（课程标准、教材、授课计划、试卷、评价机制），切实推动培养方案的一体化实施。

第二，组织保障。学校成立专业建设指导委员会，邀请浦东职教集团内多个单位共同参与，在人才培养模式创新、课程体系的改革、师资队伍和实训基地建设等方面作了系统、完整的规划，及时动态调整，促进专业更快、更强发展。

第三，条件保障。上海市航空服务学校与中国商用飞机有限公司合作在学校建立了"中国商飞高技能人才培养实训基地"和"飞机机械设备维修专业实训室"，有发动机、起落架、退役运七飞机，实训设备先进。钣金铆接实训室还引入了德国品牌设备。

第四，师资保障。13名航空机电专业教师，高级职称4名，中级职称6名，分别拥有数控高级、钳工高级、CAD高级、飞机钣金铆接中级等证书，全部参加过海军航空工程学院飞机维护技术培训，获得了相应证书。

五、特色与成果

(一)倡导深蓝文化引领,弘扬工匠精神

学校倡导培育理论知识丰富、操作水平娴熟的"深蓝"高技能人才,聚力推进内涵式发展。学校聘请职教集团内"大国工匠"——中国商飞公司高级技师胡双钱、王伟为我校专业建设指导委员会专家,还定期邀请他们来校为全校师生做"以工匠精神铸就学生品质"的专题讲座,讲述自己对于新时代传承"工匠精神"的感悟,也鼓励学生不断提升自己的专业技能,做好职业发展规划。同时学校组织每一届飞机制造专业的学生前往上海第二工业大学"包起帆展览馆"、大飞机总装基地参观,让学生们深刻感受中国制造的艰辛历程,了解C919从设计、开发到组装、试飞的全过程,让学生对于民族工业产生自豪感,更加坚定他们学习专业技术技能的信心,为制造强国而努力。

每年学校11月开展校园技能节,飞机制造专业学生在各个方面表现突出,多人在上海市星光计划大赛、上海市文明风采大赛中获奖。同时学校还为他们创设条件,积极参与"世界人工智能大会""上海制造"技能大赛志愿者活动,让同学们了解专业发展前沿,不断激发专业热情,提升人才培养的质量。

(二)搭建校企共管社团,促进多元发展

2015年12月,学校在第一届飞机制造贯通班的基础上组建"航模社团",聘请了3位中国商飞公司航模协会的技师作为社团指导教师,让学生除了日常教学课程外,有一个专业的展示自我的平台,促进学生多元化发展,激发对专业的热爱。在活动中,先后有5位同学获得了上飞航模协会的操作认证证书。同时在原校长陈强的支持下,社团成员参与了浦东新区青少年科技节,先后有3位同学获得"无人机"项目区一等奖,15位学生分别获得"无人机""伞降火箭制作""线操纵飞机"等二、三等奖。由飞机制造专业学生组建的航模社分别获得了2018年浦东新区明星影视社团、2019年浦东新区五星社团的荣誉称号,航模社学生设计的"飞行器观摩与体验"活动连续三年获得上海市学生职业体验日最佳设计项目一等奖。社团成

立6年多来，已陆续有成员60多位，很多同学在升入二工大后由于有爱好和良好的基础，也参加了航模社，获得了相应的证书，其中有两位学生在毕业进入商飞后，直接被航模协会选中，为学生在进入企业后的发展提供了很好的助力。

（三）关注人才培养质量，收获累累硕果

航空服务学校高度重视飞机制造专业学生的培养，学生钳工初级、中级考证通过率接近85%；Autocad制图初级通过率100%，中级通过率92%。近年来，该专业17级、18级分别被评为浦东新区优秀班集体，15级班级被评为上海市优秀班集体；多名同学荣获浦东新区三好学生、上海市奖学金等。航空服务学校飞机制造专业2015级29位学生进入二工大后表现优异，不仅在学习上表现突出，英语CET4通过率92%，多位同学在大学的两年通过英语CET6，数控中级通过率100%，数控高级70%；同时很多同学还活跃在二工大的校园中，董义同学入选上海第二工业大学大学学生会主席团，郭晓锋同学当选高职学院团委副书记等。第一批29位贯通学生在二工大毕业后，6人升入本科（5人二工大工学部，1人外校机械制造专业），9人进入中国商飞或4724海军航空维修工厂等，都走上了各自的发展和成才之路。

六、体会与思考

（一）着眼行业变革趋势，实现校企深度合作

随着先进制造技术的不断推进和应用，智能化、信息化的趋势下，飞机制造领域也陆续出现了不少新工艺、新材料、新标准，因此，对飞机制造专业技能人才的要求也在不断地提高，需要贯通学校和企业更加紧密合作，而职教集团无疑是一个非常好的平台。通过平台共同探讨新形势下的专业建设、课程建设、师资建设，不断完善课程的前瞻性和融合性，以适应新时代岗位技能人才的需求；发挥职教集团优势，探索1+X职业技能登记证书标准的设计，搭建协同联动的建设机制。在校企合作、中高贯通领域发挥更大的示范引领作用，从而提升职业教育的现代化发展水平。同时，学校也将联合企业开展"企业文化进校园"专题长廊宣传展、"工匠大师进校

园"等专题讲座,通过文化层面的交流互动,进一步促进了校企紧密结合,真正实现产教融合、互利共赢,保证校企合作的可持续发展。

(二)追随信息发展脚步,赋能实践技术升级

后疫情时代,数字资源建设在充分体现网络教学特点的同时,也应符合职业教育教学规律,充分考量技能养成的特点,其中虚拟仿真技术能有效解决职业教育教学缺乏技能实践环境的现实困境,这类资源也将是职业教育数字资源的特色与重心。然而虚拟仿真实训资源具有技术含量高、专业性强、须满足岗位能力训练要求、成本投入大、开发周期长等难点,学校也将按照飞机制造专业技术核心能力要求,与航空企业密切合作,利用信息技术,共同开发高水平的虚拟仿真实训项目,从而破解职业教育特色资源难题,促进飞机制造专业的学生实践技能提升。

参考文献

[1] 侯光,王芊,李颖超.以人才培养质量为核心,创新构建教学质量保障体系[J].商科教育,2020(01).

[2] 张宁菊,赵美林.智能制造技术与装备的校企协同创新研究[J].轻工科技,2019(3).

[3] 任玉芬,贺校红,王玉林.实践教学在民族班学生成长中的作用[J].浦东教育研究,2018(8).

[4] 曹克刚,山颖.中高本贯通架构下应用型人才培养的研究与实践——以机电一体化技术专业为例[J].报刊荟萃,2018(8).

[5] 陈光华,陈庆华.基于"工学结合、校企合作"教学模式的改革探索与实践[C].职教教改论坛文集,2016(5).

[6] 丁忠.中国大飞机引领中国经济成长[J].空运商务,2018(8).

立足素养　强化技能　凸显青年
——中职校师资队伍建设实践

上海海事大学附属职业技术学校　陈彩芝

【摘　要】师资队伍建设是学校发展的立足之本，而职业学校教师的培养又是一个系统的工程，包括职前培养及职后培养。本文立足职业学校，以职业学校职后的校本培训为例，阐述了学校在教师素养提升、专业技能提高、教育科研能力培养及青年教师队伍建设等方面的实践，通过校本培训提升学校师资队伍的内涵。

【关键词】职业学校　师资队伍

一、实施背景

"十三五"开年之初，上海市出台了《上海市中长期教育改革和发展纲要以及上海现代职业教育体系建设规划（2015—2030年）》（沪教委职〔2015〕30号）以及《上海市"十三五"中小学、幼儿园、中等职业学校教师培训工作实施意见》。文件指导思想为：围绕深化职业教育课程改革，落实立德树人根本任务的总体要求，坚持"面向全体教师"的工作原则，加强教师在职教育的整体规划与资源统整，健全培训体系，完善培训制度，创新培养模式，全面持续提升教师育人为本的教育境界和专业素养，建设一支具有坚定的理想信念、高尚的道德情操、深厚的仁爱情怀和扎实的学识功底、为学生一生成长和发展奠定基础的教师队伍。

石伟平等在《中国教育改革40年——职业教育》中提出"职业教育师资培养是一个系统工程，职前教育是解决'合格教师'培养的问题，职后培训是解决'优秀教师'发展的问题。这两个部分各有侧重，但是有时是一个有机的整体,必须建立职前职后一体化培养体系,才能为职业教育教师专业成长提供完整的路径"。职后培训是职业学校师资队伍建设的重要组成部分。上海海事大学附属职业技术学校是浦东新区"校本研修"学校,学校师资队伍的建设更多地落脚在"校本研修",如何通过学校校本研修来促进师资队伍的螺旋上升是"十三五"期间学校师资队伍建设的重要内容之一。同时从2018年起,浦东新区针对职业学校的特殊性,给予职业学校教师培训更大的自主权,"校本研修"的自主程度等同于"教师专业发展学校"。因此这就要求职业学校更要根据学校特色立足校本培训做好师资队伍的建设。

二、实施目标

《关于全面深化新时代教师队伍建设改革的意见》中明确提出:"教师承担着传播知识、传播思想、传播真理的历史使命,肩负着塑造灵魂、塑造生命、塑造人的时代重任,是教育发展的第一资源,是国家富强、民族振兴、人民幸福的重要基石。党和国家历来高度重视教师工作。党的十八大以来,以习近平同志为核心的党中央将教师队伍建设摆在突出位置,作出一系列重大决策部署,各地区各部门和各级各类学校要采取有力措施认真贯彻落实。"

因此上海海事大学附属职业技术学校师资队伍建设的目标是:立足职业学校发展特色,以满足教师专业发展个性化需求为出发点和落脚点,构建立足素养提升、强化职业技能、凸显青年培养的校本研修体系,同时健全学校培训管理制度,完善职业学校师资队伍建设体系。

三、实施过程

(一)规划制度引领,规范师资培训

为了贯彻落实国家、上海市及浦东新区关于教师队伍建设的工作意见,切实提高学校教师队伍的整体素质,优化教师队伍结构,创新教师队伍建设机制,全面提升学校教育办学水平和影响力,在《上海海事大学附属职业技术学校十三五发展规划》引领下,学校制定了《上海海事大学附属职业技术学校教师专业发展四年规划(2017—2020)》和《上海海事大学附属职业

技术学校见习教师培训方案（试行稿）》等相关制度，同时还制定了校本研修年度计划、校本研修的考勤制度、考评制度、奖励制度、年检制度等。从学校师资队伍发展整体出发，根据骨干教师、青年教师、专业教师、见习教师的发展需要，有针对性、有目标、有举措制定学校教师发展规划，为学校师资队伍建设提供制度的保障。

（二）全员师德培训，提高文化素养

教师的职业特点是以人格来培养人格，以灵魂来塑造灵魂。教师就在于运用自己的学识、思想、行为和举止，在工作和生活上直接影响学生、塑造学生。教师本人是校园最主要的表率，是最直观的、最有教益的模范，也是学生的鲜活榜样。作为教师，自己应当真心诚意地把爱心奉献给学生，以最温和的方式教育他们。"自我完善，以继为师"。教师不仅是照亮别人的蜡烛，更是不断充电的长明灯。

学校重视师德师风的建设，海大职校教师专业发展以师德讲座为引领，每年会邀请名师名家、教育专家、高校专家、企业专家、学校领导从人文素养、职教理念、学科建设、学校发展等主题对全体教师做专题培训。通过这些讲座，促进学校师德师风建设，引导广大教师以德立身、以德立学、以德施教、以德育德，坚持教书与育人相统一、言传与身教相统一、潜心问道与关注社会相统一、学术自由与学术规范相统一，争做"四有"好教师，全心全意做学生锤炼品格、学习知识、创新思维、奉献祖国的引路人（见表1、图1、图2）。

表1   学校聘请名师名家讲座

培训主题	主讲人
梁祝背后的故事	何占豪（著名音乐家、上海音乐学院教授）
人文素养与生活	叶辛（作家）
书法坚实与审美漫谈	李俊（国家一级美术师）
红色文化与上海城市精神	朱鸿召（上海社科院文学研究所副所长）
王小毛背后的故事	葛明敏（著名编剧）
把握新时代新型师生关系	翁孝川（全国职教专家）

（续表）

培训主题	主讲人
职业精神	翁孝川（全国职教专家）
读书、读物、读人——今天我们为什么阅读	何婕（上海电视台著名主持人）
再一次唱响"红梅赞"——向江姐致敬	陈海燕（著名歌剧家）

图1　书法家李俊讲座现场

图2　作家叶辛讲座现场

（三）专项技能培训，提升专业技能

在教师基本素养提升的基础上，学校根据职业学校的特色，通过校外培训、校本培训、企业挂职锻炼、引进人才等多种途径，加强"双师型"师资队伍的建设。初步造就了一支具有良好职业道德、精湛的教育教学能力和实操能力，热爱职教事业，热爱学生，为人师表的"双师型"师资团队。近年学校针对全体教师、中层干部、见习教师、专业教师等开展了不同层级和主题的培训，具体情况如表2。

表2　教师培训统计表

序号	培　训　项　目
1	教练型教师培训
2	物流师培训（高级技师、技师）
3	电子商务师培训（技师）
4	中德职教联盟研修课程培训
5	职业教育教师培训
6	跨境电子商务师培训

（续表）

序号	培 训 项 目
7	FIATA DIPLOMA IN FREIGHT FORWARDING 培训
8	工业机器人技术骨干教师培训
9	报关教学知识更新高级师资研修班
10	"五轴加工中心编程与操作"培训
11	CAD 造型与成图技术培训
12	三国公司企业实践
13	1+X 教学专项培训（工业机器人、物流、电子商务）
14	信息化教学能力提升

通过专业技能培训，我校专业教师双师型比例高达58.82%。其中高级技师8人，技师9人，高级工10人。同时专业教师根据行业发展及学科建设的需要不断充实、学习。2020年就有近15名专业教师参加了学科1+X专业培训，并且有多人通过相关学科的中级、初级考证。

（四）青年教师培养，优化师资团队

根据浦东教育局《浦东新区见习教师规范化培训实施意见（试行）》浦教发〔2012〕17号文件精神，学校制定了《上海海事大学附属职业技术学校见习教师规范化培训实施方案（试行）》。立足青年教师的培养，根据见习教师发展的特点，在实施方案中对培训的内容进行了明确的要求。从师德师风、课堂教学、班级管理及教学科研等方面，邀请校长、分管校长、教务主任等骨干教师组成教师团队开展近20次的主题培训，同时聘任优秀教师与见习教师结对，组成一对一带教团队（见表3、图3）。

表3 见习教师培训主题

序号	培 训 主 题
1	教师师德培训
2	如何上好一堂课
3	职业教育理念
4	见习教师培训计划制定

（续表）

序号	培训主题
5	学校班主任工作要求
6	教学设计撰写
7	班级常规工作安排
8	如何评价一堂课
9	主题班会召开
10	教师的心理健康成长
11	学校授课计划、教案撰写要求
12	国务院职教二十条解析
13	教育教学论文撰写要求
14	德育工作心得撰写
15	教学质量分析报告撰写
16	班干部会议召开
17	学生评语撰写
18	见习教师培训小结撰写要求
19	教师师德专题培训
20	考试题库编制

图3 见习教师培训现场

同时青年教师完成一年见习期的规范化培训后，学校继续注重青年教师的培养。开展三年的新教师培训、部门挂职等形式，强化青年教师培养力度，促进青年教师的成长，优化学校师资队伍的建设。

(五)论文课题研究,提升教育能力

学校强化教科研在教师内涵建设的引领提升作用,通过各级课题的研究从学校建设、学科建设、学生建设等方面去探索如何更加科学、规范地强化内涵建设。近年在学校的领导及教师的积极努力下立项上海市课改课题3个并顺利结题、上海市职教协会课题2个、上海市青年课题1个、浦东新区重点课题1个、浦东新区规划课题2个、校级课题若干(见表4、图4)。

表4　学校课题统计

序号	内　　容	形式	数量
1	上海市教委教研室课改课题	结题	3个
2	上海市职教协会课题	结题	2个
3	上海市青年课题	结题	1个
4	浦东新区重点课题	立项	1个
5	浦东新区规划课题	结题	2个
6	校级课题	结题	15个

图4　学校课题开题汇报会

"教书育人,读书育己,写书育世"的导向可以非常深刻地反映教师工作的主要职责和人生的意义与价值。在注重课题研究之外,学校针对全体教师员工开展教育教学论文撰写的工作,学校连续多年出版《海职研学

集》,教师总结教育教学的丰富经验,为学校师资队伍的建设提供了可传承的经验和法宝(见图5)。

图5　学校连续多年出版《海职研学集》

四、实施保障

(一)制度保障

学校在《上海海事大学附属职业技术学校十三五发展规划》总体引领下,制定了《上海海事大学附属职业技术学校教师专业发展四年规划(2017—2020》和《上海海事大学附属职业技术学校见习教师培训方案》等相关制度,同时还制定了校本研修年度计划、校本研修的考勤制度、考评制度、奖励制度、年检制度等,以此提高学校校本研修的有序性和实效性。

同时为改进教师的课堂教学行为,促进教师教学能力和教学水平的提高,使学校校本研修走上可持续发展道路,学校完善考核奖励制度、教学管理制度和科研管理制度。将骨干教师考核制度、教研组长岗位职责、教研组考核要求、听课评课制度、课堂教学改进评价制度、教师备课基本要求、课堂教学基本要求等予以完善。

（二）组织保障

学校坚持将校本研修作为促进学校发展和教师发展的重要抓手。学校成立了上海海事大学附属职业技术学校校本研修领导小组及工作小组，由校长担任领导小组组长，分管校长、教研室主任、教导处主任、教研组组长为校本研修工作机构成员，加强对校本研修活动的领导、规划和指导。领导小组根据学校师资队伍的实际情况，结合学校师资培训的特点，制定了适合学校发展的"十三五"教师专业发展实施方案，制定了切实可行、便于操作的分年度实施计划并及时调整与完善。

（三）经费保障

学校近年由教研室负责申请内涵建设（师资培训）经费20万元左右，用于校本研修，用于邀请专家走进校园、教师走入企业、团队建设培训、专业教师培训、见习教师培训、购买校本研修推荐书目、报刊及相关资料等教师发展项目。同时申请专项经费用于上海市教委教研室立项课题、市职教协会立项课题、浦东新区立项课题及学校立项课题的研究。

五、特色与成果

（一）师德培训重素养

海大职校每年会根据学年研修主题邀请名师进校园，对全体教职工拓宽视野、提升内涵，引领校本研修。例如学校邀请全国知名职教专业翁孝川老师开展了"职业精神""把握新时代新型师生关系"的主题讲座；上海社科院文学院研究所朱鸿召所长做了"红色文化与上海城市精神"的主题讲座；上海电视台著名主持人何婕老师做了"读书、读物、读人——今天我们为什么阅读"主题讲座以及著名歌剧家陈海燕老师的"再一次唱响红梅赞——向江姐致敬"的主题讲座，从不同角度、不同维度引领校本研修。

（二）专项培训重更新

在注重教师素养提升的同时，学校还根据不同层次和类别的教师发展需求，制定了相应专项培训安排与计划。如见习教师有一整套独立健全的培训方案与实施计划；学校专任教师通过参加名师基地培训、高技能培训工作站培训和专业教师培训；中青年教师参加工业机器人技术骨干教师、打造"匠心匠艺"课堂、全国诊改项目中职信息化平台建设与数据采集等多种形式的培训，苦练内功提升内涵。通过多种类型的培训，学校教师都得到了很大的收获。

同时专项培训还根据国家发展现状及职业教育发展现状及时更新培训内容。如疫情期间针对线上线下教学新模式，学校先选择部分专业负责人和骨干教师进行"云班课"系统操作培训，然后对全体专兼职教师进行"云班课"系统使用培训，邀请教师进入"海大职校蓝墨云教学"微信群，熟悉"云班课"操作流程，学会利用蓝墨智能云教学平台开展远程实时互动空中课堂教学。同时学校还制作了学校的《教师网上教学操作指南》《学生网上学习流程指南》等，录制了蓝墨云班课教师常用功能演示视频、蓝墨云班课学生常用功能演示视频等，这些接地气的指南和视频演示有效地帮助了全校师生开展网上教学。2020年专业教师还参加了现代学徒制试点项目、1+X 证书等专项培训。

（三）青年培养重胜任

海大职校在青年教师培养方面注重青年教师"胜任力"的培养。学校实施以校本研修为主体的见习教师规范化培训，以老带新，以优带新，有效推进见习教师规范化培训工作，促进见习教师将优秀教师的知识、经验、实施教学常规的智慧、教育教学的策略、技巧和艺术等继承与发展，见习期满后能尽快胜任本岗位的工作。针对青年教师培养成立了领导小组，并且在日常管理、任务要求、质量保障和绩效奖励等方面做了明确的规定。学校还制定了详细、可行的年度培训计划，对见习教师师德、职业教育理念、学校班主任工作要求、教学设计撰写、主题班会召开等进行全方位培训，同时还开展每学期一次的见习教师展示课。见习教师通过不断学习，全面提高师德水平、专业素养、教育技术、教科研能力、教学实践能力。

同时学校还针对青年教师开展了部门轮岗挂职以及以赛促教等多种培训，对青年教师在教育教学能力之外全方位培训。

六、体会与思考

职业学校教师在理论知识教育教学之外，专业素养是必备的部分。因此教师的企业实践也是教师专业发展不可或缺的一部分，因为学校在编在职教师数量不足，因此教师企业实践时间稍有欠缺。同时学校在校本研修方面虽然在师德教育、专业培训、青年教师培训方面作了多主题、多层级的培训，但是校本研修课程还欠成熟，这些均是我们进一步努力的方向。

海大职校近年引进较多的高学历青年教师，缓解了学校的部分压力。但是今后5年是学校教师退休的高峰阶段，开拓聘任、引进方式，扩大教师队伍，提升教师内涵是学校后期要持续坚持去完成的。我们仍会一如既往地在拼搏中锐意进取，不断创新。

参考文献

[1] 石伟平，匡瑛，等.中国教育改革40年——职业教育[M].北京：科学出版社，2018.

[2] 新华社.中共中央国务院关于全面深化新时代教师队伍建设改革的意见[DB/OL].中国政府网：http://www.gov.cn/zhengce/2018-01-31/content_5262659.htm，2018-1-20/2018-01-31.

劳动启智　实践育人
——"劳动教育"主题班会

上海市浦东新区育华(集团)学校　朱　珍

【摘　要】中共中央、国务院印发《关于全面加强新时代大中小学劳动教育的意见》,为全面加强新时代大中小学劳动教育提供了根本遵循。本案例以劳动教育主题班会为载体,引导教师认真思考劳动教育与学科融合的必要性,同时帮助学生树立劳动是一种美德的意识,真正身体力行地践行劳动实践。

【关键词】劳动　实践　育人

一、实施背景

为了让学生通过思考解决问题、懂得总结事物规律,为了日后生活之路方方面面走得更顺,针对现在的孩子重"知识学习"轻"劳动技能"的现象,特策划此次以"劳动"为主题的主题班会。通过几届带班实践,我们发现相较于平时课堂上理解不了的题目,劳动的难题会更有吸引力促使孩子们去主动解决,因而通过劳动能激发智力,通过大量技能实操可以一定程度上改善"遇到问题不会解决"的情况。学生能在各种类型的劳动中做到自己能力范围内的思考,会试图解决他们眼前遇到的劳动问题,达成一定程度上智力的发展。

二、实施目标

通过本次主题班会能让学生在"动"中有所收获,一系列有关"劳动"主题的活动以及与其相关的模拟情境设计可以让他们切身感受到劳动的场景，不仅可以收获来自身心的愉悦、同伴间的团结协作，还可以涵养品格，并逐渐养成在劳动实践中一边思考、一边试着解决难题的习惯。

三、实施过程

（一）主题班会导入

照片展示：来自中职部不同年级不同专业班级教室的照片。

照片一：某教室卫生角：垃圾桶倒地、四周散落零星小纸片、抹布从墙上挂钩上掉落……

照片二：某教室讲台：粉笔槽里粉笔长短不一、三个黑板擦布满粉末、放着午饭过后留下的两只香蕉……

照片三：某教室墙面：墙上贴的墙帖各种主题、各种颜色，有的已经开始剥落，"社会主义核心价值观"宣传纸一角卷起，张贴出来的学生作业优秀作品个别已掉落下来……

照片四：某教室桌面：书本东倒西歪，桌面上镜子、梳子和学习用品堆在一起，书桌下堆着平时学习的书，和地上的纸屑混在一起……

主持人甲：（音乐停）上课开始，我们大家来看一组照片。

看完上述照片，大家有什么感受？发现了什么问题？

学生A：我感受到了乱，杂乱无序，照片一和照片二让我觉得即便教室我们认为打扫得很干净了，还是有很多细节做得不够，导致整体看起来还是不够整洁。（掌声）

学生B：我觉得照片三带来的触目程度比较大，墙贴之间贴的图片没有任何联系，没有统一的主题，颜色比较突兀，和教室的窗帘颜色、地板颜色不协调，因此尽管整个教室已经打扫得很干净，但是有点乱的感觉。（掌声）

学生C：照片二的讲台比较乱，粉笔应该由指定的同学整理一下，香蕉应该在午饭吃完之后及时分发掉，还有黑板擦看上去粉末没有撒出来，但是老师一上课使用就会撒得讲台四周到处都是，是潜在的垃圾灰尘。（掌声）

学生D：照片四是我们平时生活学习的写照，这个生活片段一放大，我忽然发现我们平时没有养成很好的卫生习惯,特别是有些同学当课桌里书本放不下的时候,只能下意识地把课本全堆到桌子下面,有时候自己踩了也不知道,打扫卫生的同学在打扫的时候肯定把灰尘扫过去了,但我们因为看不到打扫的过程也就意识不到这样做书本会脏。另外我平时也有课间照镜子、梳头发的习惯,有时候不注意也把这些物品放在课本上了,习惯方面确实不好。(掌声)

主持人乙:感谢大家的发言!大家观察得很仔细,都积极思考了,都能发现我们平时的学习生活是离不开劳动的,而且劳动卫生不能仅仅只靠值日生同学,每位同学都要做好个人的卫生工作,养成良好的劳动习惯。那么既然劳动与我们的学习生活息息相关,它除了能让教室保持整洁,还有什么作用呢?

(二)宣布本次主题班会正式开始

主持人甲、乙:下面我们进入今天的正题——"劳动启智,实践育人"主题班会。

(三)活动模拟场景一

烹饪实训室:劳动——让我们专业技能更加精湛(PPT背景展示烹饪实训室,讲台前摆放五个展示操作台,每个操作台上一把雕刻刀、一个萝卜)。

主持人甲:(展示"雕花"图片)大家来看大屏幕,这是我们班平时练习的雕刻作品,长期的劳动操作让我们很好地掌握了刀工技能。但是今天我们要挑战一下难度(PPT呈现五张其他类型的雕刻花式,有鸟类,有植物类),请挑选一张自己挑战的雕刻作品。下面我们有请五位班级的操作能手一起上台来比一比,赛一赛,谁的技艺更精湛。

(雕刻技能比拼,时间8分钟)

主持人乙:大家可以依照次序——上来观赏选手的雕刻过程(选手继续雕刻操作,主持人与台下同学互动)。看了花、鸟等图形的雕刻,大家有什么感想?

学生E:雕刻是一门技术活,需要长年累月的训练,一次成功的作品需要背后好久的练习,真的是"台上一分钟,台下十年功"。(掌声)

学生 F：雕刻不同于热菜，做得要很精细，细致的程度决定了作品的完整度，越是好的作品越是要处理好细枝末节。（掌声）

学生 G：台上的同学做得虽然有点不同，但是都完成得很出色，失误较少，各有千秋。雕刻是刀工的一种，每下一刀都会影响到后期出来的造型，所以不能有任何闪失，对我们的劳动技能真的是个很大的考验。个人的雕刻程度很难企及，我要学习很多。（掌声）

学生 H：我发现这个看似简单的劳动，实际上不单是手上的操作，而是脑子和手一起"动起来"的劳动，如果不用心、不去思考下一步怎么雕、不去思考怎么雕得好看，出来的成品也就不会那么惊艳了。这个劳动过程其实是用心、用脑、用手同时运作的过程。（掌声）

主持人甲：（鼓掌）同学们说得都很好，刀工雕刻其实不但是手部简单的劳动，同时考验了我们的眼力、脑力、手眼协调，同时激发了大家的思考，没有认真思考怎么雕好作品，就不会有台上五位同学精彩的技能展示。感谢发言的同学，也感谢五位同学带来的精彩技能展示！

（四）活动模拟场景二

一号楼寝室：劳动——让我们的生活细节做得更好。

主持人乙：刚刚注意到有同学谈到了细节问题，细节不仅存在于我们平时的技能训练，也存在于我们生活的方方面面。下面我们来看一段视频，录自早晨一号楼1031、1032、1033女生寝室，一起来当啄木鸟，来找一找视频中的内务展示有什么细节上的问题吗？

（播放视频《一号楼女生1031、1032、1033寝室》3分钟）

主持人甲：视频播放完了，大家来谈一谈各自找到了什么问题？

学生 I：刚刚视频拍到一个画面，在转角的时候我瞥见了床板下有个小纸屑，床板下是一个卫生死角，我们当时初三住宿的时候，也因为检查不到床下，所以经常下面就不打扫了。但是床板下头发很多，每天梳头发的时候，都会有头发掉下来，掉在地板上的看得到的就扫掉了，在床板下的就忽略掉了。（掌声）

主持人乙：这确实是平时很容易忽略的一个细节，那我们怎么做会比较好？

学生 I：很多女生都是长发，避免不了梳头发这个环节，我们可以在刷牙、洗脸好了之后，自觉到走廊那里梳头发，头发掉在走廊地板上一目了然，后面值日生同学打扫的时候也容易看见，就不会堆积到寝室里，更不会堆积到床板下面。

主持人甲：确实是个好办法。把梳头的地点稍稍改变一下，就能后面减少寝室床板下积压垃圾的问题。还在学校住宿的同学，尤其是女生可以试一下这个办法。这个视频还显示了什么问题，大家有没有发现其他的？

学生 J：我刚刚看了那个视频，觉得三个寝室床整理得很干净，被子和枕头也放在指定位置，但是被子有的折得不好看，有的东倒西歪，有的干脆叠成了一个寿司，和其他被子明显不一样，感觉总体不协调。

主持人乙：大家观察得很仔细，被子折得不整齐确实也是我们寝室卫生扣分的一个大头。那怎样能把被子折好，像标准的军被一样有棱有角呢？（手指向后面操作台，操作台上一个被子）有没有同学想上台来试一试怎么叠好它？

学生 K：（举手上台）我想来试一试。

（劳动操作：叠被子）

主持人甲：感谢 K 同学的积极参与，这床被子经过 K 同学叠过之后，果然整齐了很多。大家有没有和我一样觉得？（大家点点头）（问学生 K）你觉得叠被子这个过程中需要注意什么？还有那个折得像寿司一样的被子比较大、比较厚，有可能会叠得和军被一样方方正正吗？

学生 K：我觉得在叠的时候还是要注意叠整齐，这不仅是应付检查卫生，同时我们自己审美上也会觉得方块被子更好看、更美观，虽然早上洗漱时间很紧，但我们依然可以把速度练出来，在叠的时候注意把被子角凹造型凹出来，用心关照每个叠的细节，后面就能叠好它。至于折得像寿司一样的被子，它虽然大而且厚，但是一样可以"磨"出角，做得尽可能方正，尽可能和其他被子一个规格，会美观很多。（掌声）

主持人乙：是的，只要用心去叠被子，注意好叠被子的各个细节，再大再厚的被子也能折得很美观。说到美观，通过叠被子的活动让我们知道了劳动也可以提升我们的审美力。下面我们来看一个小品《校园一角》。

（五）活动模拟场景三

校园一角：劳动——让我们审美力提升。

小品表演《校园一角》

小品内容： 十月学校运动会过后，操场看台上 ×× 烹饪班坐的看台下留下了很多零食包装、水果皮等垃圾，有的垃圾掉进了看台里面，张大杰和朱小东过来打扫卫生。张大杰因为专业作业还没写好（本周就要交了），不愿来打扫，在操场上一边扫一边抱怨了一阵，朱小东宽慰他，让他把掉进看台里面的垃圾扫完就提前让他回去，剩下的他来打扫。两人说着说着忽然发现操场上只有他们两人，不禁在想：为什么旁边班级不来打扫呢？掉进看台里的垃圾难道其他班级都不管了吗？然后张大杰禁不住扔下手里的扫帚、畚箕，开始逛起了操场，溜了一圈他惊讶地发现，周边班级入座的看台下竟然真的没有垃圾，连看台座椅上都干干净净的。回去他和朱小东讨论了起来，回忆运动会开始入场的片段，两人禁不住感慨：原来做运动会的观众也是要动脑筋的！其他班级之所以没有留下一点垃圾，都是因为在运动会开始班级入座的时候，有的班级带上了报纸垫在看台椅子上；有的班级班主任带了一个巨大的马夹袋，所有学生垃圾全部扔进了这个马夹袋里；有的班级干脆不吃零食、水果，也不喝饮料，这样就没有垃圾了……各个班级方式方法不同，但结果就是这样，前期做好了准备后期收获了"干净"。真的处处都是细节，细节决定成败！但是问题又来了，看台下的垃圾怎么清理呢？如何将自己班级区域内的卫生彻底弄干净呢？这时候广播站的金老师走了过来，金老师问他们在干什么？朱小东抢着说，看台被锁住了，没法进去打扫，他们正发愁。金老师笑笑，递过了打开看台的钥匙，可以从后面进去。张大杰有点不敢相信，想着马上要回去写专业作业，他很快接过钥匙，拿着扫帚、畚箕到了看台后侧开始清理了。朱小东谢过了金老师，金老师语重心长地和他们说，校园是我们共同的校园，要像爱护自己家一样爱护，要像整理自己着装那样整理，让校园角角落落变美是我们每一分子的责任……说完，扫完看台的张大杰折回来，招呼了一下朱小东，两人同时再次谢过了金老师，看着早晨天空一抹彩虹，两人擦了擦挥汗如雨的头，笑着说："劳动让校园更美，我们责无旁贷；劳动启迪智慧，我们要

用心行动!"(小品表演完,班级响起掌声)

主持人甲:感谢三位同学的精彩表演!是的,劳动让校园更美,我们每个身处校园一处的一分子都责无旁贷;劳动同时启迪了我们的智慧,为了校园的美丽整洁,我们变得更加用心、更加聪慧。

主持人乙:同学们想一想,刚刚的小品不仅让我们认识到了校园环境变美的重要,同时也让我们懂得了什么是爱班级,什么是爱学校。本学期我们开始学习中式烹调师(中级),职校至今练习了三个多学期的刀工、雕刻和热菜,现在我们来分享下我们学习的成果,一起品味劳动技能收获的果实吧!

(六)活动模拟场景四

本班教室:劳动——让我们懂得爱班、爱校、爱家。

PPT 图片:热菜(优秀学员技能展示)。

主持人甲:(报菜名)滑炒类:鱼香肉丝、酱包鸡丁、银芽肉丝、青椒肉丝。

主持人乙:(报菜名)焖、烧、煮类:红烧肚档、炒双菇、白汁鳊鱼、麻婆豆腐、响油鳝糊、家常豆腐、虾仁豆腐、成都蛋汤。

主持人甲:(报菜名)炸、熘、爆类:椒盐排条、香炸凤翼、芝麻鱼条、爆鱿鱼卷、咕咾肉。

主持人乙:(报菜名)烩、汆类:酸辣汤、糖醋鱼块、芙蓉蹄筋、三片汤、木樨汤、榨菜肉丝蛋汤、肉丝豆腐羹。

主持人甲:同学们学了三个多学期的中式烹调师,你最大的收获是什么?请大家畅所欲言。

学生 L:我最大的收获是我学会烧菜了。我最拿手的是鱼香肉丝和麻婆豆腐。

主持人乙:你会在家里帮着做饭吗?

学生 L:会。有时候爸爸妈妈工作一天回到家累了,我会想帮他们烧,让他们多休息,我来做饭给他们吃。(掌声)

(其他同学发言)

主持人乙:有多少同学是同感的?请举一下手,也像 L 同学一样在学

校学了技能之后用在生活上，做饭给家里人吃的？（全班几乎都举手）

主持人甲：我看到大家基本上都举手了。其实我也一样，我最拿手的菜是酸辣汤和青椒肉丝，我也在家一直做给爸妈吃。

主持人乙：劳动不仅仅教会我们的是一项技能，同时也拉近了我们亲人之间的感情。通过技能切磋，我们还能增进同学之间的情谊。劳动让我们懂得了爱班、爱校、爱家。（掌声）

主持人甲：是的。另外为了要把菜做好，为了使我们的技艺更精湛，我们在上专业课时都是动足了脑筋，拼命想着怎么把菜做得香、做得好吃、做得好看，才有今天学习下来出色的成品成果，也感谢我们的三位专业老师的辛勤教导。（掌声）

四、实施保障

第一，劳动教育要以学科为载体实现五育融合。

第二，家庭教育中要潜移默化地培养劳动意识。

第三，学校则通过集体活动激发学生参与劳动实践的积极性，培养学生热爱劳动的行为习惯。

第四，主题班会需要教师做好有机设计，以及班会过程中的积极引导、鼓励与总结。

五、特色与成果

中共中央、国务院印发《关于全面加强新时代大中小学劳动教育的意见》，为全面加强新时代大中小学劳动教育提供了根本宗旨。而通过此次主题班会，达到了如下的成效：

第一，通过此次主题班会，激发教师认真思考劳动教育与学科融合的必要性，保障劳动教育的成效需要家庭、学校、社会多方面的合作。

第二，通过主题班会引导学生树立劳动是一种美德的意识，同时身体力行地践行劳动实践，从而真正实现德智体美劳全面发展。

六、体会与思考

教师寄语：本次班会让我看到了班级同学再一次紧紧凝聚在了一起，再一次看到大家携手合作，共同完成了 PPT 制作、照片搜集、视频制作、小品排练、专业技能操作等，欣喜地感受到了团队合作的力量。另外这次选择的主题是劳动，正如我们同学组织的活动里说的那样，劳动在不知不觉间激发了我们的思考，让我们学会在劳动中解决各种生活的难题，具体表现在：让我们专业技能更加精湛，让我们生活细节处理得更好，让我们审美力提升，最后又让我们懂得了什么是爱班、爱校、爱家。最难能可贵的是，我们不单认识到了劳动可以启迪智慧、磨炼我们的意志，还可以增进人与人之间的情谊，希望本次班会之后，我们班级更加团结。大家都要学会用心生活，思考生活方方面面的难题，通过自行解决，你一定能成为生活中的强者！

联合　联动　联培养
——助推"民航运输专业"人才培养模式创新

上海市浦东外事服务学校　王　丹

【摘　要】上海市浦东外事服务学校与上海民航职业技术学院于2017年开启了民航运输专业中高职贯通培养的试点工作。贯通两校依照国家相关职业标准和职业资格鉴定考核要求，整体进行中高职贯通人才培养目标、规格和课程设计。两校在人才培养方案和实施过程中多次探讨，积极交流与合作，明确人才培养模式，对专业课程体系进行一体化设计，强化和落实民航职业能力培养，强化高校指导作用，积极开展联合教研活动。两校开展实训资源共享，师资共享，合力育人。三年来，在两校的共同努力下，上海市浦东外事服务学校首届中高民航运输贯通班学生绽放光芒，无论是学业水平还是社会实践都取得了一系列满意的成绩，如今第一批贯通学子全部毕业并顺利升入民航高职就读。

【关键词】民航运输专业　中高职贯通培养　专业课程一体化　联合教研　搭建平台

一、实施背景

为满足上海虹桥、浦东两大机场，基地航空公司和相关民航运行保障单位提高员工的现场服务和管理水平，缩小与世界先进枢纽机场之间存在的差距，达到巩固国际航空枢纽港地位的目标，充分体现"一带一路""长江经济带"战略布局要求，根据《上海市教育委员会关于继续开展中高职教育贯通培养模式试点工作的补充通知》(沪教委职〔2012〕25号)，以及《上海市职业教育"十二五"改革与发展规划》进一步推动现代职业教育体系建设，2017年，上海民航职业技术学院携手上海市浦东外事服务学校（原上海市东辉职业技术学校）整合两校教学资源进行了民航运输专业中高职贯通培养的试点。

上海民航职业技术学院于1985年创办民航运输专业，上海市浦东外事服务学校航空服务专业开设于2007年。两校选择民航运输作为中高职教育五年一贯制人才培养的试点专业，是以充分的调研和深入的论证为基础的，以保证人才培养质量为前提的。2017年，两校搭建了中高职专科五年贯通的"立交桥"，对"民航运输"专业学生进行中高职贯通培养，双方集聚两院校优势，整合两院校资源，共同培养既具有专业理论知识又具有实践操作技能的高素质技能型人才，使之成为目前上海民航运输业发展急需的复合型民航运输精英人才。

二、实施目标

上海民航职业技术学院与上海市浦东外事服务学校从2017年9月开始合作民航运输专业的贯通合作项目，旨在培养中高职五年一贯制民航运输专业人才。该培养体系主要培养面向国内及国外航空公司、民航机场及民航相关企事业单位在生产、服务一线能从事旅客地面服务、航空货运销售代理和航空客票销售业务操作与管理的高素质技能专门人才。

三、实施过程

（一）民航运输专业中高职贯通人才培养体系的总体思路

学校以十九大精神为指导，落实科学发展观，坚持"以服务发展为宗旨，以促进就业为导向"的职业教育办学理念，根据中高职学生成长规律和职业教育的特点，贯通两校依照国家相关职业标准和职业资格鉴定考核要求，整体进行中高职贯通人才培养目标、规格和课程设计，实现课程递进衔接、技能要求逐步提高的目标，充分发挥和整合中高职院校各自优势，协调落实整体工作。努力构建与市场需求和劳动就业紧密结合，校企合作、工学结合、结构合理、优质高效的中高职贯通的现代职业教育体系。

（二）民航运输中高职贯通人才培养体系的基本情况

我校17级民航运输中高职贯通培养专业计划招生人数30人，实际报到29人，其中上海本地生源24人，随迁子女5人；性别比例为：女生23人，男生6人；班级中考进分情况为：本地生源的录取最高分为524.5，最低分为492.5，平均分为506；随迁子女的录取最高分为375.5，最低分为350，平均分为360。

18级民航运输中高职贯通培养专业计划招生人数30人，报到31人，其中上海本地生源25人，随迁6人；性别比例为：女生19人，男生12人；班级中考进分情况为：本地生源的录取最高分为509，最低分为469，平均分为488；随迁子女的录取最高分为364.5，最低分为331.5，平均分为353。

我校民航运输贯通专业组建了一支老中青合理搭配，教学经验丰富，专业技能优良，爱岗敬业、勇于进取的教学团队。教师平均年龄40岁，平均教龄20年，中青年教师占89%，具有中国航协和IATA航空教员资格证书9人，占专业教师比例的100%。团队中负责主要基础学科教学任务的均来自原高中教学团队（原上海金融学院附属东辉外国语高级中学），充分体现了强化基础学科教学的目标，增强学生核心素养培养和可持续发展能力。

（三）民航运输中高职贯通人才培养体系的实施路径

1.明确人才培养模式，一体化设计专业课程

中高贯通民航运输专业旨在培养学生具有较强的职业技能和服务能力，融知识、能力和素质培养为一体。两校明确以多元整合为策略，重构民航运输专业人才培养的课程新体系。即打破原有课程、学科之间的界限，构建核心课程和专业能力一体化建设，大力开发一体化课程。

2.强化和落实民航职业能力培养，实现学生"课证融通"

学校在明确专业岗位和民航职业能力要求的基础上，细化能力结构与标准，使该专业学生比较熟练地掌握民航客运、民航货运和民航销售的相关知识，具备实际运作能力、人际沟通能力和服务能力，以适应上海"四个中心"对民航运输人才能力的要求。在课程体系设计中结合职业资格证书考证的要求，引入国家职业技能资格证书《民航客运员》和《民航货运员》。

同时引入相关行业证书《民用国内客运销售》《民用国际客运销售岗位资格证书》等职业资格证书。围绕所需掌握的职业能力，设计相应的实践活动，提高学生的职业能力，使设置的课程既能支撑专业教学，又能支撑学生考取职业资格证书，将学历教育与考证培训紧密结合。

3. 强化高校指导作用，合力育人

（1）2017年8月我校组织问卷调查，了解入学新生对于专业的认识度和期许度。

（2）2017年9月19日两校联合召开新生家长会，由高校领导对该专业建设、培养计划、实施方案进行说明和解释。

（3）2017年10月13日浦东外事服务学校组织2017级民航运输中高贯通班学生参观上海民航职业技术学院，增强归属感和荣誉感，强化学习动机和目标。

（4）2017年12月22日浦东外事服务学校组织2017级民航运输中高贯通班学生前往浦东机场调研，第一次感性认知未来的职业岗位。

（5）2018年1月23日2017级民航运输中高贯通班学生举行"遇见未来的自己"主题班会，两校师生和领导共话成长与成才。

（6）2018年5月25日两校组织学生观摩民航学院第三届航空地面服务大赛，听取《轮椅旅客服务》专题知识讲座。

（7）2018年5月我校组织学生参加了民航学院第五届外语节活动，2017级民航运输中高贯通班学生参送作品《剧院魅影》获得外语节英语小品比赛二等奖。

（8）2018年5月民航学院组织我校学生参加"旅客证件"的主题培训。

4. 严格执行教学计划，积极参加多所贯通学校联考和转段甄别

（1）2017级中高职民航运输班级严格执行《民航运输专业人才培养方案》。由于行业发展、学生实际、师资等原因，经过两校协商和评估，对课程进行了一些微调：删除了《民航客运地面服务》《服务质量管理》课程，增加了《民航运输地理》《民航概论》课程的课时，增加了《化妆基础》课程，调整了《公共关系》课程的开课时间，计划增加《民航客票销售》《民航旅客运输》课程的课时。

（2）英语学科联合统考：2018年6月20日由民航学院组织7所中职贯通学校按学段进行英语课程统考，成绩如表1。

表1　2017首届中高民航贯通班成绩

序号	学校	平均成绩	序号	学校	平均成绩
1	航空服务	56.8	5	公用事业	51.7
2	现代流通	55.3	6	信息管理	47
3	浦东外事	54.7	7	工商信息	45.8
4	中华职校	53.9			

（3）联合甄别工作：根据两校的《关于民航运输中高职贯通培养试点专业甄别工作的实施细则》，向全体学生及家长发放了《学生学籍管理相关告知书》，并填写了《中高职贯通培养甄别登记表》，民航职业技术学院分别于2018年6月3日和6月20日两次派员亲自督导2017级民航运输班学生甄别工作，该班级学生全部顺利通过转段甄别。

四、实施保障

（一）建立工作机制和完善专业指导委员会

建立并完善中高职贯通民航运输专业建设组织机构，成立中高职贯通培养模式改革领导小组和管理小组。领导小组由中高职院校领导组成，负责民航运输专业建设的指导、决策与协调；管理小组由中高职院校教学管理部、学生管理部和系部干部、专业带头人及相关企业专家组成，负责市场调研、培养方案制订与实施、课程体系建设、实习实训、考核与评价、教育教学运行与监控等工作。

（二）完善制度建设

两校先后制定了关于民航运输专业的《五年制中高职教育贯通培养学生学籍管理暂行规定》《"中高职贯通"管理领导小组章程》《"中高职贯通"教学管理工作条例》《关于开展中高职贯通民航运输专业联合教研活动的试点方案》《关于民航运输中高职贯通培养试点专业甄别工作的实施细则》

等。同时还建立了中高职联合教研制度，共同对专业建设、课程建设、教材建设和实践教学、教育质量评价等方面开展合作研究，规范在一体化培养过程中的办学行为，促进资源的整合。

（三）中高职密切合作，实现教师资源共享

根据中高职贯通民航运输专业建设需要，中高职院校共同组建师资团队，充分发挥中职教师和高职教师的不同优势，充分实现优质教师资源的共享。为保证中高贯通教育培养试点工作顺利开展，加强沟通和联系，确保教育教学质量，两校建立了联合教研会议机制，并建立了贯通办公室，设立了贯通专员，保证贯通工作的研究和教学研讨。上海民航职业技术学院工作小组的成员可以来我校随堂听课，监控课堂教学的质量，我校也派出专业教师去高校听课取经。

1. 两校师资共训

民航学院组织了我校专业教师前往南通机场进行观摩调研学习，提升了中职一线教师对现场岗位的认知；民航学院组织了"关于旅客证件"的专题讲座，就教学中的难点进行统一培训；民航学院还提供了该院继续教育部2018年全年培训计划，以及2018国际航协培训计划的平台，让各校有选择性地进行相关资质和证书的培训。

2. 导师制带教

为提升中职教师专业教学能力。上海民航学院陆东副主任与浦东外事学校钱箐老师进行师徒结对，以提升课堂专业教学水平、强化专业教师专业知识和专业能力为目标，开展听课评课、教学设计指导、专业理论学习等多方位教学指导。

（四）夯实校内实训基地

浦东外事服务学校民航运输专业现有化妆室、形体房、多功能厅以及与航空乘务专业共享客舱实训室和退役飞机客舱实训舱等5个校内实训室，配置各种化妆与美容用具、展示台、投影仪、电脑、电视、音响等一系列设备设施。实训设备基本能满足专业各项实践教学需要，专业技能课实训项目开出率达到100%（见形体房和化妆室以及客舱实训室使用情况汇总表）。此外，民航运输空港服务涉及的"订座系统"和"离港系统"的 CBT

教室正在建设中，此实训基地是增强学生实际操作能力的重要实训基础，目前正在建设"订座操作系统"，我校也正在积极启动"离港操作系统"的建设。

（五）拓展校外实训基地

浦东外事服务学校目前已与上海吉祥航空公司、上海春秋航空公司、上海虹桥机场、上海浦东机场和青海机场等单位签订了校企合作协议，开辟了校外实习基地，同时为了打造具有国际视野的高素质民航运输中高职贯通专业人才，更好地服务于上海国际金融中心的建设，我们努力建设具有国际化内涵的专业，积极开展对外交流平台。

五、特色与成果

（一）专业教学有标准

2017年7-11月，经过两校多轮研讨和协商，共同完成《人才培养方案》中《实施性教学安排》方案的修订。

专业课程的教学内容和教学质量直接关系到学生专业核心能力的培养水平，上海市浦东外事服务学校依托上海民航职业技术学院的优质师资，于2018年8月完成了民航运输专业核心课程和专业选修课程的《课程标准》的开发与修订，到目前已经开发了近20门课程的课程标准。这种通过贯通两校共同制定的专业课教学标准既保证了教学质量的稳定，同时也真正实现了一贯制教学的目标。

（二）联合教研有提高

联合教研，联合统考，强化沟通，共同提高。三年来贯通双方前后有近20余次联合教研活动，活动内容包括教学计划研讨、教材选编研讨、课程教学研讨、听课评课活动、师徒带教活动、师资培训活动、观摩调研活动等，在互通有无、相互借鉴的基础上，民航职业技术学院对于我校专业建设和发展给予了富有建设性的指导和帮助，充分体现了高校的引领作用，为实现该专业发展的无缝对接提供了保障。

（三）职业素养有提升

以就业为导向、以能力为本位已经成为职业技术教育的共识，因此我们在按岗位能力培养学生素质的同时，也注重培养学生的职业道德和行为规范、思维能力、表达能力、团队合作能力、继续学习能力、职业发展能力和实践能力等关键能力在内的综合职业能力。

1. 社团活动精彩纷呈，激发学生潜能

2017级民航运输中高贯通班的29名学生在历经三年的联合培养过程中，开展并参与了一系列丰富的社团活动和比赛项目。此外我校搭建的国际交流平台和志愿者服务项目，以及两校共同引进的一系列专家讲座均为学生的成长提供了巨大的能量，该班班主任王丹老师特别注重激发学生的潜能，因材施教，鼓励学生发掘自身的闪光点。也因此，我校首届民航运输班成了学校的明星班级，在学校的各个活动领域都能看到该班学生活跃的身姿。比如，班长蔡臻真是学校舞蹈社团和英语社团的领头羊，在比赛中多次获奖；团支书陆惠妹多次主持校迎新晚会等文艺活动，是学校的主持台柱子；邵怡玲、卓嘉苇等同学被推荐参加拍摄校园形象大使，成为学校的宣传名片；此外班级同学拉丁舞表演、英语小品表演、英文歌串烧、古风和武术表演等多次登上学校演出的舞台；黄健翀、何欣等5人朗诵作品代表学校参加区级比赛并获奖；朱琪、陆惠妹等同学的英文舞台剧被选派到高校参加比赛并获奖，等等。

2. 积极搭建平台，为每个学生的成长提供机会

在第一学期期末举办的《遇见未来的自己》主题班会，全班同学人人参与，人人上场展示，人尽其才，物尽其用，同学们的精彩呈现获得了来自民航学院领导和其他兄弟学校的一致高度好评。此外，在我校开展的一系列的社团活动和比赛中该班同学也都是积极参加，全情投入，同学们在班主任的带领下多次承接校内外各种礼仪颁奖活动，真正把课堂所学礼仪知识运用到了工作实践中，拓宽了视野，提高了工作能力，结出了丰硕的成果，见表2。

六、体会与思考

学校2017级首届中高民航贯通班已经全部毕业并顺利升入上海民航职业技术学院。目前得到的反馈是，我校培养的贯通学生的学习成绩和综

表2　2017级中高民航运输班参加的部分活动 (2017年8月—2018年10月)

	活动时间	参加对象	活动内容	活动成果
集体活动	2017/9/28	全体同学	丹麦师生交流活动	
	2017/12/29	全体同学	韩国明正高中师生交流活动	
	2018/1/12	全体同学	学校2018迎新联谊会	展示集体礼仪操
	2018/1/23	全体同学	"遇见未来的自己"主题班会	集体汇报展示
	2018/4	全体同学	2017学年第二学期"学习贯彻两会精神"黑板报评比	二等奖
	2018/5	全体同学	2017学年第二学期"纪念建团96周年"黑板报评比	一等奖
	2018/5/25	全体同学	浦东外事服务学校第三届爱心义卖活动	获"爱心商铺"称号
	2018/5/25	全体同学	民航学院观摩第三届航空地面服务大赛	
	2018/6/8	全体同学	参加民航学院外语节活动	英文小品获得"二等奖"
个人风采	2017/11/10	董佳怡、蔡臻真、杨佳妮、邵怡玲	浦东外事服务学校第十届学生运动会4×100米	一等奖
	2018/1	吴梓奕	上海旅游职教集团第八届旅游职业技能大赛(中职组)《英语演讲》项目	二等奖
	2018/1/23	董晓秋、卓嘉苇、华道悦	民航运输(中高贯通)班《遇见未来的自己》主题班会演讲比赛	一等奖/二等奖
	2018/5	顾昕钰、虞蕙翡、陆惠妹	2018年全日制普通中等职业学校上海市奖学金	二等奖
	2018/5	蔡臻真	"未来杯"英语演讲比赛	二等奖
	2018/5	邵怡玲	东辉杯航空礼仪比赛	一等奖
	2018/5/2	李晨飞	2017年中高贯通班经典警句背默竞赛	二等奖
	2018/6	卓嘉苇、朱祺、陆惠妹、吴梓奕	第五届外语文化节"英语配音、小品"比赛	二等奖

（续表）

	活动时间	参加对象	活动内容	活动成果
空港志愿者服务	2018/8/13-18	陆惠妹、陈栎瑾	中共淞浦特委机关旧址陈列馆讲解员志愿者服务	
	2018/8/16	华道悦	爱心暑托班志愿者服务	
	2018/8/20-25	陈栎瑾	上海市自然博物馆志愿者服务	
	2018/8/21	陆惠妹	罗山会馆自闭症儿童志愿者服务	
	2017/12/14	顾昕钰、陆惠妹	建军90周年军旅影视歌曲表演评比展演活动礼仪	
	2018/5/2	董晓秋、何欣、叶佳敏、顾昕钰、蔡臻真	"我与改革开放共成长"浦东共青团2018年度五四表彰会礼仪	
	2018/6/26	顾昕钰、王思源、陆惠妹、方罗怡	浦东新区教育系统庆祝中国共产党成立97周年大会　颁奖引导礼仪	
	2018/9/27	董晓秋、陈栎瑾、何欣、顾昕钰、傅佳澍、晏玲、叶佳敏、常佳琦、杨佳妮、张冰洁	东方绿洲"全国中小学生研学实践教育活动"的启动仪式暨上海市公共安全教育实训基地揭牌仪式礼仪	

合素养在高校同类生源中处于领先水平。总的来说，民航运输中高职贯通专业在建设过程中，能按照高职教育示范专业评价指标体系的标准，全面、深入地开展教学改革，积极开展各项教育、教学活动，取得了一定的成绩。当然，我们在培养过程中也存在一些困惑和不尽如人意的地方，比如师资专业能力与岗位能力的对接还亟须加强，贯通合作的交流实践活动能否开展更多，高校的优秀教学资源是否能持续向中职输入等等。尽管面临困难与挑战，但是我们还会继续在培养复合型民航运输精英人才的教育道路上砥砺前行！

校企合作筑平台　知行合一育人才
——以学校"美甲技术"课程为例

上海第二工业大学附属浦东振华外经职业技术学校　薛贝易

【摘　要】目前中职学校中仍有一些专业课程采用传统方式授课,教学方式与教学手段过于单一,学生普遍缺乏学习兴趣,学习的主动性和积极性不高。本案例通过与企业开展深度校企合作,开发仿真软件、模拟真实工作场景并将岗位标准引入实际课堂中,由企业专家在线实时答疑解惑,使学生在学习过程中自觉以真实工作岗位标准为依据规范自己,充分发挥学生自主学习能力,从而实现综合职业能力培养。结合平台的反馈功能,一方面有助于教师根据学情实时制定个性化教学指导,另一方面有助于学生对照标准,实时改进自己的技能操作。课程结束后,借助志愿者服务的平台,选送适合的学生参与到社会服务中,增强服务社会的本领。

【关键词】校企合作　知行合一　职业发展　人才培养

一、实施背景

在如今互联网与大数据加持的背景下,信息技术与教育教学相融合成为时代发展趋势。依托信息技术的发展以及大数据的运用,我国教育教学模式也得以发生变革。

在教育部印发的《教育信息化2.0行动计划》中特别强调了资源建设的观念与教育技术观念的转变。前者提倡要将资源建设的观念从简单地学习知识与内容转为数字化资源以及将平面、抽象的概念转为立体、可视化资源的大数据观念,既涵盖原有的数字资源,又增添各数字资源之间关系、各类学科资源的联系,形成系统的知识脉络,使得学生在掌握一个知识和技能点的同时，学会知识与技能的迁徙，点燃学生自主学习的积极性。后者则提出创建数字化、网络化的学习环境仅仅是教育信息化应用的浅层阶段，如何将信息技术与教育教学相融合，并且融入教育教学的全过程，促进教育教学改革，提高师生的信息素养，也是此次《教育信息化2.0行动计划》实施的重点。

校企合作是职业教育办学模式的一大特色，即学校与企业建立一种合作模式，该模式能够有针对性地为企业培养所需的人才，注重培养人才的实用性与实效性。十九大报告中提到："要完善职业教育和培训体系，深化产教融合、校企合作。同时还要全面贯彻党的教育方针，落实立德树人根本任务，发展素质教育，培养德智体美全面发展的社会主义建设者和接班人。"这就需要教师树立新的课程理念，优化教学方法和手段，邀请行业企业专家参与到教学中，使得课堂教学更贴近行业企业实际。从学生的认知水平和认知规律出发，通过"做中学、做中教"的职教特色，将课堂交还给学生，将"学生主体"的理念落到实处，进而提升课堂教学的科学性和实效性。与此同时还需要将课程思政的元素融入专业教学中，帮助学生梳理科学的世界观、人生观、价值观，提前做好自己的职业生涯规划。

二、实施目标

（一）对标行业企业标准，变革课堂教学

在中职传统课堂中，教师大多按照教学大纲和考证的技能要求进行纯粹的技能培训，方式较为单一，而且所学内容与企业岗位实际需求存在一定差异。这就需要借助企业的力量，将课堂所学的理论知识、技能操作与企业实践活动等内容进行重新整合，最大限度弥补学校人才培养与企业用人之间的落差（见图1）。得益于校企合作，我们将企业对美甲师的岗位要求与标准引入课堂中，创设符合真实企业情境的职业场景，同时在课堂教学中能够与企业专家进行实时连线，有针对性地对学生提出的理论知识或技能操作进行线上解答。在此过程中，教师或者企业专家都能够在同一情景下第一时间作出反应与反馈，及时对学生的困惑做出指导和建议，有效促进学生的学习效率，激发学生自主学习主动性与积极性，以美甲师的岗

位需求为目标开展有效学习。此外,我们还与企业合作开发了仿真学习软件。

选项	小计	比例
完全了解	4	3.81%
比较了解	13	12.38%
一般	35	33.33%
不太了解	44	41.9%
完全不了解	9	8.57%
本题有效填写人次	105	

图1　学生对美甲师企业标准的了解程度

(二)依托平台丰富形式,增强服务意识

学生以往的志愿服务活动形式较为单一,多为社区公共卫生类维护的活动,容易消磨志愿服务的积极性。本次疫情期间,学校美容美体专业学生通过为抗疫归来英雄们的集体婚礼提供造型服务的志愿服务形式,再次感受到志愿服务活动的意义,激发了他们投身志愿服务的斗志。而本课程借助校企合作平台,依据平台所提供的与专业相关的志愿者服务活动,选送适合的学生参与到社会服务中。这种多主题的、岗位匹配的选送方式,能激发学生不断钻研技能操作,提升其服务社会的本领,从而为社会贡献出自己的一份力量。

三、实施过程

(一)运用仿真软件,模拟服务流程

传统课堂中,学生需要在真人指甲上进行多次试色与卸甲,直至顾客满意试色效果,如此操作容易对真人指甲造成伤害。

针对上述问题,在"美甲技术"课程中,我们与校企合作单位开发了课程的选色软件。学生在训练时可以采用虚拟软件,利用 AR 技术扫描真人手部,根据顾客肤色以及其他要求在软件上模拟选色过程。依托该软件,

学生可反复多次进行探究，尝试适合顾客的不同甲油颜色，同时也不会伤害到真人指甲，在不断地探究试色中理解甲油选色时的策略，理解学习的重点（见图2）。

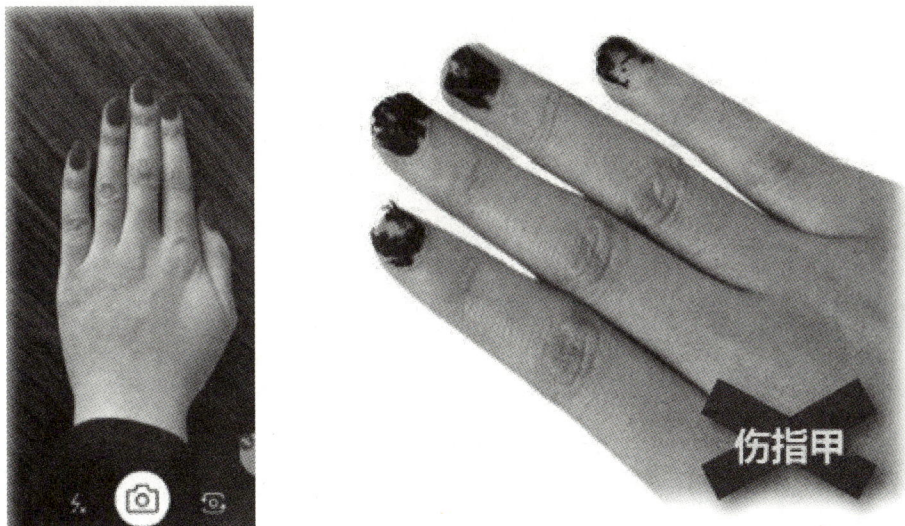

图2　传统训练与仿真模拟软件运用的对比

（二）融合产业发展，创新教学模式

就传统课堂而言，学习任务、教学环境与流程以及最终评价与真实岗位要求是存在差距的。

为解决上述问题，我们采用了校企深度融合的方法，由美甲企业提供服务仪容仪表要求、真实的任务、顾客案例、工作的评价标准。基于此，"美甲技术"课程以职业岗位的实际工作要求和任务整体梳理教学内容；以实际工作环境为参照创设仿真的学习环境；以满足岗位需求的职业能力为目的设计四个不同层次的探究任务，突出课程重点，解决课程难点；以职业岗位实际的工作评价为标准制定全面的评价依据，通过四个方面综合构建学生的职业能力（见图3）。

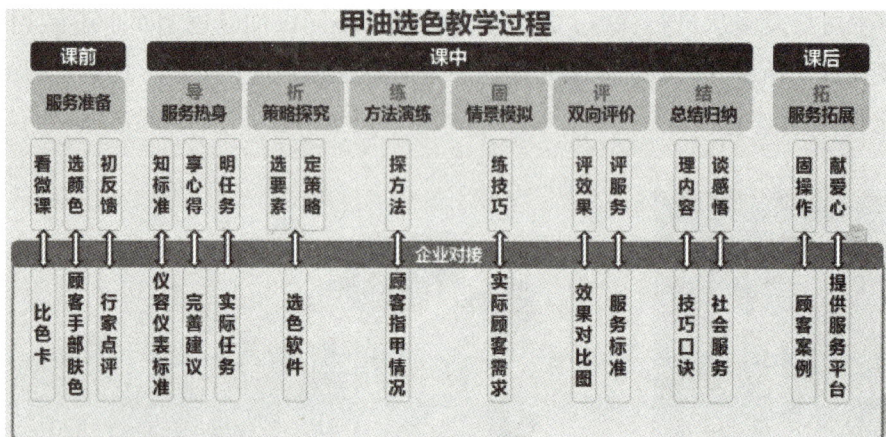

图3　以"甲油选色"教学过程为例，企业直接参与对接教学过程

（三）梳理知行情目标，提升职业能力

1. 服务热身阶段

该阶段旨在帮助学生明确美甲师服务过程中的仪容仪表要求以及四种手部肤色适合的甲油颜色。学生通过调整仪容仪表，对美甲师岗位的服务形象有整体的了解，在正式服务前率先达到行业服务标准。

这就要求学生按照服务要求进行仪容仪表的检查与调整，随后登录学习平台。教师则根据学生课前学习情况回顾手部肤色的四个分类，请各组学生代表分享四类手部肤色所适合的甲油颜色并讲解其中原理，由在企业工作的学姐带来本次课程的学习任务——完成不同顾客的甲油选色服务。

2. 策略探究阶段

该阶段旨在帮助学生确定影响甲油选色的8个主要要素以及甲油选色的策略。并且能够将其运用到实际生活中，即在课堂上能根据不同的顾客要求选定适合的甲油颜色，预设在和顾客沟通选色的过程中可能会出现各种不同的问题。这一过程需要学生关注自己的言行和服务态度。

探究活动一：确定影响甲油选色的8个主要要素。教师引导学生分析学习任务，了解影响甲油选色的主要要素。学生利用仿真选色软件在1分钟内为对方选择满意的甲油颜色，随后请未能完成选色任务的小组分享遇到的问题，发现主要问题集中在顾客要求比较多。最终学生投票选出在选色中的8个影响要素,分别是顾客的喜好或意愿、手部肤色、场合、穿着搭配、季节、年龄、职业(身份)、流行色。

探究活动二:归纳甲油选色时的策略。教师除了引导学生分析影响选色的8个主要要素外,还需要确定要素之间的先后顺序,才能帮助顾客高效地选定满意的甲油颜色。学生再次利用仿真选色软件相互为对方选择满意的甲油颜色,由教师计时。完成后请用时最少和用时最多的小组分享选色时考虑8个要素的先后顺序,老师则选择学生未优先考虑的要素再次模拟选色过程,学生根据所呈现颜色范围对比发现优先考虑顾客的喜好或意愿能够最快缩小颜色的色系范围,帮助美甲师更快速地选定顾客满意的颜色。最后请学生总结甲油选色时的策略,教师将其归纳为便于记忆的口诀:先喜好定色系;看肤色缩范围;问场合定明度;知其他定颜色。

3. 方法演练阶段

探究活动三:总结特殊情况的处理方法。该阶段旨在帮助学生梳理并明确整个清洁、消毒、甲油选色的流程。学生通过角色扮演,分组处理顾客手部的特殊情况,完成不同顾客甲油选色的服务。在整个操作过程中,始终以美甲师的岗位标准要求自己,树立安全卫生的操作意识,注重规范标准的操作流程。

学生通过分析阶段的探究活动,发现在甲油选色的实际过程中会碰到顾客手指、指甲有伤口以及甲面过小造成选色效果不理想等问题,未发现问题的小组解决实际工作中会碰到顾客指甲疾病的问题(见图4)。针对这四类特殊情况分组探究处理的方法。学生两两一组,真人实操,将最终对特殊情况处理的结果拍照上传学习平台。同时派学生代表分享处理方法,最终将其归纳为特殊情况处理的常规方法:指甲健康可以继续选色;指甲不健康由美甲师说明原因不予选色,在指甲健康的基础上可以考虑指甲的美化,但需要得到顾客的认可。最终教师与学生使用思维导图总结甲油选色的规范操作流程,强调安全卫生的操作意识,注重规范标准的清洁及消毒流程,归纳特殊情况处理的方法(见图5)。

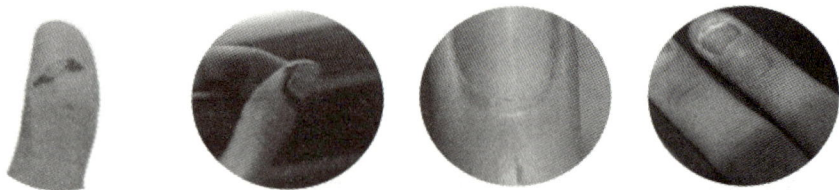

图4 企业提供的真实顾客手部案例

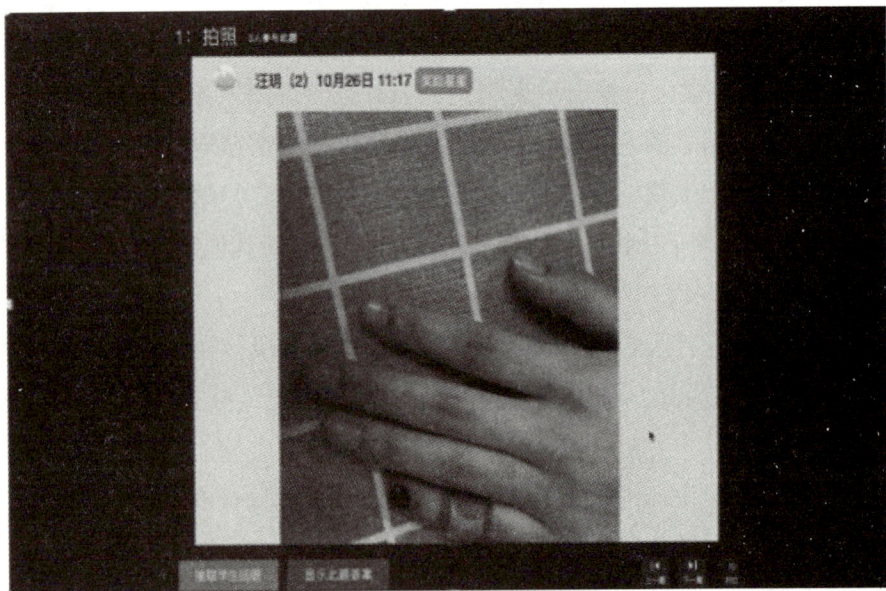

图5 学生上传的处理结果

4. 情景模拟阶段

探究活动四:总结甲油选色时沟通技巧。

该阶段旨在通过学生两两模拟演练甲油选色的服务,利用云功能总结甲油选色时的沟通语句,从而在服务过程中逐步掌握沟通的技巧,完成不同顾客甲油选色的服务。同时在操作过程中,以美甲师岗位要求启发学生使用规范的服务用语,就甲油选色服务与顾客展开良好沟通。

在实际工作中,学生会碰到顾客执意选择某种不适合的甲油颜色的情况。针对上述问题,将学生进行分组,讨论如何在实际工作中为顾客推荐适合的甲油颜色。首先由教师示范讲解甲油选色的服务流程并为顾客推荐适合的甲油颜色,提出疫情期间的服务注意事项。学生通过观察教师示范总结沟通的技巧并尝试两两真人实操,拍照选色的结果并填写沟通的语句上传学习平台。根据学习平台词云生成的沟通语句,学生从中总结美甲师在甲油选色沟通时的技巧所在:保持微笑、多使用礼貌用语、学会设计话题获得信息、既要讲解原理又要展示效果、利用专业知识耐心地为顾客分析与解答问题。

5. 双向评价阶段

该阶段旨在让学生在理解企业所提供的甲油选色服务评价的标准之上进行双向评分,同时确定课后甲油选色的服务完善方向,在评价过程中仔细思考评分标准,感受美甲师岗位魅力,树立个性化服务理念,提升职业自信。

学生按照评分标准,针对整体服务相互评分。教师展示学习平台生成的评分,学生查看平台给出的技能操作评分,同时教师以及企业专家针对个别问题进行点评。随后展示学生的整体服务互评分,学生查看互评分数,教师针对个别问题进行点评,学生思考完善甲油选色服务的目标。

6. 总结归纳阶段

该阶段旨在引导学生梳理课堂所学内容,在课后巩固技能训练并以美甲师学姐的事例,激励自己不断钻研技能、精益求精,树立服务社会的意识。

教师引导学生共同梳理本节课的内容,总结要点。播放学姐为抗疫英雄集体婚礼进行整体造型设计的视频,学生观看视频后畅谈感悟,提出努力的目标。课后通过学习平台,推送企业完成甲油选色的服务视频(见图6)。学生通过比较,对自己的服务提出修改意见,为家人完成甲油选色服务并上传至学习平台。教师针对个别学生的薄弱环节进行跟踪指导,同时请美容美体专业学生作为志愿者,为附近街道与社区提供公益的甲油选色服务,完成每周的志愿者服务,巩固操作技能、内化职业素养。

图6　学姐为抗疫英雄集体婚礼提供志愿服务

四、实施保障

为确保课程的顺利开展，由校企合作企业提供企业运营过程中的真实顾客案例，并采用项目合作方式与学校共同开发课程中的仿真软件，并提供相应行业或协会的专家资源，在课堂中结合学生的实际操作给出指导意见和建议。

学校提供各级联动机制保障，开展教学各级联动，推动专业教学的发展，以课程开发为抓手，促进学生学习与教师教学，实现专业教学与社会实践协同并进。

五、特色与成果

在"美甲技术"课程实施中，通过采用仿真选色软件，模拟甲油选色时的操作流程，进而无须再在真人指甲上进行选色，一方面保护了真人指甲，另一方面方便学生根据不同顾客反复地进行探究选色的操作，从而改善了传统课堂中只能为单个顾客进行甲油选色的服务。通过对标职业岗位的工作要求，以满足岗位需求的职业能力为目的设计四个不同层次的探究任务，开展虚拟实操和真人实践，使整个学习过程更贴近真实工作环境。通过学习平台对学生的学习过程数据进行采集的形式，教师能够更精准地掌握学情，动态调整教学策略，为不同学生提供精准的个性化指导。在评价环节，以职业岗位实际的工作标准为依据，制定包含操作规范和职业素养在内的全面评价指标，从而帮助学生提升服务意识，形成职业能力。在课后选送适合的学生至服务平台，参与各种社会志愿服务，鼓励学生不断钻研技能，提升服务社会的本领。

在此过程中，形成了如下成果：①增加训练频次，增强技能操作。借助模拟仿真选色软件和平台，师生互动、生生互动由原来的1~3次，增加至6次；甲油选色操作次数从原先的1~2次，增加至8次以上。这有效强化了学生操作步骤的掌握，加强了技能训练，学会问题的处理方法。②缩短选色花费时间，扩大任务完成基数。通过先使用仿真软件探究策略再真人实际操作的形式，使学生独立完成甲油选色服务的人数由原来的40%上升至100%，真人选色时间由传统的42分钟左右缩减至15分钟左右。③合理运用平台反馈功能，助力学生综合能力养成。借助学习平台实时反馈功能，教师轻松掌握学生的学习情况，针对学生课前学习情况精确制定教学策略，抓住学生薄弱环节进行个别指导。借助平台比对学生操作与桌面清洁度提供的评分数据，甲油选色操作平均分由2.5分提高到4分，结束工作由3分提高到5分。这不仅帮助了学生提高与巩固甲油选色的技能操作，还能培养学生卫生、规范的服务意识。

六、体会与思考

（一）多渠道采集数据与案例，丰富学习资源

本次案例中课程所采用的手部特殊情况以及不同顾客提出的选色要求等案例数据还不够全面与丰富，今后将继续加强与行业企业等机构合作，进一步拓展手部特殊情况以及顾客案例数据，为学生提供更多真实的企业数据与案例，更贴近职业岗位的实际工作，从而尽可能缩小学校所学与企业用人需求之间的差距。

（二）多维度实施任务评价，提升职业发展

学生的技能操作与任务完成效果，最终的评价依据需结合行业企业以

及国际化标准进行多维度评价。今后将邀请更多具有国际视野的行业专家进入课堂,从职业岗位用人需求与人才发展角度对学生进行多维度点评和指导,帮助学生提前掌握行业企业真实岗位的技能操作,尽早做好职业生涯规划。

参考文献

[1] 教育部.教育信息化十年发展规划（2011-2020）[EB/OL].[2012-05-06].

[2] 教育部.关于深化职业教育教学改革全面提高人才培养质量的若干意见[OL].http://www.gov.cn/xinwen/2015-08/20/content_2916232.htm，2015-8-20.

[3] 薛贝易.基于仿真平台的中职"美甲"课程信息化教学的探究[J].中国新通信，2018（8）.

学前教育中本贯通专业培养模式建设

上海市新陆职业技术学校　丁忠维　俞　燕

【摘　要】上海市新陆职业技术学校与上海师范大学天华学院联合开设的"学前教育、中职——应用本科教育贯通培养"专业（以下称"学前教育中本贯通"），经上海市教委批准于2015年至2020年，连续招生了六届学生。其中前三届每届招生计划数40人，后三届每届招生计划数80人。自"学前教育中本贯通"专业开设六年以来，按照专业培养方案和工作任务，坚持整体推进，责任分解落实；坚持深化内涵，注重培育特色；坚持统筹兼顾，整合各类资源。在课程体系建设、师资队伍培养、实训实验配备、校企合作、学生学业质量评价作等方面开展了积极有效的专业建设工作。目前"学前教育中本贯通"专业已建设成为上海地区教育理念先进、教学模式新颖、享有良好社会声誉的学前教育幼儿教师的师资培养基地。

【关键词】学前教育　中本贯通　培养模式

一、实施背景

根据国家和上海市中长期教育改革和发展规划纲要精神，着力推进中等和高等教育紧密衔接，构建中等职业教育与高等教育培养模式和学制贯通的一体化培养，探索适应上海经济社会发展需要的高素质技术技能型人才培养模式。经上海市教育委员会批准，上海市新陆职业技术学校与上海师范大学天华学院联合开设了"学前教育、中职—应用本科教育贯通培养"专业，于2015年9月起开始招生至目前已连续招收了六届学生。

二、实施目标

"学前教育中本贯通"七年一贯制的人才培养,不是简单的两个阶段课程的叠加、时间相加,而是经过慎重思考的综合设计。力求体现出中本贯通专业的逻辑性、连贯性、提升性,实现文化课、专业课、实践实训环节的贯通,师资队伍的一体化,教学方法与创新一体化,实习就业一体化。达到有利于学生就业、有利于企业需求、有利于教师教学、有利于学生素质养成、有利于学生技能提高、有利于考核评价、有利于岗位对接的目的,最终实现才艺技能与理论学术俱佳的应用型本科人才培养目标。

三、实施过程

(一)开展学前教育专业中本贯通一体化市场需求调研

深入到华师大等有学前教育专业的师范院校、幼教机构、计生委等进行实地调研,在政府网站和媒体上搜集信息。综合数据分析,现在学前教育师资队伍在数量上面临新的挑战,主要表现为:数量缺口较大。按现行师生比10 : 1进行测算,上海市今后每年平均需求专任教师3 000人左右。

例如,目前天华学院毕业的学前教育毕业生占全上海市的学前教育毕业生50% 左右。天华学院近6年学前教育毕业生1 000人左右,平均每年150多人,全上海市仅有300多人,只相当于用人需求的十分之一。简单来说天华学院学前教育的毕业生,仅能满足学校所在地上海市嘉定区一个区的幼儿园教师的需求。

(二)研制学前教育专业中本贯通人才培养教学计划

在人才培养教学计划实施过程中,两院校根据专业教学骨干、幼儿园教学专家、幼儿课程专家的建议,对培养计划中的课程开设、课程模块、教学课时等,做了调整变更,基本实现了渐进、递加、模块化和目标一致性。根据每学期或每学年的更新情况,于2019年6月第三次修订了《学前教育中职本科教育贯通人才培养教学计划》(见表1)。在课程实施程序、教学内容和教学时间安排上,无缝对接,实现了中职到中本的自然过渡。

表1　中本贯通教学计划

序号	名　称	2015年设置	2018年更新
1	心理健康	3A2	2A1
2	语、数、英	3A4、3、4	3A5、5、5
3	语、数、英	3B4、3、4	3B7、7、7
4	生命科学	3B2	停
5	计算机基础	1A2、B2	1A3、B2
6	幼师口语技能训练	1B2、2A2	2A2
7	婴幼儿卫生与保健	1A2、1B2、A2	1A2、1B2
8	育婴师	无	2A2、2B2
9	幼儿文学作品赏读	3B2	停
10	硬笔书法（书写技能）	1A1、1B1	1A1、1B1、2A1
11	幼师礼义增加	无	1A1
12	托幼机构管理	3B2	停
13	创业创意	无	2A1
14	学前儿童英语阅读教育	无	3A2

（三）优化学前教育专业中本贯通一体化培养实施方案

培养方案的制定，将原中职和本科各自独立的课程体系进行有效整合，合理衔接，帮助学生实现文化基础增强、专业领域拓宽、实践能力提升的发展目标。

我们确立的中本一体化培养实施方案的原则是：

第一是就业导向原则。专业建设以就业需求为导向，在广泛的市场调研基础上，认真研究0~6岁儿童发展趋势和对婴幼儿教育工作者的素质要求，在专业建设和教学过程中满足上海地区对学前教育人才的需求。

第二是一体化设计原则：打破中职、本科教育"两张皮"的现象，按照7年制的培养目标，对教学和师资等进行一体化的设计，实现课程递进衔接，技能要求逐步提高。

第三是资源整合原则：建立资源整合的机制、制度等，实现课程、师资、实训等的优势互补，资源共享。通过有效的资源整合，实现学前教育专业中本教育贯通培养模式的良性发展。

（四）制定学前教育专业中本贯通一体化专业课程标准

根据"学前教育中本贯通"专业人才培养方案中能力要求和人才培养教学计划，确定每门课程的性质、定位和目标要求，改革课程教学内容，突出职业能力培养，规范教学基本要求，实行课程考核与职业能力鉴定相结合的评价。至2018年6月制定了中职段《学前教育中本贯通培养模式专业课程标准》，实现了与本科段课程标准的贯通对接。

课程标准在原中职课程的基础上删除了9门、新增了7门、提升了6门、贯通了9门，最终制定了除德育、体育等5门课程外的中职阶段21门课程标准（见表2、图1）。

表2　学前教育中本贯通中职课程调整

序号	删除课程	新增课程	提升课程	贯通课程
1	幼儿行为观察与引导	历史	学前儿童英语阅读教育	语文
2	幼儿教育学	地理	幼师口语技能训练	英语
3	幼儿心理学	自然科学常识	学前教育学实用写作	幼儿体育
4	婴幼儿运动保育	生命科学	婴幼儿卫生与保健	乐理视唱
5	幼儿游戏活动保育	幼师书写技能	学前儿童行为观察与分析	钢琴弹唱
6	幼儿生活活动保育	托幼园所保育工作入门	婴幼儿急症救助与突发事件应急处理	舞蹈基础
7	幼儿学习活动保育	幼儿园班级管理		美术基础
8	幼儿保教实训指导			计算机基础
9	幼儿园实习指导			婴幼儿保教育

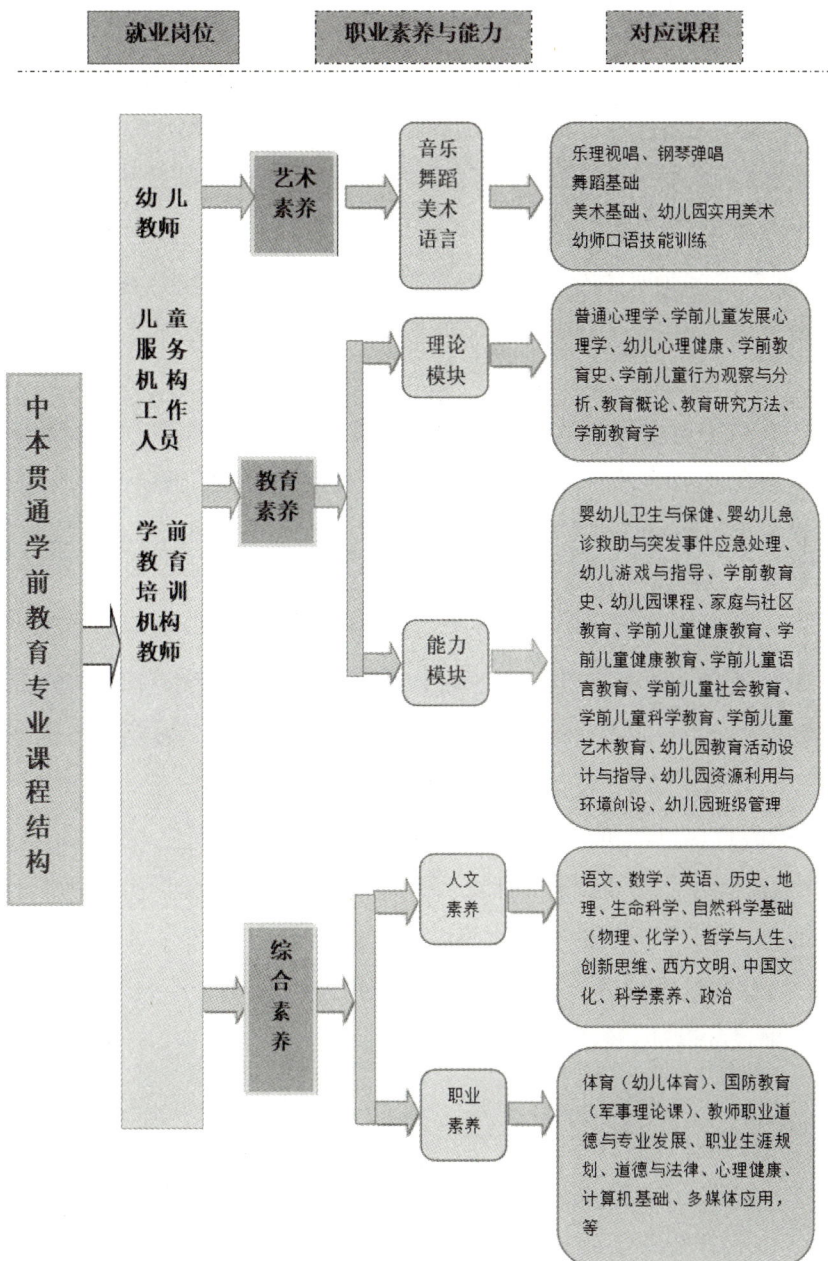

图1 学前教育中本贯通一体化专业课程结构图

（五）完善学前教育专业中本贯通一体化贯通培养制度

根据市教委关于"中高、中本贯通教育培养"的指示精神和文件要求，依据两院校中本贯通一体化实践中遇到的问题和困难,研制并完善《学前教育专业中职与应用本科教育贯通培养制度》。其中有《"学前教育中本贯通"专业关于对各类考试考证奖励的实施意见》《"学前教育中本贯通"专业关于教学、科研奖励办法》《"学前教育中本贯通"专业教师教案编写与要求》《"学前教育中本贯通"专业校本教材开发及管理方案》《"学前教育中本贯通"专业学生学业成绩考核方式的实施意见》《"学前教育中本贯通"专业学生学籍管理实施细则》等,有效地推进了两院校中本贯通一体化进程。

(六)中本贯通一体化学生学业成绩评价机制

建立与贯通培养相适应的教学评价机制,加强过程性教学质量监控,积极探索贯通培养教学质量监控的途径、方法和手段,研究评价内容与教学内容的相关性,体现过程与结果相结合、理论与实践相结合,形成学生学业水平考核与评价方法体系。

1. 中职本科转段考试

学前教育专业中本贯通转段考试的校考,旨在通过本科学校组织的测试,考核学生的专业综合能力和素养,对中职阶段的教学做反思和调查,从而形成综合调研结果,反馈到教学中去。

(1)教育热点评析。根据给定的教育材料(视频/图片/文字),自选角度,撰写一篇不少于800字的评论。本考核项目主要考察学生的思维素质、教育理念、阅读分析和论述表达等综合能力。

(2)综合素质测试。被测学生以4~5人为一组,3个小时内合作完成一个综合项目的设计、论证、发布和答辩。

2. 专业技能展示

"中本贯通学前教育专业技能展示"包括音乐、舞蹈、琴法、美术艺教类与幼儿卫生与保健、幼儿急救与处理、幼儿园活动设计等技能展示。

3. 艺术教育技能考试

在新陆职校举行的音乐、舞蹈、琴法、美术四门专业学科考试。

4. 英语水平要求

以校内考试与国家考试为依据,在中职阶段要求达到大学英语三级水平。

5.参加职业技能考试

参加市劳动保障局的育婴师初级、育婴师中级技能考证。计算机基础一级,市语委办的普通话二级甲等考证。

6.参加市中职生高考

参加上海市中职校学生高考,考试科目为语文、数学、英语。

四、实施保障

(1)组织保障。成立"学前教育专业中本贯通"工作领导小组,两校校(院)长为组长,下设教学管理组、联合教研组、课程建设组、教学改革组、工作协调组5个工作组和1个专家指导团队。

在工作开展过程中,两校一家、无缝对接、高度融合,两校校(院)长直接指导、跟踪检查,工作协调组统筹策划安排,5个职能工作组密切协作,结合时间段、地点、主题、参与人员等,有计划、有总结地开展工作。

(2)经费保障。上海市教委、浦东新区教育局、浦东职教集团对"学前教育中本贯通"专业建设工作高度支持,在政策、资金、师资、设备与宣传等方面提供了强有力的保障。

(3)制度保障。根据市教委关于"中本贯通培养"工作的总体部署,我校结合实际,制定了相关的《学前教育专业中职—应用本科教育贯通培养》专业工作方案。

(4)外部支持。借助学前教育界专家指导专业建设、参与理论教学和实践教学。市示范性、实验性幼儿园重点对专业建设提供见习场所,幼儿园园长、骨干教师指导学前教育课程开发与设置。

五、特色与成果

六年来,两校联合开展的《学前教育专业中职—应用本科教育贯通培养》专业,取得了突出的成效。明确了一体化专业培养目标,优化了人才培养方案,制定了完整的管理文件,形成了规范的实施性教学计划,设置了七年一贯通制课程内容,组织开发了课程实施配套的教学资源,积累了教学改革实践案例,建立了相适应的学业成绩评价机制,切实完成了专业建设的目标。

（一）学业成绩与生源

（1）2015级、2016级、2017级"学前教育中本贯通"专业学生思想品德考评、学业成绩评价全部合格，全部升入天华学院本科段学习。

（2）在连续四年的"学前教育中本贯通专业"职合招生咨询、专业特长面试、预报考会上，可说是千人涌动、场面热烈、情景壮观（见表3）。

表3 2015—2018年"学前教育中本贯通专业"招生情况表

年度	报考人数	计划数	录取数	最高分	控制线	平均分
2015	550	40	41	548	507	520.5
2016	978	40	41	577.5	544	555
2017	1104	40	42	580.5	547	554
2018	1205	80	80	571.5	534	547.5
2019	1245	80	82	566.5	520	535.7
2020	1236	80	80	577	537	549.9

（二）文件制定与教材开发

（1）完成调研报告。完成"学前教育"专业、中职——应用本科教育贯通培养人才需求调研报告。

（2）课程标准制定。全面完成了贯通专业中职段课程标准，课程标准在原中职课程的基础上删除了9门、新增了8门、提升了5门、一体化9门，最终制定了除德育、体育等5门课外的中职阶段21门课程标准，实现了与本科段课程标的对接贯通。

（3）教学与管理文件。梳理、修订、制定了教学文件3个、管理文件7个。其中有人才培养方案、教学实施计划、教学质量监控制度及实施方案，关于制定课程标准的指导意见，学生学籍管理实施细则，改革学生考核方式的实施意见，校本教材开发及管理方案，教学、科研奖励办法，各类考试考证奖励的实施意见。

（4）校本教材开发。共同开发了美术基础（一）、美术基础（二）、学前儿童英语阅读、硬笔书法、幼儿卫生与保健等校本教材。

（5）教材一体化使用。明确了中本贯通中职阶段的教材一体化使用的目录与版本。

（三）科研、获奖与评价

（1）教学设计大赛获奖。新陆—天华代表队在参加市教委、高教处组举办的中本贯通教学设计大赛中，获团体特等奖，两个单项一等奖、一个单项二等奖。

（2）在市联合教研会上代表发言。在市教委高教处、职教处、教研室组织召开的中高、中本贯通联合教研工作会议上，新陆职校教务主任魏魏代表中本贯通专业作了"中本共建，联合教研"主题发言，得到了好评，总体点评为："活动丰富多彩，扎实有成效，为中本、中高贯通培养提供了可借鉴有价值的工作案例。"

（3）2018年9月经上海市教委批准立项为"学前教育中本贯通高水平专业"建设项目，现已通过中期评估验收，进入终评阶段。

（4）课题成果获奖。浦东新区区级重点课题《学前教育专业中职与应用本科教育贯通培养的研究》于2019年6月获浦东新区九届教育科研成果一等奖。

（5）部级课题研究。中国职业教育学会课题《学前教育专业中高贯通德育课程的研究——以学前教育中高贯通专业为例》现完成中期研究阶段，进入终期结题阶段。

（6）论文发表。三年来有14篇论文发表在市、区级教学研究刊物上。另有3篇论文收录于由陈敏教授主编的上海教育出版社出版的《中本贯通专业教学设计》著作上。

六、体会与思考

（一）中本贯通是培养学前教育专业人才的一种有效途径

构建中等职业教育与高等职业教育课程、培养模式和学制贯通的"立交桥"，加快培养适应本市经济社会发展需要的优秀一线技术人才，实行中本贯通是培养优质学前教育人才的一种有效途径。中本贯通教育让两校可以根据学生不同年龄段的心智特征、认知规律及发展需求构建课程结构,强化人文素养教育,重视专业能力培养,增强岗位实践环节,拓展专业发展领域,实现知识、技能及态度并重,道德修养与职业素质同步提升。同时,两校整合师资力量,成立联合教研室,按照中本贯通人才培养整体要求,共同参与贯通培养的教育教学改革、课程开发等,成为培养优质学前教育人才的一种有效途径。

(二)中本贯通本科培养人才具有鲜明的技术应用性特征

中本贯通本科同一般普通本科相比具有鲜明的技术应用性特征,是以培养高素质应用型技术人才为主要目标,兼具应用教育和技术教育并侧重技术教育的本科层次教育。而普通本科职业性并不明显,主要以学科为主线设计知识、能力、素质结构和培养方案,专业口径比较宽。前三年以文化基础和专业实践能力培养为重点,以体验感知为主要手段,积累实践操作能力;后四年加强专业理论基础积累,由实践上升到理论,毕业后就有可能成为高素质、知识型、发展型的幼儿教师。

参考文献

[1] 上海市发改委.上海市人民政府关于印发《上海市教育改革和发展"十三五"规划》的通知[DB/OL].http://fgw.sh.gov.cn/ggwbhwgwj/20170605/0025-27706.html,2016-08-15/2017-06-05.

[2] 陈嵩,等.中本贯通学生职业核心能力培养[J].江苏教育,2017(20).

[3] 赵振铎,等.中国校外教育."3+4"中本等院校对口贯通人才培养的探索与研究[J].中国校外教育:中旬,2018(1).

[4] 李竹君,董旭烨.中—高—本衔接式人才培养模式的研究[J].新教育时代电子杂志:教师版,2014(26).

[5] 周文霞,等.职业技术.中本贯通课程体系一体化设计的实践研究[J].科教导刊(电子版),2017(29).

[6] 徐国庆.中本贯通的合理性[J].职教论坛,2015(9).

[7] 夏建国,等.从结构到建构.论中本贯通的实践逻辑[J].教育与职业,2016(7).

对口支援 为青海省果洛州培养学前教育人才
——上海—青海果洛民族班中高职贯通人才培养模式探索

上海市新陆职业技术学校 魏 魏 徐 晖

【摘 要】对口支援、精准扶贫是职业教育人才培养的重要组成部分。新陆职校在对口支援青海果洛地区、精心培养藏族民族班学生的基础上，不断探索培养新模式、新路径，与青海西宁城市职业技术学院围绕学前教育专业进行跨区域中高职贯通培养，对果洛州农牧民子女采取中高职贯通等联合办学形式，开展中高职贯通培养，为民族生的提升进一步拓展空间，为藏区孩子高质量就业创造条件，为教育精准扶贫提供人才和智力支持。

【关键词】对口支援 学前教育 中高职贯通

一、实施背景

教育对口支援是现阶段我国优化教育资源配置、推动教育布局调整、缩小地区差距、促进教育公平的重要举措。在全面建成小康社会的决胜期，广泛开展教育对口帮扶，深入实施教育精准扶贫，有利于打赢脱贫攻坚战，确保第一个百年奋斗目标如期实现。青海是古丝绸之路的途经之地，是古代中西交流大通道上贸易交流、文化交流的中转站。在新时代，青海作为新丝绸之路上的一颗璀璨明珠，是"一带一路"的支点。根据国家的"对口支援""精准扶贫"战略布局，对人才的培养是其中重要的一个方面。上海市教育委员会根据国家、上海市关于"对口支援""精准扶贫"的战略思想，开展了援疆、援藏、援青海少数民族职业教育工作。为果洛自治州培养学前教育人才就是其中的一个重要项目，此项目由上海市新陆职业技术学校（以下简称"新陆职校"）承担实施。

二、实施目标

新陆职校与西宁城市职业技术学院联办的"民族生学前教育中高职贯通培养模式"是跨省级区域的办学模式,在国内属于首创,其他省市尚无先例,处于试点阶段,是一种创新的职业教育模式(见图1)。这种办学模式是以上海市新陆职业技术学校学前教育专业和西宁城市职业技术学院学前教育专业为载体,进行中高职一体化培养,探索民族生中职与高职教育贯通的课程设置、教学管理、实训实践的开发与共享;实现人才培养计划的贯通,培养过程的贯通,实践平台的贯通,课程内容的贯通。共同培养既具有专业理论知识又具有实践操作技能的适合藏族地区的复合型学前教育人才,最终帮助藏族学生实现文化基础扎实、专业领域拓宽、实践能力提升的发展目标。

图1 与西宁职校联办"民族生学前教育中高职贯通培养模式"

三、实施过程

根据国家和上海市"对口支援""精准扶贫"指示精神,结合国家和上海市中长期教育改革和发展规划纲要,推进中等和高等教育紧密衔接,构建中等职业教育与高等教育课程设置、培养模式和学制贯通的"立交桥",加快培养本市经济社会发展需要的优秀一线技术人才的指示,根据试点专业建设的指导思想、实施战略、实施目标和前期的工作基础,具体实施如下:

(一)开展市场需求调研

上海市新陆职业技术学校与青海省西宁城市职业技术学院都开设学

前教育专业,两校对学前教育中职—高职贯通培养试点专业的建设情况展开了充分的调研、论证。在前期学前教育人才市场需求调研的基础上,在市专家指导下,开展需求调研,完成具有科学性的《学前教育人才市场需求调研报告》。充分了解不同区域对学前教育人才的需求数量、岗位要求、培养方向等,为两校合作开展人才培养打下坚实基础。

(二)优化人才培养方案

根据学前教育人才市场需求对人才规格和数量的相关要求,准确定位专业培养目标,进一步优化与调整《学前教育中高贯通培养方案》。通过对教学、科研、实践教学等领域具体问题的思考和规划,两校间明确了试点专业建设的目标,制定了合作方案,尤其对于五年一贯制的人才培养模式有了深度的思考和科学的设计。同时针对专业相同、体制和层次不同的培养模式等如何进行一体化改革和创新进行了深度研讨。在此基础上,构建一个理论知识由基础到深化、专业知识由单一到多样、操作技能由简单到复杂并在逻辑上前后连贯的培养方案。具体体现在"五个一体化",即公共基础文化课程一体化、专业通识课程一体化、专业核心课程一体化、实践教学环节一体化、考级考证要求一体化。

(三)优化课程体系设计

根据人才培养方案,制定《学前教育中高贯通培养实施性教学计划》。根据实施性教学计划,从课程性质、目标和任务、教材和参考书、课时和教学内容、教学方法和手段、课程考核方式层面对专业核心课程教学方案进行重新再设计,力求科学合理、严谨规范,符合培养目标的要求,本着构建一体化课程体系的原则,职业核心课程和职业拓展课程的课时与开设时段做适当调整,使知识的前后关联、技能的循序渐进更加符合学生心智发展规律的要求,同时争取在此基础上制定《学前教育中高贯通培养专业课程标准》(见图2)。

(四)制定实践性教学方案

为保障学生实践能力、职业技能的培养,根据培养方案、教学计划和调研报告相关要求,制定《学前教育中高贯通培养实训大纲》《学前教育中高贯通培养顶岗实习方案》和《学前教育中高贯通培养职业资格证获取方案》,

图2　学校开展学前教育中高贯通培养专业课程标准研究

以此为依据,不断提升贯通培养学生实践水平和职业能力的提升。

(五)开展课堂教学法评优

年度内举行由全体任教中高职贯通专业教师参加的第一届"新陆—西宁中高贯通专业"教学法评优活动,探索中高职贯通培养的课堂教学方法,改革教学模式,积累教学改革实践案例,组织教师对优秀教师的教学方法进行观摩学习,发挥优秀教师的示范引领作用。

(六)建立教学评价机制

建立与贯通培养模式相适应的教学评价机制,加强过程性教学质量监控,积极探索贯通培养教学质量监控的途径、方法和手段。研究评价内容与教学内容的相关性,体现过程与结果相结合、理论与实践相结合;形成学生学业水平考核与评价方法体系;完善《学前教育中高贯通教学质量监控与实施方案》。

(七)组织开发教学资源库

鼓励任教中高职贯通专业的所有教师积极参与教学资源开发,即优秀教学实录、优秀教学案例、优秀教学设计、与教材配套的教学课件。在此基础上汇编优秀课堂教学实录集与教材配套的优秀教学课件集,编印一期优秀教学设计集与一期优秀案例集,精编与开发习题、试题和技能考核题库,形成"上海市新陆职业技术学校—西宁城市职业技术学院中高贯通培养教学资源库"。

（八）汇编教学管理文件

结合本项目的建设过程，整理汇编《学前教育中高贯通培养制度汇编》，主要涵盖专业建设、课程管理、教学保障等层面。

（九）开展贯通培养课题研究

上海市新陆职业技术学校与西宁城市学院联合开展"青海省果洛州民族生学前教育中高职贯通培养模式的研究"课题研究，研究总结民族生学前教育中高职贯通培养模式的办学成果。

四、实施保障

（一）上级支持

青海省教育厅、果洛州政府、上海市教委、浦东新区教育局对"对口支援"工作高度支持，在政策、资金、师资、设备、宣传等方面提供强有力的保障，为该项目的实施提供了强有力支撑。

（二）组织保障

健全组织是开展对口教育工作的前提与保障，为推进教育对口支援工作的顺利有序开展，新陆职校成立了教育对口支援工作领导组，统筹协调教育对口支援工作的开展。领导组由校长王海英、工会主席徐晖担任组长。领导组下设教学工作小组、德育工作小组、后勤生活工作小组。学前教育专业部、校政教处、团委等多个部门通力合作，分工明确，为对口支援专项工作提供了有力的组织保障。新陆职校各条线有效周到地协调执行，开展各项工作。

（三）经费保障

学校作为果洛职教联盟成员，在民族班3+2创新模式建设、民族班校本教材、青海果洛对口支援教育活动等几个项目方面做了预算申请，为专项工作提供了充足的经费保障。

（四）制度保障

新陆职校领导组根据市教委关于对口支援工作的总体部署，结合我校实际，制定了《新陆职校对口教育支援教学方案》《新陆职校对口教育支援德育方案》《新陆职校对口教育支援生活方案》等系列制度，确保了对口教育支援的每一项工作事事有人办、件件有人管。

（五）激励机制

根据上海市教委对于教育对口支援工作的精神，为促进新陆职校教育力量积极投入到对口支援教育工作中，新陆职校设立民族教育先进个人与先进集体荣誉奖项，并将文明组室的评选与对口教育工作相挂钩。设立奖项的工作机制以表彰那些为对口教育支援工作做出贡献的个人和部门，通过树立典型人物和典型案例激发全体教师的正能量，共同做好对口支援教育工作。

五、特色与成果

（一）实施特色

上海市新陆职业技术学校与西宁城市职业技术学院的跨区域中高职贯通办学模式，是对口支援藏区提升民族班学生培养质量的一种新探索，也是学校办学模式的一种尝试，为对口支援工作的开展提供了一种新的可能路径。按照国家学前教育职业标准和职业资格鉴定考核要求，对在上海市新陆职业技术学校接受完中职教育的果洛州农牧民子女，采取中高职贯通等联合办学形式，开展中高职贯通培养，为藏区孩子高质量就业创造条件，为教育精准扶贫提供人才和智力支持。

（二）实施成果

新陆职校自2013年9月承担起上海市职业教育为青海果洛州培养学前教育人才8年以来，为果洛州培养216名学前教育藏族学生，其中有90人升入西宁城市学院学前教育专业。过程中，不断探索人才培养新模式、新路径，2018年12月与西宁城市学院合作进行跨区域学前教育中高职贯通，为民族班学生的提升进一步拓展空间。2020年10月与西宁城市学院联合开展浦东新区重点课题"青海省果洛州民族生学前教育中高职贯通培养模式的研究"。原上海市副市长、现教育部副部长翁铁慧，青海省果洛州委书记武玉嶂等市、州领导多次来新陆职校考察工作，对新陆职校的对口支援工作成果予以充分的肯定。

六、体会与思考

对口教育支援事关民族团结、民族共同繁荣的发展大计，更影响着"一带一路""对口支援""扶贫脱贫"东西部协调发展的大局。教育更是寄托着亿万家庭对于美好生活的期盼，新陆职校将对口支援工作作为一项重要的政治任务来抓，通过优质专业的辐射和带动作用，将市级重点专业——学前教育专业的优质教育资源在对口支援地区进行共享共建，在教育发达地区与欠发达地区、优质学校与薄弱学校之间筑起一条快车道，通过交流、共享教育经验和教育成果，深化与青海果洛州教育对口支援合作，积极探索跨区域中高职贯通的培养模式，为果洛藏族民族班学生的学历提升和未来发展拓宽了通道，拓展了空间，同时也进一步扩大了上海、浦东对口支援青海果洛州的影响力，使得上海—青海果洛教育交流在更大范围、更广领域、更深层次上向前发展。

参考文献

[1] 教育部.幼儿园工作规程[DB/OL].http://www.moe.gov.cn/srcsite/A02/s5911/moe_621/201602/t20160229_231184.html，2016-01-05/2016-03-01.

[2] 新华社.中共中央国务院关于学前教育深化改革规范发展的若干意见[DB/OL].http://www.gov.cn/zhengce/2018-11/15/content_5340776.htm，2018-11-07/2018-11-15.

[3] 上海市教育委员会.上海市教育委员会继续开展中高职教育贯通培养模式试点工作的通知[Z].2011-12-05.

[4] 上海市新陆职校，上海师范大学天华学院.学前教育中职应用本科贯通教育培养[Z].2019-05-08.

[5] 青海省西宁城市职业技术学院.关于五年一贯制学生报名的通知[Z].2020-08-21.

基于培养模式变革的课堂教学实践研究
——以学前教育中高、本贯通培养模式音乐课为例

上海市新陆职业技术学校　周　姝

【摘　要】贯通培养是衔接中职与本科(高职)的一个重要探索与变革。培养方式的变革引发教育者对学生学习与成长以及人才培养方案的新思考。本文梳理中高(本)人才培养模式变革的背景和要求,以贯通模式音乐课堂中出现的问题作为切入点设计教学案例,探讨贯通模式变革下音乐课在中职阶段的设计思路与方向。

【关键词】贯通培养模式　音乐专业课　教学设计

一、实施背景

在现代职业教育体系的大背景下,应当今社会对于高水平技术性人才的迫切需求,我国职业教育领域不断积极探索。从国家层面来看,2010年7月《国家中长期教育改革和发展规划纲要(2010—2020年)》中指出"到2020年,形成适应经济发展方式转变和产业结构调整要求、体现终身教育理念、中等和高等职业教育协调发展的现代教育体系"。2014年6月教育部等六部门印发《现代职业教育体系建设规划(2014—2020年)》(教发〔2014〕6号),文件指出"在确有需要的职业领域,可以实行中职、专科、本科贯通培养"。在此基础上,在《国务院关于加快发展现代职业教育的决定》(国发〔2014〕19号)的文件中对中职与专科、本科贯通提出了新的要求,即"到2020年,形成适应发展需求、产教深度融合、中职高职衔接、职业教育与普通教育相互沟通,体现终身教育理念,具有中国特色、世界水平的现代职业教育体系"。

基于国家对于职业教育培养模式变革的要求,上海市教委自2010年起,积极尝试中职与高职、中职与应用本科模式的贯通培养。2010年上海市教委开展中高职教育贯通培养模式项目,2014年11月,上海市教委发布了《关于开展中等职业教育——应用本科教育贯通培养模式试点工作的通知》。2015年起,上海市中职校正式开展中本贯通培养模式,开启人才培养模式的变革。

二、实施目标

(一)明确音乐课作为专业课的教学目标

音乐课是中职学前教育的专业课,从中职学前教育的音乐课标来看:学生需要掌握一定的乐理、视唱、音乐欣赏等基本知识,发展音乐听觉与记忆;掌握歌曲演唱的基本知识与技能,能够指导幼儿学唱和表演,排练合唱……对比中职模式培养的学生,贯通班学生学习专业性较强,在校学习时间也相对较长。因此在专业课的学习中,贯通班学生更需要从专业的基本知识入手,夯实乐理、视唱科目中听、唱的基础能力,结合音乐欣赏提升自身音乐素养,掌握简单的音乐活动、音乐游戏等授课方法,而非仅限于对音乐专业知识的认知与理解。

(二)确立音乐课作为德育载体的实施

为全面贯彻落实党的教育方针,坚持立德树人,促进中职学生全面发展,德育教育应全方位贯穿于学生在校学习课程。音乐课作为专业课,在学生在校学习总时长中占有相当的比例,故音乐课可以作为学前教育学生在中职阶段进行德育的重要阵地。

《中等职业学校德育大纲》在德育目标中,首先要求学生热爱祖国,拥护党的领导和党的基本路线,确立坚持中国特色社会主义事业的理想信念,具有为人民服务、奉献社会的使命感和责任感……这要求中职校学生在思想上热爱党、热爱祖国,杜绝一切与社会主义思想相背驰的具有损害社会、损害国家的坏思想,真正从思想上树立良好世界观、价值观和人生观。其次,该《大纲》要求学生逐步树立正确的世界观、人生观、价值观,养成科学的思想方法。就中职生所处的年龄阶段和思维发展水平而言,学生在中职阶段的德育目标中除了正确的"三观"养成之外,对于"养成科学的思想方法"则更加偏重学习方法的建立和思维逻辑体系的建构。最后,要求"自觉地遵纪守法,依法维护自身权益,具有良好的道德品质和健康的心理素质;热爱专业,勤奋学习,勇于创造,大胆实践,具有良好的职业习惯和安全意识、质量意识、效率意识、环境意识"。在学生拥有良好的道德品质和健康的心理素质前提下,引导学生在学习、专业等方面做到勤学、修德、明辨、笃实,努力成为优秀的中职生。

(三)厘清音乐课中德育渗透的思路

通过对中职阶段音乐课标和德育目标的解读发现,德育目标中三观的确立和方法的养成必须借助实际学习的知识作为抓手得以实现。对于贯通模式的学生来说,在中职阶段逐渐形成科学的学习方法,是在本科、专科阶段完成独立学习、独立思考的前提。因此,在音乐课中,设计讲授音乐知识的方式方法,在方法和过程中提炼相关德育内容,让学生完成专业知识的认知与理解,实现学生学习方法的建构,逐渐形成正确的三观,是贯通模式学生应在中职阶段完成的目标。

三、实施过程

(一)立足教学现状,梳理现存问题

无论是五年还是七年的贯通学习,长学制对于专业学习的意义在于专业知识的连续性与深入性,继而跳脱具体知识形成学习方法。但就目前在音乐课堂教学中贯通班学生的表现来看,存在以下问题:

1. 学习目标模糊

对于贯通模式的学生而言,音乐课中的专业知识必须强调基础扎实,在此前提下,需要熟练掌握至灵活运用。例如音乐课中乐理中的节奏部分,认识音符符号,说出符号代表的示意是远远不够的,能够运用综合节奏、节拍的知识,利用规律拍、节奏型完成创编,才是贯通模式培养的学生应该追求的目标。但在实际课堂教学中,学生的学习仅限于完成对知识、符号的识记,缺乏主动思考、积极探索的尝试,显然是由于对知识学习的整体目标欠缺思考。

2. 学习动力不强

从学前教育专业人才培养要求来看，音乐专业课中，部分专业知识的深度和难度与实际教学中学生的能力相脱节，导致学生在有限的学时中无法达到教学目标。例如，音乐课中的视唱内容，由于学生在以往的学习中，缺乏对音高、音准的专门训练，故无法认识音高，分辨音准，继而无从跳过音准的问题去谈音乐听觉和记忆。学生在课堂上学得一知半解，课下无法着手练习，致使课堂目标与学生现实状况无法匹配，久之便出现学习动力不强的情况。

3. 学习实践欠缺

由于贯通班学生在音乐课中的学习内容为乐理视唱，对于人才培养方向而言，学生难以在课后将该内容运用在实践中。众所周知，视唱、练耳是音乐基础理论中的实践部分，而乐理则是经过实践提炼出的理论知识。从认知过程角度来看，乐理内容的学习必须先从听和唱开始。从实际的课堂教学来看，贯通班学生更善于知识的识记和背诵，而实践能力相对薄弱，出于固有学习思维习惯，导致学生主观上欠缺实践的动力。

（二）分析案例成果，展示具体措施

针对音乐课堂中学生出现的问题，以及贯通模式培养下，学生需要达到的目标，重新设计音乐课，设计原则在于让学生通过实践，认知、理解音乐知识，逐渐上升至德育目标的要求。

1. 重组教学内容，重新建构知识之间的内在联系

贯通班学生在校学习时间为6个学期，学生在音乐课中的学习目标（即根据中职课标来看）需要完成乐理、视唱和声乐三个部分的内容。但贯通班学生并不等同于中职学生，而是需要将其看作为处于贯通模式的学生在中职学段的培养，因此需要将这三部分的学习内容重新梳理细化，找到三者之间的内在联系（见表1）。

从学习内容来看，乐理中从节奏到音高再到音程、和弦、调式调性是循序渐进的逻辑过程，无法跳过任一知识向后学习；对视唱的要求则是拿到陌生乐谱，能够打出谱面中的节奏，唱准旋律中的音高，达到这一要求的前提必须是认识乐谱中的节奏与音高。在视唱练习的过程中，练耳虽不纳入

表1　音乐课学习内容与目标

内容	认知偏向	目标与要求	学习层次
乐理	知识	以音的长短（节奏、节拍）和音的高低为主要学习内容，在此基础上，认知、理解音高关系（音程、和弦）、旋律关系（调式调性）等内容，尝试运用音程和弦为儿歌旋律编配简易伴奏（即兴伴奏编配）	识记、理解
视唱（练耳）	技能	能够打出音的长短组合，并唱准乐谱中音的高低（用乐谱记录演奏或演唱的音乐片段以增强内心听觉）	实践、运用
声乐	技能	运用简单的方法和技巧，演唱乐谱中旋律对应的歌词	实践、运用

中职学前教育专业音乐课课标，但应作为乐理知识、声乐学习的辅助手段进行训练。故此看来，乐理和视唱之间的关系是相辅相成的，都为声乐的学习奠定相应的技能准备。

2. 重新设计教学过程，增加课程中的实践过程

从学习过程来看，乐理中音的长短和音的高低是整个乐理学习甚至音乐学习的开始，乐理知识的学习并非是从识记到理解再到运用的单向学习，而是在学习一个知识内容时充分调动听觉、视觉、在学习音的长短的过程中，打破从"认识"到"实践"的过程，而是先从"做"开始，在"做"的过程中让学生提炼知识，真正完成知识的认知与理解。

在学习"节奏型"一课的过程中，笔者首先将知识目标定为"识四分音符、八分音符、十六分音符，理解其时值长短"；技能目标为"能够打准2个八分音符，4个十六分音符，前八后十六、前十六后八、4个十六分音符的节奏型"，在"认知理解"和"实践操作"两个维度进行设计教学过程。之后在教学环节中，让学生从教室中分别找名称为一个字、两个字、三个字、四个字的物品，进行朗读：

书　铅笔　文具袋　黑板擦子

学生根据要求朗读熟练后，笔者将四分音符、八分音符、前十六后八分音符和4个十六分音符对物品的名称进行替换：

$$\underline{X} \quad \underline{XX} \quad \underline{XX\ X} \quad \underline{XXXX}$$

书　　铅笔　　文具袋　　黑板擦子

最终从熟悉的具象物品名称过渡到符号图形的认知，继而引导学生用这几个节奏重新组合，完成自由创编，最终使学生以实践为主的学习方式完成学习认知，达到"做中学"的设想。

3. 增强知识的内在关联，重视课程之间的连贯性

在"规律拍"这节课的学习中，笔者将专业知识与技能目标定位在"复习四分音符、四分休止符；能够通过筷子游戏集体稳定打规律拍，尝试建立内心听觉"；态度目标定位在用规律拍稳定节奏提高音乐演奏中节拍的稳定与准确性，以提升个人音乐素养。从知识的关联性可以看出，规律拍的时值是1拍，与四分音符的时值相同，换言之规律拍是固定节奏的标尺。

根据四分音符与规律拍知识内容的关联性设计教学过程如下（见图1）：学生以圆圈围坐，将手中的筷子顺时针传递至右侧学生面前，在传递的过程中"拿起"和"放下"筷子的动作各占一拍。这一环节能够让学生们稳定规律拍，有助于学生们之后在集体弹、唱的过程中，做到速度整齐划一。

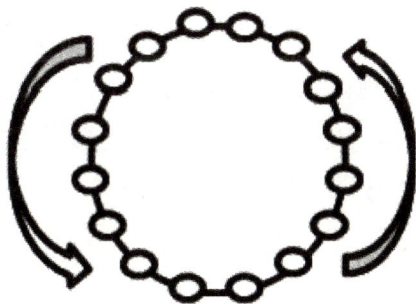

图1　四分音符与规律拍知识内容的关联性设计教学过程示意图

在此基础之上，加入"节奏型"中学习的内容，即所有学生手中用筷子打规律拍的同时，嘴上读出随机给出的四种节奏型，这样有助于学生能将规律拍和节奏型二者知识连接起来，从运用的角度反向认知理解"四分音

符""规律拍"以及四种节奏型符号的释义,将抽象的符号转换成具象的声音和用法,强化知识内在的关联的同时,也提高课程之间的连贯性。

4.调整教学目标,在专业课中完成德育浸润

《我来唱〈我和我的祖国〉》是一节以声乐学习为主的综合课,这节课的设计是在庆祝祖国70华诞之际。设计目的除了能让学生学会音乐本体知识和技能外,更能够将其作为以课程为载体进行德育渗透的课例,让学生将爱国主义教育落在实处,用所学的音乐技能表达对祖国的热爱。

本课由两个音乐本体知识和两个情感表达构成,采用在实践中得到体验、体验转化为知识的思路和手段学习音乐本体知识,在获得知识的基础之上激发学生的情感表达。在探究学唱过程中,利用肢体的律动和教具(彩色纱巾)让学生们感受作品6/8的律动和作品旋律的起伏,透过旋律的起伏表达出作品中第二段落的音乐情感。在感知作品第二段的音乐情感后,再去纠正声乐学习中的发声方法、发声位置,显然比没有领悟情感直接讲声乐技巧,更能准确和快速地达到让学生用亲切自然、圆润优美的声音演唱歌曲的目标。在创编与表达的环节中,学生在已经掌握作品结构和一定的声乐技巧后,发挥主观能动性,从歌词内容角度诠释作品,上升至情感态度的目标。

在"规律拍"这节课中,笔者设定"体悟团结协作的团队精神、学会团结协作"的情感态度目标。在教学过程中,学生们在规律拍的学习中发现,如果每个人都能够打准规律拍,则整体的速度节奏便会整齐。笔者借专业课让学生们体悟到"团结"的力量,并引导学生懂得怎样去做才能"团结",达到德育教育浸润在专业课中的目标。

三、实施保障

(一)政策引领

通过背景梳理发现,中职校贯通模式的进程发展自2010年至今呈现持续状态,国家层面政策方向的引领是上海市中职校探索人才培养方式变革的重要保障。

（二）学时保障

中高、中本贯通学生在中职阶段的学习时长为三年，与普通中职培养相比，三年级仍为在校学习时间。故此在学习时间上，更加充裕。

（三）学校鼓励

对于贯通模式的人才培养，学校层面积极进行探索，从教师配备到硬件设施，均体现出学校对于贯通模式的重视，这在很大程度上为贯通模式的人才培养提供了多种便利条件。

四、特色与成果

（一）基于贯通模式学制，明确人才培养目标

贯通模式的学制为人才培养的整体目标提出了新的要求，通过在音乐课中的实践，明确了专业知识与多元学习并行的课堂教学模式。学生们在音乐课中，除了学到音乐本体的知识之外，还从学习方法、思维逻辑等"大德育"的语境下得到多方面的锻炼与提升，切实做到了将发展学生"核心素养"作为人才培养的终极目标。

（二）利用贯通模式时长，夯实中职阶段基础

无论是中本还是中高贯通，中职阶段的学习时间都是三年，与普通中职模式培养相比，多出一年学习时间。学习时间拉长，能够保证在音乐专业课中，可以从更多视角、运用更多方法、通过更多实践学习理解知识，因此贯通模式的培养有助于学生在中职阶段夯实基础，利用更多时间学习技能科目，为本科（高职）阶段打好坚实基础。

（三）满足人才培养要求，形成长效学习机制

贯通模式始于中职，止于高（本），5年或7年不间断的学习有利于学生养成对于学科知识不间断学习的习惯。从这一角度而言，贯通模式的培养从学科知识以及学习习惯养成方面，更能够满足人才培养需求，形成长效学习机制。

五、体会与思考

中职校人才培养模式的变革对于学生在中职阶段的培养，重新定义了

要求。中高（本）贯通的学生，其学习起点为中职学段，终点则为高职与应用本科学段，而贯通模式培养下的学生，在中职阶段整体的培养目标势必有所改变。贯通培养模式是中职校人才培养的新探索，同时专业课的学习是学生在中职阶段与未来职业之间最为直接的衔接。因此，对于贯通模式的专业课而言，更需要确立中职三年阶段性学习目标，帮助学生找准学习的方向和方法，使贯通模式发挥最大的效能。

参考文献

[1] 国家中长期教育改革和发展规划纲要（2010—2020）[EB/OL].中华人民共和国教育部：http://www.moe.edu.cn/srcsite/A01/s7048/201007/t20100729_171904.html.

[2] 现代职业教育体系建设规划（2014—2020）[EB/OL].中华人民共和国教育部：http://old.moe.gov.cn//publicfiles/business/htmlfiles/moe/moe_630/201406/170737.html.

[3] 国务院关于加快发展现代职业教育的决定[EB/OL].中华人民共和国国务院：http://www.gov.cn. ngce/content/2014-06/22/content_8901.html.

[4] 佚名.中等职业学校专业教学标准: 试行. 教育类[M]. 北京：高等教育出版社，2015.

"梦工坊"模式打造特殊中职生生涯启航之路

浦东新区辅读学校　杨　斌

【摘　要】从课堂到课程，从项目研究到实训室落地，学校为中重度智障学生的实习实训探索出路，创造性开发"梦工坊"模式，让更多中重度智障学生自食其力，融入社会，实现真正就业。

【关键词】特殊中职　实习实训　梦工坊

一、实施背景

中重度智障学生的就业问题，一直是特殊职业教育的困惑。特殊孩子家庭有这样一个困境，孩子一毕业就陷入"就业无门，升学无路"的境地。由于自身的缺陷、社会歧视、就业环境不乐观以及缺乏就业引导等多重因素，身心障碍学生职业生存能力低是当前社会存在的一个突出问题。随着特殊中职生的障碍程度越来越重，许多学生面临着毕业即失业的状况。

十七大报告提出"关心特殊教育"，十八大报告指出"支持特殊教育"，十九大报告强调"办好特殊教育"，十九届四中全会审议通过的《中共中央关于坚持和完善中国特色社会主义制度、推进国家治理体系和治理能力现代化若干重大问题的决定》，更是明确提出了"推动城乡义务教育一体化发展，健全学前教育、特殊教育和普及高中阶段教育保障机制，完善职业技术教育、高等教育、继续教育统筹协调发展机制"。这表明我国对特殊教育的重视升到了一个新的高度。"一个都不能少""不让一个孩子掉队"等期望旨在发展更加公平也更加均衡的教育力量。《国家中长期教育改革和发展规划纲要（2010—2020年）》中指出，各级政府与全社会都应加大对特殊教育和残疾儿童的关怀，推进残疾人的职业教育。与此同时，注重潜能开发和缺陷补偿，培养残疾学生积极面对人生、全面融入社会的意识和自尊、自信、自立、自强的精神，加强残疾学生职业技能和就业能力培养等也对特殊教育体系的发展起着不可或缺的作用。

基于特殊教育的使命，立足于全校师生发展的实际需求，特殊职业教育作为特殊教育与职业教育的重要结合是助推残疾学生就业的核心环节，对于提高残疾人的教育水平，增强参与社会能力，提高生活质量具有十分重要的意义，也是推进残疾人小康进程的必由途径。

二、实施目标

第一，针对"梦工坊"职前一公里课程的转型衔接，精准施策，让更多特殊中职生习得技能，根据能力按需设岗，在实践教育中培育特殊学生最为核心的职业素养。

第二，充分响应《浦东教育现代化2035》中"五育并举"的要求，探索校企合作创新之路，帮助特殊学生顺利从学校之门迈入社会之门，使"梦工坊"成为特殊中职生实习就业的孵化地。

三、实施过程

为解决中重度智障学生实习就业的"最后一公里"，围绕"学生职业生涯"主轴将校园文化与企业文化相渗透，学习环境与企业环境相融通，学校开发和实施了"梦工坊"课程，以特殊学生的需要出发，将实践操作与课程内容进行结合，让学生在校内就能适应工作的状态，提高学生在实践工作中的效率和质量。通过开设"技能培训""劳动实践""素质教育"等课程，设置咖啡冲泡、园艺种植、家政、手工绣、职业礼仪等课程，使学生能掌握就业技能、提高心理素质、纠正心理和行为方面的偏差。

（一）优化课程内容，关注职场融入

在特殊教育全面推进融合的新形势下，我们以融合为导向，在充分尊重个别差异、满足学生多样化需求的基础上，营造融合的校园环境和文化氛围，深入贯彻十九大报告中提到的，使智障学生与普通学生都能享有公平而有质量的职业教育。

1. 校内的岗位实践课程

学校集结校内各方资源，让学生在校内"持证上岗"，这是学生在迈向社会前的一个预备，一次演习，更是一种积累，同时也是利用这些碎片化时间、隐形课程的最好表现方式。

学校从空间、时间维度盘活校园内大大小小20多个岗位，如快递员、咖啡吧服务员、保洁员、食堂清洁工、银行职员等，从学期初发布招聘启事开始，竞聘上岗、岗前培训、就职仪式、上岗服务，再与德育室"海贝代币"奖励相结合，期末颁发"优秀员工"的荣誉证书，激发学生"上岗服务"的意愿、竞争意识和自主意识，使学生在真实的工作环境下，实现由"学生"向"员工"身份的转变，体会工作的艰辛，增强其岗位适应性，提升职场应对能力。

2. 校外的社会实践课程

每月一次的实践活动是特殊学生独立或半独立于社会的基础，课程处基于学生年龄、认知、经验、辖区内资源等基本现状，设计了合理的课程实践内容（见表1）。

表1　2019学年社会实践安排

实践主题	实践内容	对标课程	实践地点	对应年级
职能之旅	中式小点心	中式面点	校内面点室	职一年级
	敬老服务	德育	辖区内助老服务中心	
	菜场调查	家庭餐饮	辖区内菜场	
职场之触	洗车服务队	洗车	校内洗车点	职二年级
	超市理货	商品经营	辖区内超市	
	职场初体验	技能培训	新区残联阳光基地	
职业之悟	图书小管家	实践岗位	浦东新区图书馆	职三年级
	小小烘焙师	西式点心	校外面点室	
	未来咖啡师	咖啡服务	梦工坊咖啡吧	

3. 丰富的普特融合课程

借助学校、企事业单位的各种资源，以丰富的活动为载体，为学生创造与不同社会人群往来交流的机会,在不同的融合环境中,学习处理简单问题,积累生活经验,逐步提高学生融入社会的基本技能和素养。

围绕职业生涯主轴线,多家单位的志愿者来校授课,学校先后开设埃斯创职场面试礼仪微课堂、洋山港职场英语会话微课堂、工行职场财商微课堂、麦隆职场咖啡文化微课堂、思爱普职场制作简历微课堂等;有十余名学生参加好时(上海)食品研发有限公司组织的巧克力公益课堂,做了一回甜蜜的感官评价员;有30余名学生参加星巴克臻选工坊组织的"星"体验课堂,助力就业梦想;同时为帮助职校生了解岗位的求职需求,感受真正的职场氛围,先后有50余名学生走进上海特思尔大宇宙商务咨询有限公司、法国巴黎银行、赛科斯信息技术(上海)有限公司以及证大美爵酒店进行职场体验,搭建学生求职与企业招聘之间的桥梁。

(二)基于生涯发展,开展个性服务

基于生涯发展支持的理念,学校将职业转衔支持服务从为期一年的职后跟踪延伸到在校学习的整个过程,编制个别化职业转衔服务计划(IVTSP)文本、操作手册及评估检核表,通过学生、家长、教师与专家共同参与的转衔服务会议,为每一个学生制定、实施一份IVTSP(见表2)。

表2　个别化职业转衔服务计划(IVTSP)文本

类别	庇护性就业(以陈*为例)	支持性就业(以徐×为例)
自我管理	1.能保持耐性,能自我反省,对缺点加以改进 2.能遵守承诺,承担责任	1.能自行选择及作出决定,并付诸行动 2.能安排自己的生活,管理自己的工作时间和金钱
沟通协作	1.能运用语言,清晰地表达意思及感受 2.能接受团体中自己及每个成员的角色、责任,并愿意遵从团队规则	1.能理解整段文字,通过阅读书写表达自己 2.能对团队成员做出客观评价,能与伙伴分工完成任务

（续表）

类别	庇护性就业（以陈＊为例）	支持性就业（以徐＊为例）
休闲娱乐	1. 能在他人的陪伴下去商场购物或看电影 2. 能在他人的陪伴下利用休闲时间去附近的公园、绿地等游玩	1. 能参与团体游戏，遵守游戏规则 2. 能合理安排自己的业余时间，外出超市购物、逛街、聚会等
解决问题	1. 遇到问题时，能运用过往所学或经验，尝试寻求解决的方法 2. 懂得透过不同的科技手段寻找资料	1. 遇到问题时，能按照指引逐步把问题解决 2. 懂得运用通信工具与人沟通及联系

针对学生个体就业准备期、关键期与稳定期的不同需求，学校整合医学、高校专家及企业力量，组建一支多学科的支持服务团队，构建出学校、家庭、社会共同参与的支持服务体系，为学生提供全程的职业转衔支持服务。通过生态评估中的职业技能和职业素养评估不但可以了解学生目前的技能水准，还可以预测学生在工作职场中可能成功的机会有多大及其适合的岗位。

（三）立足终身理念，实现自我价值

国务院新闻办发表《平等、参与、共享：新中国残疾人权益保障70年》白皮书，提到了中国将不断完善残疾人权益保障机制，增进残疾人福祉，增强残疾人自我发展能力，推进残疾人平等参与发展进程、平等分享发展成果。作为新时代我国特殊教育发展的五大趋势之一，特殊教育体系向终身化方向发展，特殊教育作为教育的一部分，必然也会受到终身教育理念的影响。

围绕职业生涯这根主轴，学校将校园文化与企业文化相渗透，学习环境与企业环境相融通，为特殊学生就业需求提供进一步的支持。企业的师傅给予学生最大的帮助：从环境的适应到身份的调整，使其在岗位上勤奋、踏实、努力地工作。

"纸上得来终觉浅"，在学校学到的知识需要有应用实践的机会。在对外营业的梦工坊咖啡吧，学生找到了特殊教育的价值，让每个孩子回归社

会、融入社会,慢慢找到自己的价值,用行动告诉大家,其实我们是非常美好的。我们致力于打造一个有爱的平台、一个尊重的平台、一个平等的平台,希望人们不仅仅是来喝一杯咖啡,更应该把我们社会的能量,把我们每一个人的爱在这里释放。梦工坊咖啡吧,上海第一家为特殊孩子开设的支持性就业项目,也是这群特殊孩子与社会连接的纽带。

四、实施保障

(一)同频共振,加强软硬件建设

学校确保经费到位,专用教室以及设施设备到位,成立以餐饮企业领导、上海市群星职业技术学校忠华教学点校级领导组成的特殊中等职业教育中餐烹饪与营养膳食专业建设指导委员会、特殊中等职业教育中餐烹饪与营养膳食专业校企合作领导委员会,其职能是:制定在特殊中等职业教育中餐烹饪与营养膳食专业人才培养实施过程中的统一协调和资源共享等管理机制及相关政策;研究完善特殊中等职业教育中餐烹饪与营养膳食专业人才培养教学改革方案;定期协调解决特殊中等职业教育中餐烹饪与营养膳食专业人才培养中有关的重大事项;审定特殊中等职业教育中餐烹饪与营养膳食专业人才培养教学管理相关文件。

(二)同商共议,共谋职业教育发展

为加强专业和课程建设,促进内涵发展,提高教育教学质量,"两来两去"教研模式已进入第4年,在已有的两大专业的课程方案基础上,重点将"梦工坊"实习课程标准与职业标准对接,教学过程与生产过程对接,研究形成一主多辅的梦工坊专有模式,以集中活动与分组研讨相结合,专业理论学习、课标解读、专家指导与教学实践相结合的方式进行,学校定期开展社会实践活动、融合体验活动、社团活动,有力提升了学生的学习兴趣和专业能力。

(三)同心协力,辅导员贴身跟岗

近年来学校针对残障人士(主要是智障人群)发展"支持性就业",主要是在竞争性工作场所为心智障碍者持续提供训练,以增进他们的工作能力及与同事的互动,当心智障碍者的表现符合工作场所的要求后,就业辅导员逐渐退出工作现场,改为追踪的方式提供服务。对于已经就职或实习

的学生设置就业辅导员的岗位以便于为他们进行咨询和服务。

以梦工坊咖啡吧就业辅导员的职责为例：首先了解每一个学生的基本情况、岗位及岗位要求；其次辅助他们更快适应工作岗位，对一个或多个学生进行岗位跟踪记录；再次遇到突发情况时，能帮助学生与他人进行协调，避免产生误会，并及时与负责老师或店长汇报沟通；然后每天工作结束前，与学生简单交流，了解其在工作中遇到的困难及心理动向，并对其进行相应指导；最后定期做好个案记录工作。

五、特色与成果

（一）梦工坊模式特色

第一，知识传授、能力训练与行为养成相结合。把知识传授、能力训练同陶冶情操、提高觉悟、行为养成结合起来，做到知行统一。

第二，面向全体与个别指导相结合。教学面对全体学生，加强个别指导，用正确的学生观、人才观看待学生，真诚地期望每一个学生都能成功，为学生创造成功的机会并及时给予激励，成为学生的知心朋友。

第三，课堂教学与日常德育工作、各科教学相结合。教学要与多种德育渠道结合起来，发挥德育课教师在教师集体中提高德育针对性、实效性的引领作用。

第四，自律和他律相结合。教学要注重引导学生把落实职业生涯规划中的发展措施，转化为发自内心的需要，要把个人职业生涯规划的设计和管理置于集体之中，发挥他律的作用，进一步提高德育实效。

（二）梦工坊模式成果

2019年1月，爱碍爱刺绣文创就业基地落地，6位已毕业学生在辅导员3个月的耐心指导下，用双手绣出古代纹饰的茶席，实现了自主就业，为心智障碍人群提供了一个文创就业的全新版本。

2019年6月，基于校内梦工坊实习基地的雏形，作为上海首个心智障碍青年支持性就业基地——"梦工坊咖啡吧"在成山路345号对外营业，2020年6月，梦工坊面馆、洗车房相继开业，陆续有15名学生（其中自闭症学生4名）实现就业，10余名学生参与实习，2名实习指导老师定点跟踪，5

名就业辅导员贴身指导,学员们获得了自食其力、接触社会的珍贵机会,并从每一天的劳动中,感受到了接纳与尊重。他们良好的职业素养、职业技能得到了企业方、顾客们的一致好评。自2019初夏开业以来,累计接待3万人次,参加十余场展会,举办百余场活动。中央电视台、上海电视台、浦东电视台、解放日报、青年报、劳动报、浦东时报等媒体争相报道,得到了社会各界的广泛关注。

两大就业实践基地为在校学生第4年实习提供进一步支持,构建"学生需要、社会支持、生涯计划"三者相结合的特殊学生职业教育发展模式。

六、体会与思考

从家庭到学校,从学校到职场,特殊学生实现真正意义上的就业需要多方合力,政府、家长、企业方、辅导员老师、心理医生,环环相扣,共同创建温情的土壤,让特殊学生从容、阳光地在职场上工作。

群星职校忠华教学点不断探索适合智障学生发展的职业教育模式,在今后的办学发展过程中仍将一如既往地围绕学校融合+职业教育的理念,让特殊人群有底气、有勇气走出家门、走进社会,拥有"非特殊化"的有尊严的生活。因为我们相信,无论是众星捧月般的玫瑰,还是路边默默无闻的小草,但寒冬过去,小草也有它的春天,如玫瑰般艳丽,甚至比他们更坚强!

一座城市的繁荣与发展,绝不只是一眼望去的光鲜与繁华,它必须承载起更多人民群众的幸福生活。"梦工坊"的孕育而生,正是上海这座城市的品格——开放,创新,包容。

参考文献

[1] 沈立,陈莲俊,赵静红.职业教育在办好特殊教育上的功能与作用[J].中国职业技术教育,2017(34).

[2] 邓猛,赵泓.新时期我国融合教育现状和发展趋势[J].中国特殊教育,2019(1):12-18.

[3] 许家成.特殊儿童生涯发展与转衔教育[M].南京:南京师范大学出版社,2015.

探索篇

以动漫游戏为基础　落实市电竞专业试点校建设
——群星电竞专业试点纪实

上海市群星职业技术学校　李　爽

【摘　要】在浦东新区区政府和浦东新区教育局的支持下，2018年上海市群星职业技术学校成功申报了上海市职业教育"电子竞技运营与管理专业"，2019年招收第一届专业学生，成为上海市中职第一批开设此专业的试点学校，并开展了电竞人才的培养工作。

【关键词】电竞专业　试点

一、实施背景

中等职业技术学校的电子竞技专业是根据我国经济发展和创意产业发展的需要，为满足电子竞技行业对初、中级应用性人才的需求而设置的。为了进一步贯彻《国务院关于加快发展现代职业教育的决定》（国发〔2014〕19号）以及国家和上海市中长期教育改革和发展规划纲要，推进中等职业教育专业与市场需求相关的紧密联系，加快培养适应上海经济社会发展需要的优秀一线技术型人才，我校通过调研，了解了电子竞技行业发展的过去、现状以及未来发展趋势，了解了行业岗位情况以及对应的对人才类型的需求、人才知识和技能的要求、人才素质的要求、人才数量的需求。通过对现状的分析与把控，来确定学校开设专业的类型、人才培养质量与规格、招生计划。最后决定以我校动漫游戏专业为基础，利用动漫游戏专业已有的师资、实训等条件，申请开设电子竞技运营与管理专业。

二、实施目标

全面了解当前电子竞技产业的发展现状、岗位需求及知识需求，中职、高校、企业三方通过特有的"三方一体"进行深度校企融合，借鉴相关学科的课程体系及课程标准，为中等职业学校电子竞技运营与管理专业编制人才培养方案，提供一系列核心课程体系建设方案，推动中等职业学校电子竞技运营与管理专业的学科建设和教师队伍建设，进而培养适应电子竞技产业发展的中等人才。

三、实施过程

（一）成立电子竞技专业建设委员会，与行业企业签订合作办学协议

加强实训实习基地建设是搞好实践性教学的关键，也是提高学生实践动手能力的根本保证。在校内，我校按照"实用性、仿真性、综合性、可扩充性"等原则加大投资力度，不断完善实训设施设备的配置，并与知名广告公司合作建成了实训中心，较好地满足了电子竞技专业实训教学的需要。学生们在校内实训中心能系统地进行各项专业技能的训练，全方位开展项目训练，拉近了专业知识与实践的距离，提高了实践能力。

以就业为导向，主动适应市场需求，学校成立了电子竞技专业建设委员会，聘请了多家行业的专家和管理者担任该专业建设委员会的成员，就专业人才培养规格、课程设置和就业要求等展开研讨。目前学校已与上海久意信息技术有限公司签订了合作办学协议，将与明日世界互动娱乐有限公司、美国完美世界（中国）娱乐有限公司签订合作协议，这为电子竞技专业的学生提供了实训、实习和就业机会。

（二）制定电子竞技专业教学实施方案

学校依托电子竞技行业专家共同开发教学方案，目前已经完成《上海市群星职业技术学校电子竞技专业（电子竞技运营与管理）教学实施方案》，课程标准突破传统的学科课程模式，实行了项目引领的模块化课程。

在教学过程中，项目引领课程的灵活性同时表现在对学生进行实践能

力的培养组织上。专业实践性教学在教学中一般不低于总学时的50%，改革实验教学内容，减少演示性、验证性实验，增加设计性、综合性实验，通过教学中的大型实验、实训、课程设计等流水线式实践环节的训练，逐步形成培养学生职业技能、职业综合能力和职业素质有机结合的实践教学体系，对学生进行全面的动手能力培养。

教学实施方案明确。电子竞技运营与管理专业的培养目标是培养能适应电子竞技行业发展需要，熟悉行业基本情况，具有教育科学、心理科学及体育科学基本理论和项目管理方面的基础知识，掌握战队运营与管理、电竞舞台美术与设计、电竞赛事组织与管理、电竞媒体与新闻、电竞演艺和主持、游戏策划和运营等相关领域内必备的基本技能，并具有一定艺术想象力与创造力以及良好职业道德和敬业精神，紧密对接电子竞技行业发展趋势的高素质技能应用型人才。

1. 课程设置

方案要求本专业的学生能掌握电子竞技内容的制作技能，能熟练运用3D、CAD、Maya、Photoshop等设计软件；熟悉相关灯光音频的编辑软件和设备；对新的设备产品、技术等能抱有积极学习的态度；熟悉各类模拟和数字调音台，能够独立操作音响系统；熟悉节目制作流程等专业能力。

因此在课程设置上，本专业课程设置分为公共基础课和专业技能课。公共基础课包括语文、数学、英语、信息技术基础、体育、法律、生涯规划、经济政治与社会、艺术欣赏、心理健康、哲学与人。专业技能课包括专业核心课和专业（技能）方向课，实习实训是专业技能课教学的重要内容，含校内外实训、顶岗实习等多种形式。

专业技能课包含电子竞技史、电子竞技新论、电子竞技游戏解析、基础美术、图形图像技术和虚拟现实这6门专业核心课；电子竞技舞台美术与设计、电子竞技灯光、音响及机械控制、电子竞技赛事组织与运营、数字雕塑和电竞内容营销与推广这5门专业方向课程。

学校还设置了电竞节目编导与策划、电子竞技通用韩语、电子竞技赛事赏析、道具制作等一系列选修课程。

2. 课程标准设置

方案中明确了6门专业核心课和5门专业方向课的课程标准。

(三)加强"双师型"教师团队建设

1. 强化课题研究培训

在项目启动初期,我校就多次邀请教育专家、学者及电竞行业专家对学校建设组成员进行指导,加强研究新理念的培训。采取"请进来、送出去"的方法。学校充分发挥校内的网络资源和"本土专家"资源,采取网上学习、骨干教师讲座、上示范课、课标知识学习等方式,学习有效性理论及课改环境下的课堂教学,近一年来,学校共选派课题组成员外出听课、学习、培训达10多人次。

加强现代教育技术能力培训。充分利用多媒体手段,发挥远程教育的巨大优势,组织教师利用学习平台和教育 App,下载课件、开展教学设计、撰写教育心得等,与全国各地的教师、合作企业的员工深入探讨最前沿的技能和最细致的教法,让最新的思想占领阵地,让最现代化的教学技术走进课堂。充分发挥骨干教师的引领作用。学校充分利用"本土专家"进行辅导讲座,一年来骨干教师主持和主讲的培训活动近10次。

2. 丰富课题研究活动

(1)积极承办各级各类教学研究活动。电竞专业教学集体研讨活动、专业教学论文比赛、1+X 职业技能等级证书研讨等电竞教育相关活动。

(2)努力参加各级各类教学比赛。学校尽其所能为教师创造条件,帮助、支持老师参加各级组织的各种比赛和交流,为他们创造展示自我的舞台。

(3)扎实开展校内课题研究活动。研究中我们先后开展了产业调研、文献整理、开题研讨、专业课标研发、师资培训、教学实践等活动。

3. 建设专兼结合的电竞教师队伍

本专业现有10名专职公共基础课教师,7名专职专业课教师,在电子竞技专业建设过程中,学校增聘了8名专业兼职教师。教师队伍年龄、学历、职称与职业能力结构合理,数量充足。目前专业现有专职教师比例合理,专任教师"双师型"比例更是高达85%。

四、实施保障

建立求真务实的电竞试点专业建设研究集体。成立校长牵头的电竞专业建设组，由教研组长、教学骨干教师、企业专家为成员组成研究集体。各成员职责明确，分工到位，充满很强的科研能力和信心。

2020年初，因群星职校校长换任，专业建设组召开了全体成员会议，确定现任校长任专业建设第一负责人。

专业建设过程中各成员身体力行、率先垂范，不仅担任学科教学工作，还积极参与各项研究活动，深入课堂听课、评课，同时还为电竞专业建设工作的顺利开展协调各方面的工作，保证专业建设与科研经费的投入。

五、特色与成果

（一）再次调研并形成了人才培养方案

2019—2020年，以《电子竞技人才需求调研报告》为依据重新调整了中职《电子竞技运营与管理》专业人才培养方案初稿中人才培养规格、核心课程和专业方向课程。

（二）研发了三门专业核心课的课程标准，开展实践并形成课程评价研究报告

依据人才培养方案，开发了三门核心课程"电子竞技新论""电子竞技史""电子竞技游戏解析"，目前基于制定的课程目标，均已完成课标第一稿的研发工作，在教学实践中也逐步应用，目前学校电竞专业两届在籍学生共95人，均参加了三门课程的学习。

企业参与中职学校的教学计划制定，并指派专业人员参与中职学校的专业教学。企业优秀管理者或技术人员到中职学校授课，促进校企双方互聘，企业工程师走进学校给学生授课，同时学校教师随堂学习，并根据课堂反馈对企业教师开展课堂教学、教法手段等培训，提高企业教师的教学水平。

连续两年组织电竞专业师生走访企业，类型涵盖电竞游戏厂商、运营商、赛事公司和电竞俱乐部等，开阔眼界、提高认知、强化学习效果。

组织学生参与各项电竞比赛，以赛促学，在"全国大学生电竞知识大

赛""城市杯两岸学生电子竞技邀请赛"等比赛中获得多项奖项。

（三）建设校内外实训中心　打造"理实一体化"的教学实践环境

学校现有实训教室16间，配有苹果机、双屏机、图形工作站、视频工作站、数位一体机等高性能设备，还拥有专业录音棚、摄影棚、影视后期、平面设计、三维游戏、3D打印、VR虚拟等实训工作室，为开展岗位项目化学习提供了良好的学习环境。

在校内，学校按照"实用性、仿真性、综合性、可扩充性"等原则加大投资力度，不断完善实训设施设备的配置。全面启动上海市中职电竞专业开放实训中心的建设，同步建设校内电竞专业"理实一体化"的教学实践配套所需实训室。主要包括具有全球直转播功能的电竞馆，端游实训室、手游实训室，以满足学生可以在真实场景下开展电子竞技运营与管理实习实训的要求。

在校外，与知名电子竞技企业完美世界、明日世界、上海竞迹合作建成了学生校外实训中心，能较好地满足电子竞技运营与管理专业顶岗实训教学的需要，帮助学生拓宽专业视野，提升岗位技能水平。

（四）探索电子竞技专业中高、中本贯通人才培养模式

我校与上海电子信息职业技术学院、上海师范大学天华学院等实行双校联合教学的方式，共同围绕电竞专业打通升学通道，加强教学效果。

同时，三所学校均和完美世界就电竞专业共建进入了全面校企合作。完美世界是一家以数字文化创意产业为核心，致力于打造电竞人才培养的综合发展的上市公司，是国内最大的电竞运营商之一，也是国内运营电竞赛事影响力最大的公司，拥有国际知名电竞赛事品牌和全国规模最大赛事奖金最高的完整赛事体系，并已运营Valve社在上海举办世界范围内最高规模的电竞比赛——2019DOTA2国际邀请赛（Ti9），通过大型赛事的国际影响力，推动中国电竞行业的发展，提高中国电竞行业在世界范围内的影响和地位。此外，与Valve合作的全球最大独立游戏平台STEAM中国已成功落户上海，将为中国游戏玩家和游戏企业带来更多服务，同时也能为中高贯通、中本贯通学生提供优质的实训实习平台。目前此项工作仍在稳步推进中。

六、体会与思考

(一)坚持建设工作深入和细化

新专业建设工作是一项长期、严谨、科学的工作,它需要不断的努力和开拓。

我校开展中职电子竞技试点专业建设,将为应对日新月异的电子竞技产业的发展及电子竞技职业教育的发展构建一个科学、合理的研究理论框架和基础依据。通过定性研究和定量研究相结合的方法,一方面收集汇总大量产业和专业素材,另一方面可以通过教学实践和社会实训,来了解产业一线的真实工作情况和岗位能力反馈,能够在设计课程尤其是实操类型课程中,有参考依据和标准。

(二)持续开展电竞专业教学标准的修订

为保障教学内容更加贴近产业发展需要,学校进一步修订了电子竞技运营与管理专业人才培养方案和专业教学标准,在核心课程标准的开发过程中,注重实践性教学课时比例。在专业方向上设定为电竞内容制作与传播方向、电竞游戏设计与制作方向,使课程更贴合学校实际和市场对中职电竞人才的需求。

(三)持续更新和优化核心课程标准

学校致力于建立一套行业通用的核心课程标准,指导中职院校开设电竞相关课程,进行电竞人才培养,为电竞行业提供优质的技能型人才。同时,在课程标准制定上,注重在培养目标、人才培养规格、课程设置以及教学评价等方面的衔接,明确职业发展路径,为学生成长、终身学习奠定基础。

加强"电子竞技运营与管理"专业课程标准评价的内容体系、方法、步骤与模型的研究。

(四)进一步优化电子竞技专业教材

结合实践反馈,对"电子竞技新论""电子竞技史""电子竞技游戏解析"三门课程的教材进行优化。教材的编排充分体现以电竞岗位为目标任务引领型的中等职业教育专业课程设计思想。以电子竞技行业通识为主体,实施模块化教学,结合考核要求,合理安排教材内容。

(五)加强电竞专业师资培养

围绕产业发展趋势,不断优化人才培养体系,持续跟踪人才发展轨迹。开展相关教师的培训和引进,培养专业人才,提升教学能力。加强校企联合教学的紧密性,根据教学反馈的情况,共同对教学内容的深度和广度进行调整。

来自教育领域和产业一线的人员共同组成研究团队进行工作。一方面教育领域专家学者能够对此次研究中设计研发的核心课程标准进行把关,使这套标准能够符合教学要求,符合教育规律,尤其符合职业教育的要求;另一方面,来自产业一线的专业技术骨干可以把关相关课程的教学内容和教学形式,培养产业需要的技能型人才。通过这种跨领域的合作,可以实现真正的产教融合,发挥校企合作的优势。

(六)在课程的实训内容上增强校企的合作

加强校企合作广度与深度,逐步丰富实训岗位类型,加强学生实训制度建设及日常管理,把学生在企业实训的情况做收集、反馈,看是否能达到企业和市场的需求,从中找出差距,有针对性地调整课程教学方法和更新教学内容,深化产教融合,持续跟踪反馈1~2年,最终完成核心课程标准及配套学材的开发。

基于甲方需求的职业教育教材"动态化"建设
——以学校《酒店人职业生涯规划》教材建设为例

上海市浦东外事服务学校　唐　菊

【摘　要】教材建设是职教课改的薄弱环节,尤其对专业教材而言,往往存在短缺或者教材内容滞后的弊端。为了解决上述问题,学校酒店服务专业从拓宽调研广度,明确教材编写方向;加深调研深度,细化教材编写内容;依托电子教材,打通教材更新通道;反馈用人单位,维系教材动态优化等方面探索基于甲方需求的专业课教材动态化建设路径。在此过程中,探索教材开发新路径,教材优化新机制;探索课程改革新形式,打造教师发展新平台。

【关键词】职业教育　教材建设　甲方需求　动态化

随着职业教育的迅猛发展,课程改革是近些年职教改革的重点。而教材是课改落地的重要载体。从课程改革到教学改革再到教材建设,逐渐形成了一条完整的职教课改路径。当前我们亟待解决的就是相关专业教材如何满足学校和企业共同的人才培养需求,满足真实的岗位需求问题。本案例主要围绕相关教材建设展开探索。

一、实施背景

高星级饭店运营与管理专业(以下简称"酒店专业")是学校的传统专业,在近二十年的发展过程中,尤其在教材建设方面取得了巨大的进展。二十年前的中等职业教育,很少有学校自己的校本教材,大多使用高等院校的教材或统编教材,不论从教材的编写体例、实用性还是难点控制上,都很难契合中职校学生自身的特点以及对应企业岗位的需求。十年前，中职学校自编教材开始兴起，各校教师们凭借多年教学经验，结合企业调研，编写了相当数量的校本教材，不论从教材本身的难易程度、学生的接受度，还是教材的编写体例、教材的特殊化处理等教材改革的情况来看，都有了新的变化。

但是直到今天，我们的教材与行业企业的用人需求仍旧存在一定的差距。尤其对于酒店业来说，科技日新月异，带来岗位的千变万化，原先的教材内容和形式早就跟不上时代的变化节奏，更跟不上企业发展的脚步，这种滞后主要体现在以下三方面：①教材内容滞后。酒店业有了新的发展，而教材因为采集周期、编写周期、出版周期等原因，其最终的呈现成果与行业发展脱节。②教材涉及的学科本身滞后。某些学科对于今天的酒店业来说，尤其是在中职学校，可能已经没有存在的必要。③新教材的缺失。根据酒店业发展的需要，一些新技术、新工艺、新方法等内容需要及时更新，但是在现有教材中没有及时或很好的体现。

二、实施目标

结合人才培养目标和行业企业发展趋势及岗位需求，针对现有酒店专业教材滞后的问题，学校着手开展本专业领域的教材建设。围绕酒店等相关行业和酒店的甲方（需要酒店长期提供服务的企业）的用人需求开展广泛而又深入的调研，充分依托校企合作平台，探索开发《酒店人职业生涯规划》电子教材。在开发过程中，我们坚持"边开发、变应用、边优化、边成形"的指导思想，在动态调整中完成教材建设任务。

三、实施过程

在最新颁布的国家中等职业学校各专业教学标准中，"职业生涯规划"是众多公共基础课中的一门（见图1），属于德育课程范畴。该课程对职业理想的作用、发展条件、目标与措施、就业与创业等方面展开了充分的叙述。但由于是基础课，偏向于普适性，缺乏针对性，不能满足各个专业的个性化需求。一般来说，学生在学完该课程后，只能对职业生涯有一个浅显的了解，并不能结合自己所学专业深入又科学地编写一份职业生涯规划书。甚至还常常有学生表示"当初选择专业是盲目的，现在还是不知道自己毕业了能做啥"。

图1　学校"职业生涯规划"课程教材

基于上述原因，为了让酒店专业学生明晰本专业的就业前景和未来职业展望，我们在专业建设中增设了"酒店人职业生涯规划"课程。这是一门全新的课程，需要编写与之相适应的教材，实现课程教学目标。教材编写历时两年半，主要经历了以下四个阶段。

（一）阶段一：拓宽调研广度，明确教材编写方向

1. 拓展调研对象范围

以往的调研对象主要是酒店。因为酒店是学校人才培养的输出场所，是直接的用人单位，是我们的"甲方"。他们的要求直观、明确、真实，对本专业建设有着直接的指导作用。通过对酒店 HR 及以上管理人员，餐厅、前厅、销售等领班及以上管理人员，学校优秀毕业生等对象，可以为学校人才培养提供一手信息。国际贵都大饭店、静安洲际酒店、金茂君悦大酒店、浦东香格里拉大酒店、富豪环球东亚富酒店等是我们调研的主要企业。

2017年起，除了酒店业本身，我们将酒店的服务对象，即酒店的甲方也纳入我们的调研对象中。作为我们甲方的酒店可以为我们提供一线的人才培养信息，同样作为酒店的甲方，也能够为我们提供最真实的岗位需求信息。为此，我们走访了 Meeting & Incentives Worldwide 公司、丽兹家居、奥钢联国际贸易（中国）有限公司上海代表处、上海七爱国际贸易有限公司、世牧农业科技（上海）有限公司等，对企业的市场部项目经理或 HR 培训经理展开调研。我们围绕"对酒店服务的需求""对酒店员工具备基本素养的要求""酒店员工最宝贵的品质""不能忍受的酒店员工做法"等展开深入调研。

2. 明确教材编写方向

依据前述两个"甲方"调研获得的岗位用人需求，我们发现当前酒店行业对员工的需求随着服务行业的发展而产了巨大的变化：单纯的铺床技能、托盘技能、折花技能、铺台技能等简单操作已经不能完全适应酒店行业的发展需求。酒店需要员工具备良好的个人修养、强大的心理承受能力、团队合作精神等，而这些是当前中职校在专业教学中比较忽视的点，又是难以外显和测评的重点。

结合调研结果，我们对整个课程的培养方向做出了明确的定位：不再重复"职业生涯规划"课程中已经讲授的内容，把主要的方向设定在提升酒店专业学生的职业认同感、个人素养、团队合作能力、职业生涯起步阶段的应变力等方面。本课程开设的初衷便是弥补"职业生涯规划"课程中没有触及的，属于专业特性方面素养的培养。

（二）加深调研深度，细化教材编写内容

1. 确定教材体例

明确教材编写方向之后，我们组建了课程编写团队。由于多数教师缺乏下企业实践的经历，在教材编写中还是遇到了不少困难。在前期拓展调研对象范围的基础上，我们又加深了调研深度。通过反复走访企业、咨询各方专家，设计体例、论证体例、反复修改等过程，终于确定了教材的体例。

本教材共分基础篇、养成篇和进阶篇3个篇章，每个篇章开头设有"开篇导读"，引导学生把握本篇章的学习方向。每个篇章分设2~3个学习任

务,每个任务以"编者之声"开头,再分设若干个分级任务,将主任务细化进行剖析。教材主体中,除了正文之外,另有"材料阅读""探讨""测试""友情提示"等板块,根据教学内容穿插在需要处(见图2)。每个任务之后,设有"课后任务",学生可以通过课后任务来对自己的特性、职业的特点、自己与职业的匹配度、自己对未来职业的规划等进行判断或设计。

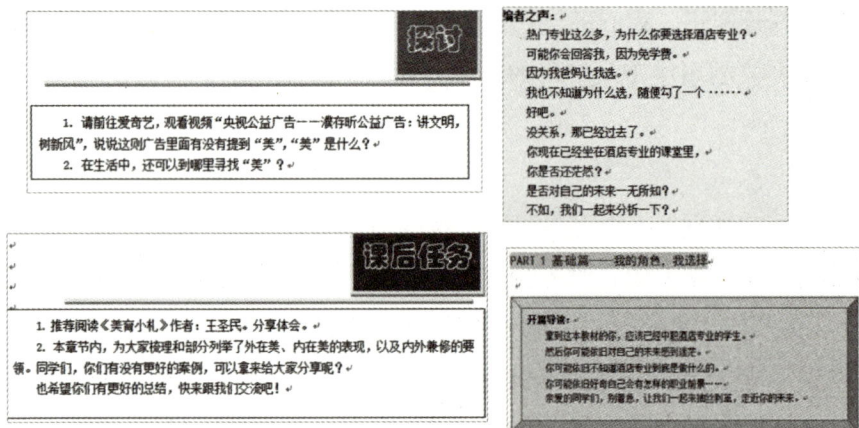

图2　新版教材内容截图

2. 细化教材编写内容

在教材内容的选择方面,我们与静安洲际的总经理嵇东明先生、HR总监王建瑶女士进行多次沟通,最终确认了本课程的人才培养方向——未来酒店业的从业人员。除了必备技能外,还应具备以下能力:受过基础甚至良好的美育教育;有社会表演学的基础;有出色的沟通能力;有良好的团队合作精神;有较强的应变能力;对社会发展趋势有敏锐的嗅觉;有主动学习的意愿和能力;有与岗位相吻合的网络平台操作能力;有稳定甚至庞大的朋友圈;有全面的知识储备,对酒店(至少是与自己工作相关的部分)信息的全面掌握;有良好的情绪管理能力;有终身学习的意愿等。

结合深度调研的结果,我们反复修订教材内容,主要有以下几项突破:

(1)着重"自测题""审美能力""社会表演学""主动服务意识""团队合作能力""领导力"等新增内容,编写形式多数以自测题、案例、探讨等呈现,配合以通俗易懂的语言,吸引学生自主学习、主动提升自我素养和能力。

（2）为了提升学生的学习兴趣,正文编写风格偏向轻松,必要处以对话口吻呈现,拉近与学生的距离,增强他们的代入感。

（3）课后任务创新"推荐阅读",在引导学生阅读、拓展课外知识的同时,帮助其养成良好阅读习惯,提升主动学习的能力。

此次教材编写是历史最长、调研最久、咨询最多、修改和重写稿数最多的一次编写经历,我们始终把"调研"放在第一位,并贯穿于编写的全过程。经过无数次调研、咨询、修改、团队研讨,终于在2018年年底完成初稿(见图3)。

图3　新版教材编写团队研讨会

（三）依托电子教材,打通教材更新通道

本课程于2019年2月开设,由团队成员张琇锴老师首轮试用。因为是第一次使用该教材,我们的教材编写团队继续合作,就学情、教学方式、教学中可能遇到的困难进行了多次讨论,以确保教材的顺利试用。

1.借助信息手段,打造电子教材

本教材纸质版于2018年12月正式完工。团队成员、行业专家于2019年1月进行论证并再次精修。目前已进行电子书号申请,以电子教材的形式出版(见图4)。打造电子教材的意义在于:①电子教材含量丰富,除了教材本身,教案、课件、各种第三方的音视频资料均可上传,便于教学团队探讨、沟通。②教材平台不仅教师可以使用,在相应条件下,学生也可以使用,调取资料十分便捷。③师生之间可以有效利用互动平台,且不受时空

限制,真正实现泛在学习。④与纸质出版的教材不同,电子教材更容易实现阶段更新。不论是教材内容本身,还是辅助学习材料,都比纸质教材再版方便快捷、易于实行。

图4　新版教材电子版本截图

2.关注师生反馈,着手教材更新

教学团队集体编写课程标准、授课计划,集体备课,设计教案、课件,由张琇锴老师主讲,投入第一轮试用。在试用过程中,编写团队注意搜集教师、学生在试用教材中的反馈,并将反馈意见作用于修改教材。

目前已对教材前40%的内容进行了第二轮修改。此次修改初定于2019年8月完成,其中在6月前学校已完成首轮试用的任务,但在修改过程中仍需考虑企业的动态需求。2019年11月,本教材正式由华东师范大学电子音像出版社出版,并准备于2020年2月再次投入使用,并重复以上使用—论证—修改的过程。至此,本教材初步实现"边开发,边应用,边优化,边成形"。然而,教材建设永远在路上,是一个"动态"优化的过程,因此任重而道远。

(四)反馈用人单位,维系教材动态优化

1.反馈使用意见,寻求帮助

教材内容的选择来源于行业企业调研,因此,教材使用反馈最终也应

反馈于用人单位。但是目前这一过程仅列入计划，尚未实施。根据计划，在本教材每一轮试用后，都会搜集教师、学生的反馈意见，结合这些反馈意见，再度深入企业进行调研。在再调研过程中，重点聚焦师生反馈的情况，向企业咨询其中的难点及问题，力求得到解答。

2. 获取企业动态，优化教材

每隔一段时间，了解行业动态和企业发展状况。并根据行业企业的发展近况对应调整教材内容，及时更新电子教材平台，真正意义上实现动态化优化。我们期待《酒店人职业生涯规划》的动态优化是这样一个过程：①编写完成投入试用。②经过2~3年的试用期，搜集师生使用过程中的反馈，及时修改教材，并改进教学。③在教材使用3年及以上，根据行业发展情况进行大幅度的教材修改，同时改进教学，实现教材的动态优化（见图5）。

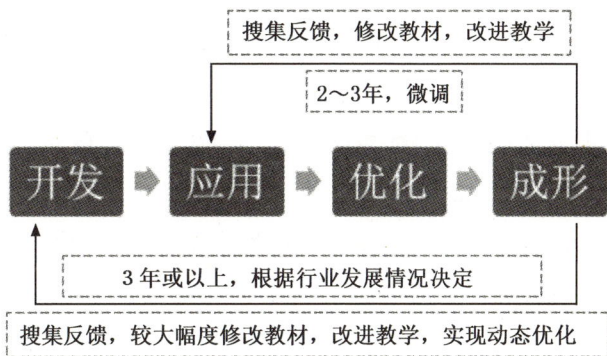

图5　教材使用反馈与优化流程示意图

四、实施保障

（一）组织保障

学校成立了示范性品牌专业建设小组，由专业主任担任组长，成员包括了专业带头人、专业骨干教师和专业教师。同时本次教材编写尝试成立了教学团队，由高级教师牵头，高星级酒店相关人员为顾问，全程以团队形式合作。

（二）制度保障

为确保专业建设的顺利实施，按照学校管理条例推进各项工作，确保各项工作顺利推进。在实施过程中，重视相关教师培训；明确工作激励机制，定期反馈并验收成果；与相关企业单位签署校企合作教材编写协议，教师深度走访企业，校企合作落到实处。

（三）财务保障

为确保专业建设顺利实施，学校根据相关规定确保各项工作的经费到位及顺利运行。

五、特色与成果

（一）创建教材开发新路径，建立教材优化新机制

从2011年出版第一本校本教材至今，教材建设是我们关注的重点。《酒店人职业生涯规划》教材从调研到编写，再到优化的过程，不仅关注了学校的甲方，还关注了甲方的甲方，从需求出发，重新规划学校酒店专业学生的培养方向，实现人才培养从"纯技能"到"人文技能型"的转变。同时，我们还致力于解决"教材总是落后于时代发展"的问题，不断优化完善教材内容——正式编写之前修改了12稿，落笔之后又修改了3稿。这是我们对教材质量的精益求精的要求，更是对教育动态开发、动态优化的实践探索。

（二）探索课程改革新形式，搭建教师发展新平台

教材编写与课程改革是同步进行的。在编写教材的过程中，我们也开启了《酒店人职业生涯规划》校级精品课程的新征程。从纸质教材的开发到微课等课程资源的开发再到电子教材的开发；从企业调研到师生反馈再到企业再调研，这种层层推进、步步深入的课改形式为其他专业进行课改提供了新形式。我们将此次探索的成果和经验分享给学校其他专业，待成熟后分享给外校相同专业甚至其他专业。在此过程中，我们也为教师发展搭建了平台。不以完成任务为目的，微距离走进酒店深入调研、与酒店精英周周碰月月谈、边撰写边修改、边应用边提升的经历，使教师对于酒店的认识更深透，对于教材的认知更深化，对于教材建设内涵的了解更深入。

六、体会与思考

在探索并实施《酒店人职业生涯规划》教材动态化建设进程中，我们收获颇丰，也在过程中有所创新：①调研对象的创新。拓展"甲方"的外延，意味着信息获取量的增加，也意味着调研信息更为全面。②调研程序的创新。从编写到试用再到反馈和走访，加深教师对企业需求的了解，有助于教材更好地服务于人才培养。③教材形式的创新。突破传统纸质教材的限制，顺应时代潮流，探索电子教材。④教材更新机制的创新。贴近企业需求，听取师生反馈，微调与优化并举。

在整个推进过程中，我们也遇到了一些困惑和挑战：①教材建设是一项艰巨的任务，需要教师付出巨大的心血，如何激励教师坚持下去是我们首要解决的问题。②教材的编写和内容的更新需要反复走访企业，掌握企业一手信息，如何调动教师下企业实践的积极性和主动性值得深思。

参考文献

[1] 陈洁滋.电子教材在职教领域的应用研究与探索[J].中国职业技术教育，2016（26）.

[2] 陈桄，龚朝花，黄荣怀.电子教材:概念、功能与关键技术问题[J].开放教育研究，2012（02）.

[3] 吴秉健.国外电子教材发展研究综述[J].中小学信息技术教育，2013（09）.

[4] 许哲，顾小清.电子课本国际标准的发展与追踪调研[J].现代远程教育研究，2014（01）.

[5] 杨万里.基于探究、合作、创新教育理念的电子教材研发[J].课程·教材·教法，2012（12）.

[6] 吴永和，马晓玲，杨飞.电子课本出版与生态发展的阐释与研究——基于标准研究、产业发展与教育创新的视角[J].远程教育杂志，2013（01）.

依托优质校外实训基地　助力学生职业能力发展

上海海事大学附属职业技术学校　龚少琛　张　健

【摘　要】为了更好地对接自贸区产业发展,上海海事大学附属职业技术学校(以下简称"海大职校")在"产教融合、校企合作"的办学模式下,选择优质的校外实训基地作为学校学生专业实践、毕业实习以及就业的新方向,全面提升技能人才培养质量,"零距离"与岗位对接,从而适应自贸区产业优化升级,服务自贸区产业发展。

【关键词】产教融合　优质基地　共同育人

一、实施背景

(一)深化产教融合,提升培养质量

2017年12月,国务院出台的《国务院办公厅关于深化产教融合的若干意见》中提到深化产教融合,促进教育链、人才链与产业链、创新链有机衔接,是当前推进人力资源供给侧结构性改革的迫切要求,对新形势下全面提高教育质量、扩大就业创业、推进经济转型升级、培育经济发展新动能具有重要意义。意见还明确提出要进一步深化产教融合,强化企业重要主体作用,推动校企全面加强深度合作,其中第十条明确提出鼓励以引企驻校、引校进企、校企一体等方式,吸引优势企业与学校共建共享生产性实训基地。之后,2019年国务院发布的《国家职业教育深化改革实施方案》中提出要推动校企全面加强深度合作,打造高水平职业教育实训基地。这为促进基于校企合作产教融合的校外实训基地的建设提供了重要的政策保障,为我国的职业教育迅猛发展奠定了重要基础。

海大职校地处自贸区外高桥区域,如何根据中央的精神,面向自贸区,

深化产教融合，推动人才培养质量的提升是学校必须完成的课题。

（二）强化合作力度，发挥基地优势

职校学生具有比较强的实践应用能力，这与职校普遍重视企校合作，建立大量有特色的和具有行业代表性的校外实训基地有着不可分割的联系。校外实训基地是职校学生与职业技术岗位"零距离"接触，巩固理论知识、训练职业技能、全面提高综合素质的实践性学习与训练平台。职校根据不同专业的具体特点，建立大量的符合本专业特点的校外实训基地。然而，早期校外实训基地建设存在各种问题：第一，注重追求数量，忽视校外实训基地质量。在建立校外实习实训基地时，为急于达到校外实习实训基地建立的指标要求，一味求多求全，忽视了对企业规模和提供实习实训岗位能力的考察。第二，企业提供的实习实训岗位专业性针对性不强。对于实习实训岗位的设置，企业大多数是从自身生产实践和企业自身发展需求出发，来设置学生的实习实训岗位，并不能完全符合学生专业实习实训课程的教学要求。第三，企业接纳学生实习实训的积极性不高。为了有效避免上述问题，海大职校利用区域优势，遴选优质合作企业，发挥校外实训基地优势，开展深度合作，服务区域发展，提升学生职业能力。

二、实施目标

学校要与企业建立起良好的合作关系，要提高企业参与校企合作的积极性，需要着力寻找学校与企业合作的共赢点，在学校和企业合作过程中实现真正的双赢的局面，校企合作工作才能顺利开展。"产教融合、校企合作"的办学模式，可以说是当前职校发展的必由之路。因此，海大职校认真贯彻落实《教育部关于加强职业技术学校职业指导工作的意见》精神，坚持"以学生为本，一切为了学生"的工作宗旨，加大对学生的职业指导与就业服务的力度，规范管理，强化服务，为适应自贸区产业优化升级，全面提升技能人才质量，培养更好更多的人才。

在这一总体目标之下，海大职校进一步加强校企合作，充分发挥校外实训基地的作用，还设定了以下具体目标：第一，学校与行业紧密联系，及时获取行业新信息、新技术，利用学校的资源为企业技术攻关、产品研发等

提供智力支持和相关人力资源；第二，充分了解企业、行业的人才需求，及时调整人才培养方案，为企业培养需求的高素质、高技能复合型人才；第三，加强与企业的产学深度合作，提高学校服务行业、企业的能力。

三、实施过程

（一）系统科学谋划，明确合作目标内容

校外实训实习基地在学校实践教学中占有重要地位，首先为学生提供了基本技能和综合能力实践的真实环境，同时培养学生在工作过程中解决实际问题的能力，取得实际工作经验，为今后就业打下坚实基础。在实践过程中还培养了学生的团队协作精神，与同事、领导的沟通技巧、组织协调管理的能力等个人综合素质。因此，在与企业开展合作建立实习实训基地前，要加强对企业的遴选。海大职校在与优质合作企业合作之前，系统分析，科学谋划，明确了以下几点：首先，企业要具有一定的规模，能够为学生提供足够数量的实习实训岗位。第二，企业为学生开展实习实训提供的岗位需要专业对口。第三，企业能够安排骨干技术人员担任学生实习实训的指导老师，为学生校外实习实训开展综合指导工作。

在此基础上，海大职校根据《国家产教融合建设试点实施方案》，从工作实际出发，首先是提升服务需求能力。加强与企业的联系合作，积极推进产教融合，把顶岗实习和就业工作做实做好。通过顶岗实习增强学生就业能力，提高就业竞争力，坚持以立德树人为根本，以服务发展为宗旨，以促进就业为导向，实现学生充分就业。其次要加大顶岗实习和就业工作调研力度，了解就业市场对人才供给的需求情况，分析毕业生顶岗实习及就业工作面临的新形势和存在的新问题，通过调研找到差距，提出改进建议，及时反馈给教学部门进行专业建设与教学改革。最后要巩固校园招聘主阵地，积极开拓就业新市场，持续推进顶岗实习和就业基地建设。制定切实可行的措施，努力提高学生初次上岗率、就业率、就业稳定率。

（二）遴选优质企业，建立深度合作关系

学校选择合适的合作企业并建立深度的合作关系是校企共建校外实训基地的关键基础。从学校的角度分析合作企业应为优质企业，而且可以

为学生提供优质岗位,即企业的业务能力可以保障企业的生产经营状态稳定,其次企业对于职业技术技能人才有一定的需求且岗位匹配。海大职校根据"优质企业,优质岗位"选择与自贸区多家企业开展合作,在学生培养、技术服务、社会培训、企业新型学徒制、实训基地、就业创业、教师工作站等方面均开展了实质性的合作,深度融合,校企共同发展。

海大职校在校企合作前,对企业产品生产、法人代表(或出资人情况),注册资金、设备情况、管理情况等进行考察。选择在行业内、区域内,甚至在全球有一席之位的企业成为海大职校的合作伙伴:比如 DHL 供应链是德国邮政旗下的 DHL 物流的一个分支,是世界级的合同物流供应商,在全球 220 个国家和地区,DHL 供应链都建有物流设施,为 50% 的福布斯 500 强企业服务;上海得斯威物流有限公司是全球交通物流服务供应商,得斯威在全世界有超过 80 个国家拥有办事机构和全球网络的合作伙伴及代理商;上海畅联国际物流股份有限公司是一家业务模式多样、服务功能完善、信息技术领先的现代化第三方专业物流企业。这三家物流业的翘楚为海大职校物流管理专业提供了良好的校外实训场所。德尔福(上海)动力推进系统有限公司是专注于为世界领先汽车原始设备制造商提供尾气排放和燃料问题解决方案的科技公司,同时还提供领先的汽车售后市场服务解决方案。车享汽车俱乐部(上海)有限公司是上海汽车工业集团总公司独资建立的一家专业汽车俱乐部,以"车享"为服务品牌,秉承上汽品质,始终以服务、创新和客户价值最大化为发展目标,帮助用户体验完美的用车生活。这两家作为学校智能制造类专业的校外实训基地,为学生职业能力提升提供了良好的实践环境。此外,学校还与罗克韦尔自动化控制集成(上海)有限公司、上海隧道工程有限公司机械制造分公司、上海东华之星汽车维修服务有限公司等建立合作关系,作为学校相关专业的校外实训基地,服务学生专业实践技能水平的提升。

(三)对接产业发展,优化人才培养模式

为了更好地对接自贸区产业发展,选择优质的校外实训基地是海大职校产教融合、校企合作的发展方向,学校以贴近自贸区岗位需求为主线,注重工学结合的人才培养模式,逐步形成海大职校的办学特色。校企双方共

同制定学生校外实训教学基地管理方法和科学合理的管理、评估和监督机制。采取企业与学校相结合的管理模式,由学校实习指导教师与企业指导教师共同负责制定实习计划以及实习指导。指导教师在实习过程中全程跟踪,并结合企业实习进行专业知识讲解,拓展教学内容,帮助学生从理论知识转化到实际应用,通过实地讲解加深对专业知识的理解和掌握,完成对学生从课堂到企业的专业知识再培训。

学校的就业部门始终做好桥梁及服务保障工作。通过校企合作平台,推进联合培养的现代学徒制试点,采取企业冠名班、订单班等形式,为企业"量身打造"符合企业需要的技能人才,在校园招聘会上让企业具备人才招聘的优先权。学校与企业共建专业、共同开发课程、共编工学结合教材、共建共享实训基地、共享校企人才资源等手段,充分发挥校企双方的优势,促进资源互补,为企业培养更多高素质、技能型的人才,实现学校和企业共成长、共发展,推进校企一体化育人。

四、实施保障

第一,组织保障。海大职校依托学校改革与发展指导委员会,面向自贸区相关产业与企业,高视角地部署。在产教融合校企合作方面,学校成立领导小组和工作小组,明确相关人员的职责和分工,制定切实可行的管理制度以及工作岗位职责,提高校企双方的管理效能。领导小组负责整个毕业实习的宏观领导和管理工作。领导小组成员分工负责落实整个产教融合校企合作的具体组织管理工作。校外实习基地的落实和学生的实习过程管理由学校就业部门负责。在产教融合校企合作落实层面,由分管副校长直接指导学生顶岗实习和就业工作。第二,资金保障。企业参与校企合作教育的积极性,以及充足的经费支持是加强实习基地建设的重要保障。海大职校不断地与政府相关部门加强联系,争取得到当地政府在政策、法规以及财税等方面对参与校企合作企业给予一定的支持。学校还一直重视实践教学,加大校外实习经费投入,开展校外实习基地建设、自贸区校园招聘会等项目,并且根据学校的实际发展需要,每年申报浦东新区中职校建设人才培养项目,实习基地建设等相关项目,以获得相关经费支持。

第三，制度保障。校外实训基地能有效运行，关键在于制度的制定和有效落实。学校总结"十三五"的发展成果，根据自贸区产业的发展调整，布局"十四五"。学校结合基地和企业生产的具体情况来制定相应的实施管理细则，以便有章可循，使管理水平向规范化、制度化发展，既要有利于实践教学，又要兼顾企业的生产需要和经济利益，以便做到教书育人和生产经营两不误。

五、特色与成果

（一）了解企业文化，丰富学习成长经历

优质的校外实训基地能够为学生提供了解企业文化和制度、管理方式的途径。在产教结合的实施过程中，企业的管理制度，严格的考勤制度，经济杠杆的管理方式，对于学生来说是首次近距离接触，能使他们很好地认知企业、接触企业、融入企业，是一个重要的学习成长过程。企业管理制度逐步迁移到实训基地的管理过程中来，推进了企业文化与校园文化的有机结合。企业文化进入了学校，丰富了校园文化的内涵。接受企业文化辐射、推进企业文化与校园文化的融合，是实现学生与企业员工无缝对接的重要保证。

（二）提升职业意识，加强团队协作能力

职校学生在校外实训或者实习之前对于自己的职业生涯规划还没有明确的意识，对于选择的职业和行业还没足够了解，通过基地的实训学习，他们能了解自己将从事的职业所需要的岗位技能和行业要求，进而意识到自身不足，及时调整自己的规划或进一步加强学习。海大职校也定期邀请企业管理人员到学校宣讲企业精神、企业文化，创造学生与企业直接对话的机会，引导学生自觉培养企业需要的职业道德素质。

此外，优质的校外实训基地能够培养学生的团队合作意识。在实训过程中，依据岗位要求可能是个体，也有两个、三个、五个甚至更多组成一个团体或者班组，需要每一个人的协作配合，达到一荣俱荣、一损俱损的团队合作，这样的环境为学生的发展奠定了基础。

(三)熟悉岗位环境,助力职业能力发展

这些优质的企业都立足于行业的前沿,为学生提供岗位都是符合行业需求的专业技术。学校聘请行业、企业专家共同制订校企合作实训教学方案,完成实训教学文件,聘请行业专家制定实训考核系统方案。校企通过实景教学,结合工作岗位开发出新的教材和实训内容,具有较强的针对性,极大地调动了学生参与的积极性和创造性。同时校企双方共同制定完善实训、校外工作性顶岗实习管理办法和相关制度,加强实训、顶岗实习和工学交替环节的管理。校外实训基地的教学过程中,融合企业文化与校园文化,进行就业指导和职业生涯规划指导,企业也可以较早培训有就业意向的学生,整个过程能够真正完成人才培养的对接,实现学生、用人单位和学校的三赢。

六、体会与思考

海大职校在前期校企合作以及校外实训基地建设的实践项目中,也有一些体会与思考,主要包括以下两点。

(一)关注利益契合,确定校外实训建设内容

初步确定合作企业的技术领域范围后,需要结合地域、合作历史状况等实际情况,与拟合作企业进行初步接触和沟通,从中遴选出对学校的专业技术、人力资源、实训设备等有较为迫切需求的企业作为共建实践教学基地的对象,以框架协议约定合作方式和合作内容。在拟定校外实践教学基地合作内容时,尤其是建设初期,应当基于充分的利益契合分析。即由学校教学专家从专业建设、课程建设、教学改革、师资培训等人才培养中的不同角度列举出学校关注的利益点,同时企业技术专家则从生产需求、人员培训、企业发展等角度列举企业关注的利益点。校企专家一起对所有列举出的利益需求点进行详细分析,筛选出能同时满足企业和学校需求的利益契合点作为校外实践教学基地建设的合作内容,以此作为产教融合、校企合作建设校外实践教学基地的出发点。

(二)丰富建设内涵,推进企校合作纵深拓展

校外实训基地的建设使校企双方有了一个交流沟通的平台。校企双

方可以借助这个平台在完成教学实践活动的前提下，向纵深层次的合作拓展。许多企业在技术革新、新业务拓展、从业人员素质提高等方面，还有很多事情可做，职业院校也可以发挥自身资源、人才、设备等优势，和企业进行广泛深度的合作，如技能培训、业务流程再造、技改创新、人力资源扶持等等。校企双方可充分借助实训实习基地这个平台，发挥各自优势，积极互动，丰富建设内涵，向纵深合作拓展，做成"共赢"的事业。

参考文献

[1] 杨小琨，赵峰，方舒燕.以利益契合为导向的校外实践教学基地建设探讨[J].职业教育研究，2015（11）.

[2] 陈前军.工学结合模式下高职院校校外实训基地管理创新[J].教育现代化，2017（12）.

[3] 黄浩.高职物流专业校外实训基地建设的实践研究[J].中国物流与采购，2013（23）.

[4] 姜伟，单欣欣.产教融合背景下校外生产性实训基地建设实践与研究[J].杨凌职业技术学院学报，2020（6）.

助力青年教师专业化成长 合力打造优秀教学团队
——上海市航空服务学校"飞翔"团队建设

上海市航空服务学校 姚晨莊

【摘 要】回顾"十三五",随着浦东经济结构的转型和发展方式的转变,浦东职业教育围绕着坚持产教融合、校企合作、工学结合、知行统一,不断优化专业布局,整体提升教学质量。在此契机下,上海市航空服务学校围绕"秉承服务,走向深蓝,开启星程"的文化理念,打造品牌学校、品质学生、品位教师,在教学实践中探索青年教师专业化成长之路,提升学校内涵竞争力,打造核心价值观,助力教师专业化成长,致力于打造优秀教学团队,服务学生,反馈社会,树立品牌。

【关键词】青年教师 飞翔团队 成长 文化理念 内涵建设

上海市航空服务学校"飞翔"团队创立于2014年,2021年第三期团队完成组建。目前青年教师36位,他们有激情、有精力,能实干、能创新,是学校发展中不可或缺的新生力量,他们的发展和整体水平决定着学校明天的内涵竞争力。他们对教师岗位充满激情,渴望成功,然而他们缺引导,缺方法,缺经验,如何让他们在见习阶段和见习结束后的后续阶段能胜任职业教育岗位?学校通过成立青年教师专业成长"飞翔"教学团队,将青年教师团结起来,为他们提供学习交流的平台,为他们搭建一个锻炼能力、施展才华、切磋技艺的平台,在实践中学习、在学习中反思、在反思中创新,努力打造一支教学基本功扎实、综合素质高的师资队伍,为助就学生蓝天梦想,提升学校内涵建设打下了坚实基础。

一、实施背景

（一）师资队伍建设水平是影响学校长远发展的重要因素

学校紧扣浦东发展蓝天梦产业板块，围绕"秉承服务，走向深蓝，开启星程"的文化理念，打造品牌学校、品质学生、品位教师，自身建设不断优化与深化。近几年，学校教师年龄结构两极分化明显，老教师纷纷退休，同时专业不断精细化，课程改革积极跟进，新教师的数量与日俱增，青年教师队伍迅速扩大，35周岁内的青年教师占到学校教师整体的22%，他们的平均年龄为29.5岁。如何引领这一群体，如何提高他们的中、高级职称比例，使之成为学校发展的中坚力量，是我校师资建设正面临的难题。

（二）学校人文底蕴是加快师资队伍建设水平的首要载体

学校更名之初把"服务"确立为学校核心价值观，并以此为灵魂形成学校的文化——服务文化。随着文化建设不断推进，学校文化内涵也在深入发展，并渗透到人才培养中。学校致力于打造符合岗位需求的服务型人才、符合深蓝要求的专业型人才和星光熠熠的杰出型人才。

对于新晋教师而言，快速理解学校发展历史，认同"秉承服务，走向深蓝，开启星程"的学校文化理念，是教师专业化发展的第一步。教师需要在校园文化的浸润下快速成长，并将其内化后，进一步深化践行理念，这是学校加强青年师资队伍内涵建设的关键，也是重点考虑的问题。

二、实施目标

学校为打造优秀教学团队，助力青年教师专业化成长，为青年教师们确立了职业生涯发展的"三高"目标：师德高尚、课堂高效、专业高手。这既是团队的建设目标，也是教师自身努力的方向，从而实现个体和学校的双赢。

（一）师德高尚

师德高尚主要是从教师的仪态、心态和教态等特征来提升自身素养。在日常生活，尤其是校园生活中，要有得体的仪态和平和的心态，在课堂教学中要有激情的教态。

（二）课堂高效

课堂高效主要是从具体的教学环节要求教师不断提升教学能力。在教学中，要从学生实际出发，选择的内容、方法要适合学生的实际，在涉及专业方面内容讲解时要符合企业实景，在可能的情况下，要结合动手实训。

（三）专业高手

专业高手主要是针对教师的综合能力发展，尤其是专业化发展而言。为了更好地教书育人，教师需要在业余时间，加强专业理论学习，例如教育学、心理学等，也要加强与自身专业相挂钩的技能训练，尤其是专业课教师要能真正下企业进行实践，考取相应的技能等级证书，朝着"双师型"教师迈进。

三、实施过程

为解决新进教师和学校35周岁以下青年教师培养过程中的一系列问题，学校组建了青年教师专业成长"飞翔"教学团队。在"飞翔"教学团队建设过程中，摸索出了环环相扣的青年教师团队建设"五维"法，使得建设过程顺畅，建设效果显著。

（一）规范企业实践，实现未进课堂先上岗

现代职业教育教给学生的应该是真实岗位所需的知识技能，职教教师必须是学生职业的领路人。因此，作为学生职业引路人的教师，自身必须先过好职业实践关。为了让新入职教师更好、更快融入职业教育，学校为新入职老师准备了一堂必修课，即入职前的暑假必须在学校安排的企业内进行为期1~2个月的企业实践。这种未进课堂先上岗的形式，有助于让这些新进教师了解企业概况，在岗位上初步建立"服务"意识，在实践中锻炼好技能，过好专业关。对于已入职的青年教师，学校要求他们每年进行不少于1个月的企业实践。至此，学校基本实现了青年教师企业实践全覆盖。上海机场、贵阳龙洞堡机场、昆明长水机场以及青岛海军航空工程学院等都留下了学校青年教师实践的身影。

（二）创建导师制度，探索名师联手立体共带

学校借助"飞翔"平台，为每位新进教师配备了3名导师，分别从专业

知识、课堂教学和班主任工作等方面进行指导带教，形成了立体共带模式，让新进教师有条件、有底气地直面挑战，快速成长。同时，学校也为其他35周岁以下的教师配备了1名合适的导师，帮助其在课堂教学中更进一步。"飞翔"团队的导师由校内的高级教师、区骨干教师、市区知名职教专家以及企业技术专家组成。导师不仅在对徒弟听课诊断的基础上负责团队教师三年发展规划的制定和落实，每学期徒弟课堂改进计划的制定和实施，还参与新进教师的评课、说课等比赛，在比赛中予以指导点拨。通过磨课、反复听课诊断等形式，青年教师把握、驾驭课堂的能力不断提升，上课的艺术性也在不断提高，服务学生的意识进一步加强，在实践教学中体验服务的真谛。师徒之间携手共进，校园内总能见到一对对师徒之间讨论甚至争执的场景，但最后都会在愉快的气氛中接受对方的建议和方法。

（三）通过比赛引领，彰显良性竞争促成长

为激发青年教师的教育热情，检验青年教师的成长效果，学校制定了《上海市航空服务学校"飞翔杯"青年教师教学基本功大赛实施方案》，开展"飞翔杯"青年教师教学基本功大赛。通过方案制定，进一步规范比赛流程，提高比赛成效。在方案中设立了领导小组、工作小组、导师组、专家组等组织机构，明确了教学比赛要求和具体实施步骤以及奖励办法。教学比赛是其中的核心，包括教案、说课、课堂教学，每一项内容也都逐一细化，最后的成果以精品课形式呈现。比赛的具体实施分为动员、组内选拔和比赛展示三个阶段，组内选拔阶段由三个参赛组即外语组、基础组、专业组所在的教研（室）组自行组织，比赛展示阶段由教务处组织，由校工会和团委协调，并聘市、区资深教学专家、课堂教学优秀教师担任评委。比赛最终评选出飞翔卓越奖（综合）、设计新星奖（说课、教案）、课堂创新奖（课堂教学）、阳光进取奖（进步）若干名。青年教师在这个平台上展示了自身的课堂魅力。

此外，学校还鼓励青年教师参与浦东新区第三年教龄教师"新苗杯"教学评比、浦东新区第二年教龄教师"教学基本功跟踪考评"比赛、校区市级教学法评优活动、上海市中等职业学校教学能力大赛等，以及"精彩一刻"上海市中等职业学校教师教学能力大赛等活动。通过比赛，促进教师们对于课堂教学的反思，互学与成长。

（四）依托讲座互动，专家助推把脉问诊

"飞翔"团队成立以来，先后邀请了上海市教师教学法评优活动的一等奖获奖代表和职教专家来校举办讲座。这些讲座紧紧围绕学校特点和需求，如高效课堂、教师形象、职教发展趋势等。在定期的讲座中，代表和专家们都能用案例引发学员和导师们的讨论思考。大家对课堂设计、精彩公开课等问题探讨热烈而深入，学员们常常把课堂教学中的问题带到讲座现场请求专家解答，诸如：聚焦英语文本阅读促进深层理解，一堂课中两个知识点之间的过渡，三维目标制定中的要诀，发现部分学生还没掌握该知识点该怎么办等，与专家面对面的交流是一种个性化的把脉问诊，解决问题成了学员们的期盼。讲座后学员们还常常电话和微信咨询专家。专家们以这种个性化的把脉问诊方式向学校青年教师诠释着教学真谛，使青年教师对教师使命与职责有了更高层次的体会与领悟。

（五）开展同伴互助，他山之石亦可攻玉

"飞翔"教学团队按照专业类别，分成三大团队。每个团队由3~12名学员组成。学员在导师的带领下经常开展互听说课、互听上课或外出听课等活动，形成了他山之石攻己之玉的氛围。不同学科/专业围绕课堂教学中的疑惑展开交流，既能拓展来自不同专业背景的教师的视野，又能聚焦具体问题集思广益，更具有借鉴意义。教学中的一个好主意的分享成了大家最愉快和自豪的事情，一次次磨课的建议改变了自己教学中的思维定式。青年教师在互学互助中提升教学水平，在亦教亦学中升华文化理念内涵。

四、实施保障

（一）制度保障：制定详尽方案

学校制定了《上海市航空服务学校"飞翔杯"青年教师培养实施方案》，方案中给青年教师指明了努力的方向、发展的具体要求，对带教导师明确了工作职责，方案规划全面、阐述详细，为青年教师的培养提供了制度保障。

（二）经费保障：配套充足经费

根据示范校资金使用规程及前期对使用资金的预算，学校为青年教师的培养配套了充足的经费，解决了青年教师努力提升自我时可能遇到的后

顾之忧。如有的青年教师大胆创新，需要用到教学的"新式武器"，学校则可以根据需要积极配备新设备，助其教学效果提升。

（三）人文关怀：给予及时关爱

青年教师特别是刚入职的新教师，在教育教学上难免遇到很多问题，除了专业知识和教学技能上需要有人指导和帮助外，在情感上也需要关怀。基于学校航空服务特点，青年女教师居多的情况，这就需要经常组织相关领导对青年教师进行人文关怀，从个人生活到教书育人，做到有问必答，有事必帮。

五、特色与成果

（一）教师的课堂教学能力得以提升

36位教学团队学员，在实施专业发展规划和课堂改进计划中得到了导师的指导和监督。导师们认真做到"扶、导、放、逼"的统一，扶他一把，放手一下，逼他一回，让青年教师在吃"萝卜干饭"中取得了长足进步，每学期每人至少改进两个教学中的不足。在此过程中，一些非师范类毕业的教师，开始对开学第一堂课的关键点、公开课如何上出新意、有效备课的基本方法等有了深切的体会，在课堂上开始加以运用。学生对青年教师的满意度大增，每学期的学生座谈会上学生们表扬最多的就是"飞翔"团队的教师们。潘蕾蕾、包文宏老师获市金爱心教师称号，钱雅萍等教师获市园丁奖等称号，戴玉辉带队的校女子篮球队获市第一名，李景、谢丽冰等教师参加全国中等专业学校艺术教学观摩展示获优秀，张瑛、杨秀梅等教师在学校新模板教案评比中获优胜，姚晨茳老师在名师带领下正参与市教委组织的《上海市中高职贯通英语课程标准》和教材的撰写及修改，"飞翔"团队在2015年5月荣获浦东新区第三教育署优秀职业青年社团，2020年11月获得上海市青年五四奖章集体。

（二）教师的专业化发展路径呈现多元化

"飞翔"教学团队的每一位成员，每学期都要开校级公开课并随时接受导师的推门听课。导师制度的实施，促进了青年教师的成长，他们的开课质量较之以前有很大的进步。最近一次在学校第三方督学机构课堂教学质量检查中的平均分达到91分，比前年提高了6分，并得到第三方督学机构聘请专家的好评。为了上好课，教师主动加压，寻求专业能力提升的机会，张颖、殷春燕、尹芳、郁秀丽等教师参加区职教名师基地培训，姚晨茌老师参加市级双名基地培训，施佳君、姚晨茌老师参加区级骨干培训，还有唐利君、金展波等教师参加专业高级工、技师等的培训。

（三）以赛促建推进教师队伍整体提升

在学校青年教师专业成长"飞翔"团队成立大会暨教学基本功大赛启动仪式上，浦东教育发展研究院等专家一起参加了启动仪式并给予了高度肯定，此项举措在区里首开先例，具有创新意义。通过教学基本功大赛的实施，产生了在说课、教案设计方面的"新星"，这一举措正在成为学校的常态化工作。本学期的课堂教学比赛又在紧张的进行中，整个"飞翔"团队活动正在按计划如期进行，我们的青年教师也正茁壮成长。多位青年教师在区见习教师课堂教学当堂设计、师德征文、课堂教学比赛中获一、二、三等奖；在浦东新区第三年教龄教师"新苗杯"教学评比获一、二等奖；在浦东新区第二年教龄教师"教学基本功跟踪考评"比赛中分获二、三等奖。在历届校、区、市级教学法评优活动中随处可见"飞翔"团队教师的身影和获奖的喜讯，陈迪老师荣获上海市中等职业学校教学能力大赛特等奖，姚晨茌、薛路花老师荣获一等奖，范军老师获得二等奖等。

（四）互帮互助中诠释学校文化理念

学校通过"飞翔"教学团队的创建，形成了学校关心、师傅费心、徒弟用心的教育教学氛围。青年教师珍惜机会，努力向导师、专家学习，课堂上相互听课，取长补短，课后互帮互助，共同成长。在导师的指导下，教师从关心学生的学习状况到关怀学生的内心世界，成了学生们的知心姐姐、可靠大哥。青年教师们将学校"服务型"教师的文化理念诠释得淋漓尽致。

六、体会与思考

针对青年教师专业成长实施的"飞翔"教学团队建设在应对学校新入职教师较多、教师队伍整体年轻化的情况下，帮助新进教师适应教师岗位，理解并践行学校服务文化等方面起到了非常重要的作用。该项举措既解决了学校面临的现实问题,同时对年轻教师来说也是一项挑战,将他们推到了学校教学改革的前沿。

在实施过程中,导师的选择和立体共带是团队建设的关键。将青年教师团结起来的同时,也将经验丰富的老教师和专家团结起来,在青年教师积极向上的过程中给予立体的指导和引领,成为青年教师勇于探索的强大后盾。青年教师在团队建设中明晰了自己的发展方向、增强了教学信念、提升了教育教学能力。同时,以青年教师的团结带动资深老师的抱团,达到学校整个师资队伍的团结向上。

此外,如何更好发挥"飞翔"教学团队青年教师的优势,服务学生,服务学校,服务社会,谱写学校教学质量内涵发展的新篇章,还需要更加深入的探索。

参考文献

[1] 中共中央,国务院.关于全面深化新时代教师队伍建设改革的意见[EB/OL].http://www.gov.cn/zhengce/2018-01/31/content_5262659.htm,2020-11-30/2020-12-16.

[2] 中共浦东新区委员会.关于制定浦东新区国民经济和社会发展第十四个五年规划和二〇三五年远景目标的建议[EB/OL].https://www.thepaper.cn/newsDetail_forward_10422070.

[3] 上海市航空服务学校.上海市航空服务学校"飞翔杯"青年教师培养实施方案[Z].2020-10-01.

[4] 上海市航空服务学校.上海市航空服务学校"飞翔杯"青年教师教学基本功大赛实施方案[Z].2020-10-01.

[5] 管建刚.教师成长的秘密[M].福州:福建教育出版社,2017.

以赛促教　赛训融合　以技促学　能创未来
——以学校智能制造专业为例

上海海事大学附属职业技术学校　陈力静

【摘　要】"以赛促学、以赛促教、以赛促改、以赛促建"是当前职业教育领域探索教育教学改革的新途径。但是由于新冠肺炎疫情影响,一时之间没法组织学生开展技能训练。在此背景下,学校探索出了线上教学与线下训练相结合的新形式。从顶层设计到管理落实,为智能制造专业学生技能鉴定和技能大赛项目提供了有力支持。学校借助以赛促学、以赛促教的全新理念,提升了人才培养质量,促进了教师专业发展,收获了学生和家长的满意。在此过程中也发现了一些问题,需要后续加以改进。

【关键词】智能制造　赛训融合　专业发展

2019—2020学年,上海海事大学附属职业技术学校智能制造专业在疫情背景下,攻坚克难、完美落地各类技能鉴定和赛项。在此过程中,就实施成效而言,如何更加有效落实以赛促教、赛训融合,以技促学,能创未来,促进专业发展,助推学生成长,是值得研究的课题。

一、实施背景

《国家职业教育改革实施方案》指出,从2019年开始,在职业院校、应用型本科高校启动"学历证书＋若干职业技能等级证书"制度试点(以下称1+X证书制度试点)工作。深化复合型技术技能人才培养培训模式改革,借鉴国际职业教育培训普遍做法,制订工作方案和具体管理办法,启动1+X证书制度试点工作。试点工作要进一步发挥好学历证书作用,夯实学生可持续发展基础,鼓励职业院校学生在获得学历证书的同时,积极取得多类职业技能等级证书,拓展就业创业本领,缓解结构性就业矛盾。院校内培训可面向社会人群,院校外培训也可面向在校学生。各类职业技能等级证书具有同等效力,持有证书人员享受同等待遇。院校内实施的职业技能等级证书分为初级、中级、高级,是职业技能水平的凭证,反映职业活动和个人职业生涯发展所需要的综合能力。方案还指出要完善高层次应用型人才培养体系,制定中国技能大赛、全国职业院校技能大赛、世界技能大赛获奖选手等免试入学政策,探索长学制培养高端技术技能人才。

2020年,一场突如其来的新冠疫情,给我们生活带来冲击的同时,也使得教育行业发生了深刻变革。由于疫情尚未得到有效控制,避免人群集聚成为控制疫情的主要措施。为积极响应党中央和国家号召,在条件不具备的情况下学生不得返校,因此2019—2020学年第二学期所有师生一改以往现场教学的形式,转向线上教学的形式。学校智能制造专业群,共5个专业12个教学班级的311名学生不得不参加网上学习。其中5个班级121名学生在学期末还面临着技能鉴定考核的艰巨任务(见图1)。所有考证和比赛均包括理论和实操2个环节,共计242人次参与鉴定。疫情之下,如何在线上教学的同时有效开展技能训练成为当时巨大的难题。

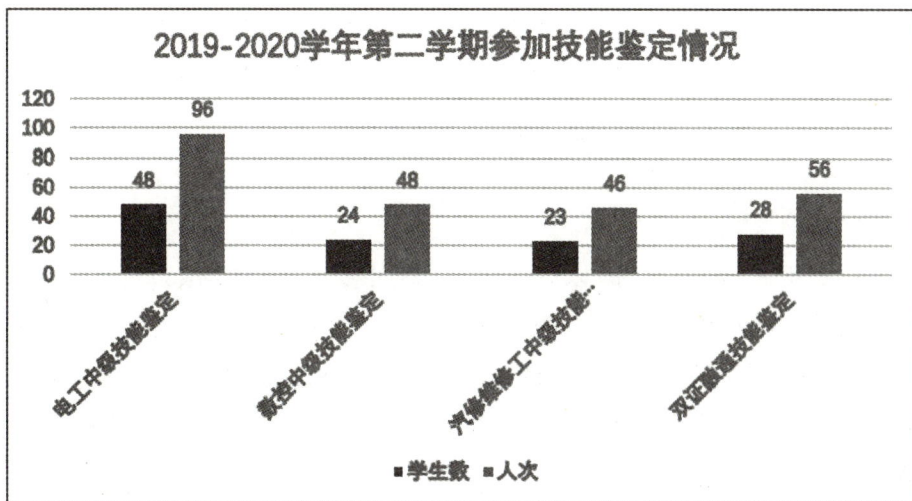

图1　2019—2020学年第二学期参加技能鉴定情况

2020—2021学年第一学期，本专业又有3个班级87名学生需要技能鉴定考核，共计176人次；4个团队有职业院校技能比赛项目（见图2）。虽然疫情有所好转，但防控仍需继续。因此如何让学生按时学完所有课程，尤其是技能训练，这对教师来说是一大挑战，也是学校智能制造专业2020学年重中之重的任务。

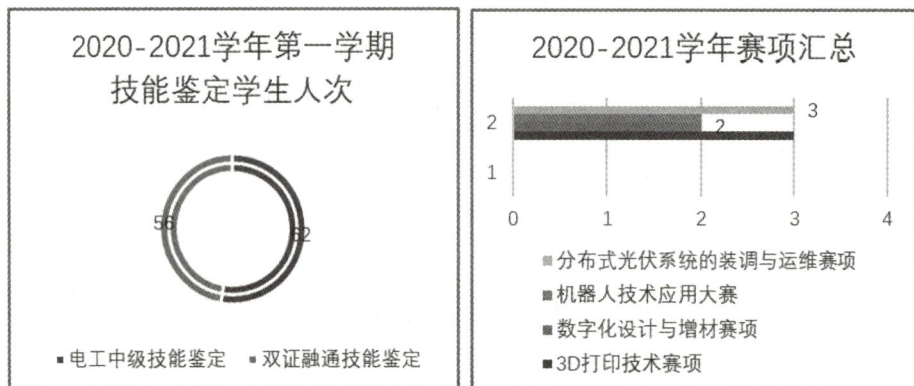

图2 2020—2021学年第一学期参加技能鉴定和赛事情况

在上海市教委、区教育局的统一领导下，学校领导班子着手开展顶层设计，合理规划疫情下学生技能鉴定和技能比赛。学校智能制造专业扎实推进线上线下教学组织和管理工作，全体师生全力以赴，有序开展了一系列实训项目。

二、实施目标

近些年，学校倡导的"以赛促学，以赛促教"这一教学改革目标，旨在通过组织开展专业技能鉴定和校内技能大赛，加强学生实践技能、创新意识、实践能力和团队精神培养，激励学生的个性发展，强化师资队伍专业发展，提高校内实训资源利用率，进而深化校企合作，提高学校办学质量和影响力。具体目标如下：

（1）推进智能制造专业课程改革。将专业课程标准与技能大赛标准紧密结合，践行"以赛促学，以赛促教"大赛理念，优化实训项目，完善课程体系,真正实现做学一体。

（2）提升专业师资队伍结构和水平。教师直接参与大赛组织和指导学生参赛,可以帮助教师全面了解行业企业的岗位需求和对高技能人才培养需求。将教师组织、指导技能大赛作为实践工作量予以记录和考核,提高了教师的专业水平和实践技能。同时为教师提供与企业人员的交流渠道,既能招聘到企业兼职教师,又能促进专任教师实践技能的提高,有效构建师资队伍的双师素质和双师结构。

（3）促进学生全面发展。学生通过技能鉴定和技能大赛的磨练,既能夯实专业技能,提升专业素养,同时也能在大赛中凝练专业文化,提升综合能力,增强专业自信心和自豪感。

（4）以赛促建发挥资源优势。借助技能鉴定和比赛,加强实训基地建设,进一步开展智能制造实训室建设与改造;以技能大赛实景及企业实景建设和改造现有实训室,为专业提供全真实景的工学环境;开放实验室作为大赛的训练和比赛场地,加强实验室管理与维护,充分利用学校资源,提高实验室利用率;吸引技术先进、实力雄厚的企业积极投入各级技能大赛,更新实训设备,增加实训项目,完善实训功能,全方位保障技能训练,使大赛建设与实训基地建设有机结合。

（5）深化校企合作,共育人才。学校以技能大赛为平台,积极吸引行业企业人员参与到专业建设和人才培养中。同时借助校企合作,专业教师可以更为全面地获取企业岗位及人才需求信息,明确人才培养规格和目标,定位专业培养方向,形成具有学校特色的人才培养模式。

三、实施过程

（一）技能课程线上教学巧安排

疫情期间,任课教师精心准备每一节课,提前将教案、教学流程、教学视频、课后作业等资料上传到云班课。同时结合学生的学习水平和认知特点,以模块化的形式准备各项资料,让学生能更易于接受网上授课。

鉴于线上授课与现场授课的差异性,教师在教学过程中需要细致考虑学习的便利性与学生的反馈。比如说教师在使用软件的过程中,每一步都要用不同颜色标记,以便于学生能区分与理解,讲解的细致化、具象化与可重复化,充分考虑到了学生群体的差异性,让学生上网课不会那么枯燥(见图3)。理解知识才有动力去学习,有动力学习才有更好的成果。

图3　实训课程线下教学视频

云班课的有效使用让学生们有更好的课堂氛围——每节课的学习内容、活动、测试、视频等形式多样,让学习过程不再枯燥,也能让老师更好、更及时地了解学生真实的学习情况。每一周的教学视频都可重复观看,真正有助于因材施教,有效利用信息化手段辅导学生理解知识内容,帮助学生在网课的环境下同步学习,提升学习成效。整个网课期间,教学团队积累了很多优质的教学资料,提升了实训教师的信息化教学能力。从线上课程转移到线下课程,完美地衔接教学内容,更好地提升学生学习的效能。

(二)技能课程暑假集中重训练

2020年5月20日学校恢复线下教学,同时决定各专业参加相应的技能鉴定考核。为了弥补本学期实训课时严重不足的缺陷,学校果断决定在暑假开展集中实操培训线下实训课程,直到7月下旬全部完成,具体安排如表1所示。

表1 2020年暑假集中实训及考试安排

项目	时间	学生人次	地点	备注
电工中级集中培训	2020.6.28-7.5	50	海大职校	18机电22人；18电子24人；17中高电气4人
电工中级实操考前模拟	2020.7.8	50	沪东船厂	
电工中级实操考试	2020.7.10	50	沪东船厂	
电工中级理论考试	2020.7.25	50	医药学校	
汽修维修工中级集中培训	2020.7.11-7.18	23	上海环境职业技术培训学校	18汽修班
汽修维修工中级实操考试	2020.7.18	23	上海环境职业技术培训学校	
汽修维修工中级理论考试	2020.7.20	23	上海环境职业技术培训学校	
数控中级鉴定集中培训	2020.6.12、19（下午）6.28、29、7.1-7.8（全天）	24	海大职校	18数控1
数控中级鉴定实操模拟	2020.7.13	24	天山路鉴定中心	
数控中级鉴定理论考试	2020.7.26	24	医药学校	
数控中级鉴定实操考试	2020.7.15	24	天山路鉴定中心	
数控双证融通培训	2020.6.12、19（下午）6.28、29（全天）	28	海大职校	18数控2

　　智能制造专业群的相关任课教师服从学校安排，克服重重困难，在假期期间，放弃个人休息时间，认真完成学生的考证辅导工作。各模块指导老师在培训前做好详细的教学计划，有序使用教学设备。充足的人员安排和周密的后勤保障，为指导老师教学的顺利实施提供了物质保障，为进校培训学生的人身安全、防疫安全提供了良好的物理空间。以数铣模块为例，实训中心有8台数控铣床，每次训练来8个学生，一人一台机，做好教学前的安全操作规程，在实训期间进行针对性的练习。6天强化训练，每批次学生可以训练2天，一天进行基础强化训练，一天进行尺寸精度保证训练。实训老师一一讲解每个过程，力求为每位学生打好基础的前提下，保证尺寸精度。每次训练结束后，做好清扫实训设备，消毒工作。

（三）技能课程线上线下相结合

　　教师结合线上线下混合式教学的形式，采取理论学习线上为主、技能训练线下为主的形式。前者每天至少发布3~5套模拟题加大练习量，根据平台的评价结果,教师根据所有学生的共性问题进行分析,根据个性化错误指导学生查阅知识点分析并进行个别指导。每次分数的显示,可以促进学生你追我赶的良好学习氛围。后者则通过对学生分组,由教师进行一对多的辅导,只有增加学生练习量,一对一的指导训练,才能提高实训的质量。

四、实施保障

(一)顶层设计有规划,层层落实有抓手

学校出台了一系列线上教学的文件,如《海大职校在线课程授课内容审核的工作制度》《上海海事大学附属职业技术学校线上教学和返校开学的教学衔接计划》等;关于技能鉴定的通知及告家长书等,《关于学徒制数控中级技能鉴定的通知》《关于学生电工中级技能鉴定的通知》《关于双证融通班普车、数铣考证集中培训告家长书》《关于汽修班汽车维修中级技能鉴定集中培训告家长书》等等。

学校领导小组经研究决定让智能制造专业学生进行各类鉴定考核,承接相应比赛项目。专业负责人抓住每次报名机会,不错过、不放过,竭尽全力,让所有需要的学生有机会参加技能鉴定,包括需要补考的学生,同时组织落实好补考辅导工作。

(二)实训管理重规范,管理人员起表率

为贯彻落实学校疫情防控工作领导小组疫情防控精神,坚决打赢疫情防控阻击战,切实保证实训(实验)场所能够严格按照学校疫情防控要求开展实训实验教学活动,学校实训(实验)场所防疫专班全体成员责任在心,担当在行。表现尤为突出的是各实验室管理员,大家严格按照防疫要求定时定点进行清洁及消毒工作,确保学生实训实验课程能够安全有序地开展(见图4)。

五、特色与成果

(一)以赛促学,提升人才培养质量

以"技"促学,通过技能鉴定和比赛的形式,学生的技能水平上了一个台阶,工匠精神得到了深化。2020年度,本专业参加技能鉴定的学生数

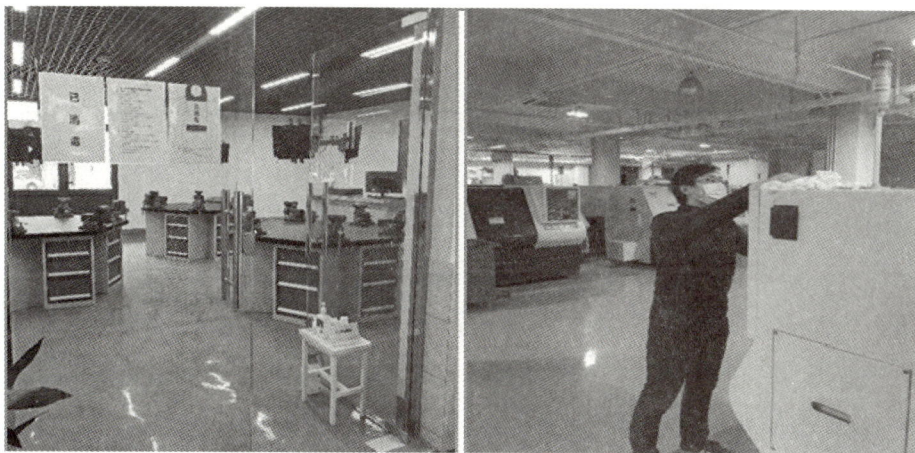

图4　实训室防疫清洁工作

为416人次、考证数为16场次，18电气班理论知识鉴定合格率为94%；双证普通车削加工、零件加工工艺分析与编制理论知识合格率为100%，双证普车技能合格率93%，零件加工工艺分析与编制技能合格率为96%。数控铣削加工理论知识合格率为96%，数控铣削程序编制与调试理论合格率为96%。学生参加技能比赛的团体项目为4项，分别为2020中华杯"3D打印技术"、2020年度第一届全国技能大赛新设赛项"三维天下杯"上海市区域赛"数字化设计与增材制造技能大赛"（见图5）、2020年第一届全国职业院校智能服务机器人技术应用大赛（见图6）、中职组分布式光伏系统的装调与运维赛项，参加人次共计10人次，2个项目获奖。

图5　数控专业学生技能大赛获奖

图6　机电专业学生技能大赛获奖

（二）以赛促教，促进教师专业发展

以赛促教，首先体现在教师自身业务能力的提升。教师通过辅导学生比赛和技能鉴定，不断钻研、挖掘新知，拓展业务，提升教学能力。在此过程中，教师的责任感和使命感也在不断加强，实训的安全性指导、实训的方法指导、学生的合作意识指导、学生的心态调整等都需要教师不断琢磨与研究。以赛促教对新教师成长的形容尤为贴切。正如智能制造专业教研组长韩庆老师所说："大赛更贴近行业，对参赛选手竞赛成绩的评定采用按职业岗位评价方式，评分的细则按工作任务中各个知识与技能点进行明确，这就促使教师在课程教学中，从评价方式上系统反思教学，思考教学内容和教学组织形式的创新，将传统的'讲授式'教学转变为'行动导向'教学方法，将课堂教学和企业工作实际有效关联，实现'教学做一体化'，综合培养学生专业技能。"

（三）以生为本，收获学生家长满意

疫情期间，在学校领导和老师的大力支持下，学校做好疫情防控的同时，有序开展线下教学。随着国家技能证书的改革，1+X证书的全面推行，电工中级人社局的证书将被取消，学校积极组织人员，全面筹划，在时间紧、学校报名系统出现故障的情况下，智能制造专业负责人和培训中心老师到外校借用系统，为18中高电气班的全班学生以及18电子班与17中高电气班的两位补考学生成功报名以参加最后一次考试。在疫情防控常态化的背景下，多次与学校各部门沟通，多次召集本专业授课教师及时沟通备考进度，顺利让升学与实训的补考学生来电工电子实训中心练习，准备最后一次考试。学校以学生为本，为学生提供一切服务，为学生设想的众多举措得到了学生家长的一致好评。甚至有学生家长特意打电话到学校，对于学校想尽办法帮其孩子完成报名的举动表示真挚的感谢。

六、体会与思考

在疫情背景下，智能制造专业组在学校支持下、全体专业教师的努力下，各类技能鉴定、比赛监测完美落地。数控双证合格率达到95%以上，中高班电工中级合格率达80%，数控技术质量监测理论全市第七、优秀率

全市第四,两项比赛都取得了好成绩。就整个实施过程而言,仍旧有一些地方值得反思。

(一)学生成绩两极分化严重

从中职校数控技术应用专业质量监控的成绩反馈来看,学生两极分化严重:优秀率全市排名第四,但是合格率低。后续我们工作的中心将要转移到全面分析该专业的优势与薄弱之处,特别是本次监测中发现的学生理论知识和实践技能薄弱的问题,制定相应的整改方案并落实到位。

(二)中职班和贯通班学生合格率差距很大

就技能鉴定结果来看,中职和中高贯通学生合格率差距很大。因此任课教师需要加强学情分析,根据不同学生群体的认知基础和特点,改进教学方法,调整教学内容,合理组织教学形式。适当使用项目教学、任务教学等方法充分调动学生的主观能动性,着力提升学生的整体水平。

(三)与本市其他学校相比仍存在差距

从各类技能比赛成绩来看,与本市其他学校还存在一定的差距。从原因分析来看,主要是专业组年轻教师占比近八成,他们的教学和带赛经验稍显不足。后续我们需要加强与行业企业、高校、研究机构的深度合作,建立专业教师集体教研制度,提高教师的专业能力和教学水平。同时完善相关教学实施计划,将比赛的内容融入课程设置中,真正实现以赛促改。

参考文献

[1] 庄西真.创新·指南·落实——《国家职业教育改革实施方案》解读[J].教育与职业,2019(07).

[2] 姜海萍.浅谈职校生操作技能的培养[J].职业,2009(21).

[3] 王琰琰,王乾.加强实训,提高中职学生的操作技能[J].教育前沿(理论版),2008(05).

中职语文课堂问题链设计的实践与探索
——以广播电视技术专业语文教学为例

上海第二工业大学附属浦东振华外经职业技术学校　张启梅

【摘　要】如何提高中职语文的课堂实效,把语文教学和专业教学结合起来,这是语文教师面对当前形势需要思考的问题。语文教学既要培养学生的逻辑思维能力,又要把知识点的落实和能力的提升紧密联系起来,同时还需设计出有层次的问题链,引导学生进行深入思考。本文以广播电视技术专业语文教学为例,从什么是问题链,如何设计问题链以及问题链在中职语文课堂教学中的运用等方面来加以阐述。

【关键词】中职语文　问题链　课堂效率

一、实施背景

2020年2月,教育部颁发的《中等职业学校语文课程标准》明确指出了语文作为基础课程,要和职教特色相结合,打好学生的文化基础,强化与职业能力密切相关的学科核心素养培养,满足学生未来职业发展的需要。

正是基于此,中职语文教师要深入了解学生所学的专业课程标准,明确专业人才培养目标。广播电视技术专业主要培养具有导演、剧本创作等方面的专业知识,具备较强的实践摄制能力和良好的团队协作意识,同时具有一定艺术素养且能适应电影制作行业发展趋势的复合应用型人才。

许多影视作品的剧本来源于优秀的文学作品,剧本是影视作品的灵魂。由此可见,广播电视技术专业的学习和语文基础知识的结合非常紧密。这必然要求广播电视技术专业的学生要夯实自己的语文基础,阅读大量的文学作品,学习不同的叙事手法,才能适应时代的发展和市场的需求,才能为未来进入职场打下坚实的基础。

由此可见，语文教学要和学生的专业学习结合起来，中职语文教师也应紧跟时代步伐，改变传统的教学方式，不断提高自己的现代化教育水平。

二、实施目标

语文教学的改革不是一蹴而就的，它需要教师不断摸索，不断创新。在以往的语文教学过程中，学生对语文的学习不够重视，教师与学生的课堂互动多采用一问一答、多问多答的方式，教师提出的问题较琐碎，学生的归纳概括能力、思维能力等没有得到充分的激发，导致课堂缺乏活力，气氛比较沉闷。教师了解学生专业发展需求的同时，要改变这种提问的方式，设计出符合学生专业发展的有逻辑、有层次的问题链，引导学生学会带着问题去挖掘、去探索、去创新，充分发挥学生的主体作用，为社会培养出高素质的影视专业人才。

三、实施过程

（一）明确问题链，创新互动法

问题链教学法是指在中职语文课堂教学过程中，教师按照教学目标，精心构建问题情境，设计出围绕"主问题"的一组有中心、相对独立而又相互关联的问题，以知识形成发展和培养学生思维能力为主线、以师生合作互动为基本形式的新型教学模式。什么是"主问题"呢？余映潮先生曾解释过，"主问题"就是引导学生对课文进行深入研读的重要问题、中心问题或关键问题。其他的问题均通过"主问题"这条主线贯穿起来，呈现出一定的逻辑性和梯度性。

在语文教学过程中，使用问题链教学法可以强化教师和学生的问题意识，把相关知识点串联起来，可以让学生理清问题与问题之间的逻辑关系。

（二）设计问题链，一环扣一环

问题链的设计有助于学生通过问题对一节课进行整体把握，引导他们把语文知识的学习和思维方式的锻炼结合起来。对于语文教师来说，需要掌握设计问题链的方法，具体从以下几个方面入手。

1. 钻研教材, 优化问题链

教师只有在深入研读教材的基础上, 才能设计出能够引起学生深入思考的问题。余映潮老师曾说过:"对每一篇课文, 我们都要细细地咀嚼, 都要深深地钻研, 力求发现其深刻奇妙之处, 以求教学中的深入浅出、进退自如、游刃有余。"教师在钻研的过程中需要查阅大量的资料, 尽可能多地搜集资源, 熟悉相关的文化常识以及感受作者在字里行间所表达的情感, 通过深入阅读体会作者的文中之意、弦外之音, 继而让问题链的设计更加合理、更加有层次。只有做足功课才能明确教学目标, 才能更好地引导学生去体会、去理解, 才能发现在以往的教学中被忽视的地方, 才能激发学生的学习兴趣, 调动其学习积极性。

2. 贴合学生, 找准切入点

一节课可以从文章的标题、关键语句、关键语段切入, 可以从文章令人印象深刻的情节等切入, 切入是问题链设计上的第一环, 看似难度不大, 其实是为主问题的设计添砖加瓦。因此切入需要教师根据班级学生的情况进行调整, 主要目的是吸引学生的注意力。比如在学习《宋词三首》的时候, 由学生初中学过的宋词名句为切入, 学生有了一些古诗文的积累, 在吸引他们注意力的同时也为新课学习创设出环境。又比如讲到叙述手法之一倒叙的时候, 教师可以让学生观看电影《八佰》,"十四个小时前"可以说是采用了倒叙的手法, 还有一些电影也用了倒叙的手法, 比如《泰坦尼克号》《拯救大兵瑞恩》等。切入点找得好, 学生的思维就犹如一池春水, 荡起层层涟漪。

3. 重点聚焦, 巧设主问题

在深入研读教材的基础上, 教师结合单元目标及学生的学习情况确立教学目标, 接下来方可设计问题链。首先是主问题的设计, 引导学生对文本内容进行深入探索, 这样学生个体的学习或者小组合作探究才得以有效展开。其次, 围绕主问题的分问题逐层展开, 分问题可以是主问题的铺垫, 可以是主问题的关联, 也可以是主问题的拓展。比如在教授传承和弘扬中华优秀文化单元《宋词三首》时, 三首宋词分两个课时完成, 第一课时重点学习苏轼的《念奴娇·赤壁怀古》, 为了使学生更好地理解苏轼的形象及作品风格，可以设计如下问题链：第一，苏轼对宋词的发展有哪些贡献？第二，苏轼在什么样的情况下创作了这首词？第三，这首词中饱含了作者哪些情感？第四，你想对苏轼说些什么？问题一在介绍宋词的发展讲到苏轼对宋词的影响，他开创了一种新的豪放词的风格，这是问题三的铺垫，问题二与问题三相关联，苏轼在经历了"乌台诗案"后还能写下这般慷慨激昂的作品，足见他精神世界的丰富和浩瀚。知人论世，为问题三的解决提供帮助。问题四是问题三的拓展，苏轼在人生的低洼之处，找到了自我平衡的路径，表达了对待人生的达观态度。由此可见，问题三是这节课的主问题，作者把对自然山水的赞美与对历史和人生的反思结合起来，在雄奇壮阔的自然美中注入深沉的人生感慨，有怀才不遇的悲伤，也有面对逆境的超脱，其他问题围绕此展开并为其服务。在专业学习或者在生活中遇到挫折，也希望他们能学习苏轼的乐观豁达。这节课的设计从宏观到微观，从景物到人物，从历史到当下，把零散的知识点通过这条主线贯穿起来，采用朗读、品鉴、视频欣赏等方式学习完成教学目标，帮助学生层层递进，从浅入深，最终实现语文知识、技能与情感全方位的掌握。

4. 环环相扣，推进问题链

教师在教学的过程中要注意课与课之间、问与问之间的衔接，学生也可以把之前掌握的方法运用到新知识的学习中。《宋词三首》第二课时如果还是采用第一课时的方式去品读其余的两首词，一方面会造成学生的审美疲劳，另一方面也会影响学生对宋词的整体把握。问题链可进行设计如下：第一，词中表达了作者怎样的思想感情？第二，从所学的三首词中，可以看出豪放词和婉约词有哪些不同？第三，如何辨别一首词是豪放词还是婉约词？问题一承接上节课所学，分析词中表达的词人的情感，模块推进，有利于学生对词的整体感知和品味分析。问题二是主问题，从所选题材、审美格局、词人形象进行品读分析，可以看出苏轼的《念奴娇·赤壁怀古》和辛弃疾的《南乡子·登京口北固亭有怀》写的是军情国事题材，而李清照的《声声慢》属于思妇闺怨题材。豪放词和婉约词在摹景状物方面选择的事物不同：苏轼和辛弃疾的词从奇伟壮丽的江山景物着手，以大开大合的景物描写，呈现出豁达、豪迈的情感，而李清照用具体而细腻的景物，层层深入地渲染和烘托出内心的愁苦，情感比较含蓄蕴藉。因所选事物的不同，在意境审美和效果呈现上两种风格的词也迥然不同。豪放派词人和婉约词人的形象也对比明显，前者大多是至情至性之人，后者大多性格冲淡平和，敏感细腻。苏轼也写过婉约词，李清照也写过豪放词，那需另当别论，主要是看具体的作品中的不同的审美视角和寄寓的情感境界。问题三是引导学生在品鉴一首词的时候学会从多角度分析鉴赏，把学生已掌握的认知充分调动起来，学会独立思考，学会分析问题和解决问题。通过学习，学生还可以利用课上所学习的方法进行课后探索，对宋词中描绘的事物、诗人所表达的情感有更全面、更系统的认识。问题链的设计有助于学生增强热爱中华文化的思想感情，能通过阅读优秀作品，品味语言艺术，发现美，体验美，欣赏美，提高语言文化鉴别能力，形成正确的审美意识和审美情趣，在生活、工作情境中能够表现美，创造美。

（三）巧用问题链，思维得锻炼

问题链的设计应结合所教授的内容进行调整，同样是小说教学也可以有不同的设计。如讲到《麦琪的礼物》这篇小说时，确立教学目标是：学生能够感受到人与人之间感情的美好，学习作者刻画人物的方法并加以运用。整节课的设计贴合广播电视技术专业的学生，提出的问题有：第一，作者都选取了哪些事物表现主人公生活的场景？第二，德拉卖头发前和卖头发后内心都发生了哪些变化？第三，杰姆卖金表前后内心又是如何变化的呢？第四，能否采用作者的写作手法，写一写杰姆是如何表现的呢？问题一从文中可直接找到答案，文章开头作者在介绍主人公的生活环境时用了电影一般的镜头语言，有"一块八角七分钱""破旧的小榻""信箱""电铃"等事物，凸显了主人公德拉和杰姆生活拮据，为下文故事的发展做铺垫。以学生所学的专业知识为切入，启发其在以后介绍拍摄对象所处的环境时，也可以采用这种方法，给观众带来视觉冲击，让人有身临其境之感。问题二是主问题，作者刻画德拉使用了大量的笔墨，用了动作描写和语言描写反映德拉内心的变化，使得人物形象有血有肉、立体丰满。问题三和问题四是对问题二的延伸，通过杰姆的内心变化感知德拉卖头发前后内心的犹豫、矛盾等，调动学生的想象和联想，在创作的过程中学习人物创作的方法，体会大师语言的魅力。在分析问题四的时候，插入意大利著名导演维托里奥·德·西卡《偷自行车的人》中的一个小片段，观看人物的复杂内心是如何表现出来的，可以借助外部的环境，可以通过表情的变化，可以通过动作的方式……通过影视资料帮助学生揣摩人物的内心，加强学生对杰姆的内心情感的感受。再补充作者的人生经历，和他所从事过的职业有关，鼓励学生用心去观察、去品悟生活，通过语文学习对专业有更好更高的追求。《老人与海》一文，第一课时的设计可以围绕主问题：作者是如何通过情节塑造人物形象的？设计问题链：第一，老渔民桑提亚哥和鲨鱼进行了几次搏斗？第二，老人和鲨鱼力量的悬殊体现在哪些方面？第三，体现出老人什么样的性格特征？学生通过文本阅读，归纳概括出问题的答案，对"硬汉"这一形象有了立体、全面的认识。结合学生自身的情况，在学习或生活中面对逆境或挫折时，也要学习老人的这种沉着冷静、坚忍不拔的精神。

四、实施保障

学校坚持以学生知识、能力、素质的全面提高为办学宗旨，全面推行产学结合，强化实践教学，以技能应用为主线，培养技能型艺术专业人才。在深化产学合作基础上，建立开放互动的人才培养模式，拓宽人才培养途径。鼓励语文学习方面表现较好的学生参与校内外的活动，在各个平台上展现他们的风采，如新闻的采写工作、古诗文默写比赛、普通话朗读比赛等，推荐优秀的学生参加市级征文比赛活动、上海市"星光计划"职业技能大赛"汉语应用能力"项目，均获得了奖项。

学校不断深化中等职业学校课程改革，注重各科的发展与建设，组织语文教师积极参与市级、区级各类教研活动，为教师的发展提供平台。学校开展丰富而生动的教育教学活动，把最新的教学方法和教学理念引进来，如示范课建设等。更新相关设备，为教师提供有力的技术支持。集中组内教师的智力资源，开发系列问题链课程，把新型的教学模式引入课堂。

五、特色与成果

(一)学科融合,激发学习兴趣

语文作为基础学科,日常教学要与各类比赛对接,学业水平考试需要提升学生的阅读能力和课外知识储备。广播电视技术专业要求学生掌握剧本创作等方面的才能,这就需要学生阅读古今中外各类文章,调动自身的各种感受,观察生活,学会把自己的情感通过语言文字的方式表达出来,从而积累深厚的艺术底蕴。

作为语文教师,要引导学生发挥语文学科的优势,从文本出发,结合视频,把音乐、绘画、舞蹈、建筑等相关知识融入语文教学,培养学生的国际视野,挖掘学生的潜力,培养他们独立思考的能力。学生可以把小说拍成课本剧,语文的阅读和专业拍摄并行不悖,把文字转化为画面,学生经过一次次地尝试,能够培养他们的团队意识和创新思维,进一步提高实践和创新能力。

从优秀的文学作品中汲取精神的营养,通过语文学习助推专业成长,学生们的语言运用能力、审美能力等得以提升。语文教学和专业课程相互结合,培养学生的职业精神,可以达到协同育人的效果。

(二)以人为本,培养问题意识

问题链的设计突破传统的教学模式,符合学生的发展和认知规律,能更好地发挥学生的主体作用,提升学生语文核心素养。学生在个体活动或团队协作的过程中学会使用多元视角,参与到分享、讨论、探究、交流中,不断质疑和反思,有利于创新意识的培养,为终身学习打下基础。

问题链的设计对于不同程度的学生来说,都有可以发挥的空间,激发学生的积极思维,从一步步引导学生说出问题的答案到学生能够独立解决问题,这样他们在面对未来的挑战时,才能做到从不同的层面、不同的角度思考,学生在语言应用时也会注重其逻辑,综合实力得以提升。

(三)资源共享,创建高效课堂

语文问题链教学模式的尝试引领在市级、区级平台上获得好评,这离不开指导专家和团队的智慧。老师们不断探寻中职语文的教学新模式,深入挖掘文本,感受语言文字的深邃魅力,感受中华文化的博大精深,从而调动学生学习的自觉性和主动性。

积累优质的教学资源,在以后的教学过程中加以创新利用,让学生由课堂的"旁观者"变为课堂的"主人翁",只有积极参与才能展现出他们的水平,从而提高课堂的效率。

六、体会与思考

通过问题链的设计让学生在课堂上发挥有序学习活动的主体作用,问题链设计的水平体现了教师的教学智慧。问题链设计得有层次,可以调动学生的积极性和主动性。以中职生的专业为依托,创设语文情境,学生通过学习、品悟,感受作家在作品中流露出的情感,提升阅读理解能力,变被动学习为主动探索,发掘出更多的人生真谛,逐步提升其综合素质,进而具备更强的专业能力及语言应用能力。

语文教学内容的模块建设还需要综合考量诸多因素,在今后的语文教学中,教师要把现有的资源整合起来加以利用,发挥集体的智慧和优势,才能实现语文教学改革的不断突破。

参考文献

[1] 中等职业学校语文课程标准[M].北京:高等教育出版社,2020(02).

[2] 戎仁堂.谈中国古代诗歌的教学层次[J].中学语文教学参考,2019(05).

[3] 余映潮.致语文教师[M].上海:华东师范大学出版社,2019.

[4] 汪珠文.问题链设计及其在高中语文教学中的实践运用[J].语文教学,2017(04).

以成果为导向的中职学校动漫专业
课程教学改革探索
——以"二维动画设计与制作"为例

上海第二工业大学附属浦东振华外经职业技术学校　闫革革

【摘　要】产教融合是职业教育改革发展的重要方向之一,是提升职业学校育人成效、提高学生专业素养的有效路径。本文在产教融合育人模式的基础上,深化课程教学改革,以中职学校动漫专业中"二维动画设计与制作"课程为案例,阐述如何在专业课教学中"以成果定任务,以任务促教学"、从初级到中级再到自主设计多段式分层教学的模式。通过树立"高端引领、校企合作、德技并重"的理念,以学生自主探索学习为路径,使学生在多个关联任务实践中实现知识的快速整合,不断提升技能水平和职业素养,实现德技双修,达到学校与企业无缝对接的目标。

【关键词】产教融合　成果导向　多段式教学

一、实施背景

习近平总书记在关于教育的重要论述中提道:要不断提升教育服务经济社会发展能力,落实好《国家职业教育改革实施方案》,深化产教融合、校企合作,培养更多高素质劳动者和技术技能人才。[①]

动漫产业作为以创意为核心,以动画、漫画为表现形式的新兴产业,是国家软实力的重要体现,有广阔的市场和发展前景,受到国家的重视和支持。2017年2月《文化部"十三五"时期文化发展的改革规划》中提到"经国务院有关部门认定的动漫企业自主开发、生产动漫直接产品,确需进口的商

---

① 新华社.习近平出席全国教育大会并发表重要讲话[OL].http://www.gov.cn/xinwen/2018-09/10/
content_5320835.htm,2018-09-10.

品,可享受免征进口关税及进口环节增值税的政策"。2018年5月《"十二五"时期国家动漫产业发展规划》中提到"引导原创动漫创作生产,加大优秀动漫产品扶持推广力度,强化国产动画播映体系,积极发展影视动画,重点培养新媒体动漫,大力发展应用动漫,推广动漫衍生产品市场规模"。

由于我国动漫产业兴起较晚,发展速度较快,市场需求较大,各大媒体企业的用人需求不断增加。虽然各大院校培养规模不断加大,但培养模式与市场需求相脱节,导致我国动漫产业仍然存在缺乏专业人才的现状,一是动漫专业人才的需求数量大,二是动漫专业人才的综合素养、实践技能要求高。

动漫产业链中不仅需要高端的复合型动漫人才,也需要大量动漫生产一线的技术型人才。目前我国动漫专业的人才培养主要由中职、高职到高等院校等不同层次组成。作为动漫专业人才培养的重要组成部分之一,中职动漫专业课程教学的改革需根据中职生的实际情况,探索出一条适合中职生培养的课堂教学模式。

技能水平和职业素养的培养是中职人才培养质量的重要组成部分。伴随着经济全球化、人工智能时代的到来,单纯技能型人才已经不能满足企业的需要,企业要想保持强有力的竞争力,德技并修的职业人才是重要支撑。职业素养的培养应渗透在课堂教学实践的每一个细节中,比如对实践内容精益求精的学习态度和坚持不懈的自我追求。

二、实施目标

随着产业技术的不断升级和社会的进一步发展,社会对中职教育人才培养的定位正在发生转变,学生的可持续发展已成为中职教育人才培养的重要目标之一。学校应深化产教融合协同育人,更新教学理念,采用以成果为导向的多段式专业课课堂教学实践模式,依托企业行业优势,充分利用教学资源,建立校企深度合作、实现优势互补、共同发展的合作机制,提升中职学校的教育教学水平和人才培养质量,开创校企合作新局面,为中职学生的多元化发展提供更多的机会。

以成果为导向、以任务为驱动的教学改革,使同学们在一个完整的动画制作周期内快速体验动画的制作流程；通过由易到难的多段式分层学习，不断掌握动画制作方法和技巧，逐步提升动画的制作质量；通过分组实践、团队协作，提升专业技能、创新能力和职业素养；通过反复实践，查缺补漏，强化所学内容之间的有效衔接；通过训练过硬的专业技能，清晰每个人的职业发展规划，做到学校与企业的无缝对接，从而实现中职学生的可持续发展。

三、实施过程

（一）产教深度融合，教学源于实践

采取"企业引入"、专业教师与企业教师共同培养的方式，导入企业项目实案进课堂，根据企业的实际需求，实现专业教师与企业教师共同教研、信息更新、取长补短，将最前沿的信息呈现在学生面前，从中选拔出优秀学生进行企业项目实操能力的训练，最终培养出能满足企业需求的专业人才。

2020学年第二学期2019级影视专业班的"影视特效"和"短视频制作"课程由鸣锣影视科技有限公司的企业教师和专业教师共同担任，2019级动漫专业班的"三维动画设计与制作"由上海瑞巨数字科技有限公司的企业教师和专业教师共同承担。"二维动画设计与制作"课程也通过与企业合作，引入企业实际案例进行实训，达到产教融合，实现校企一体化。

（二）分段递进教学，逐级提升技能

通过分段式由简到难的分层教学模式，逐步提升学生的技能水平和创新能力。宋艳、杨保海、张堃早在2012年《地方高校动漫技术人才实践教学模式探索》中首次将分段式教学模式在动漫专业中进行实践探索，从以专业理论基础课学习到项目学习、再到企业实习多段式人才培养，但分段式模式仅仅宏观地体现在整个动漫专业人才培养计划中，没有具体实施在教学中。

学校鉴于中职生较多学生年龄小、自制力较弱、课上实践时间有限、部分学生绘画基础较薄弱、动画制作周期长等客观因素，将多段式教学模式与专业课实践目标相结合，将企业需求和教学目标相结合，避免教学内容的过多过细，"二维动画设计与制作"课程将训练目标定位在短而精的优秀动画短视频，实现动画分镜设计、动画角色绘制、动画场景绘制、动画设计的一

体化实践。以具体成果为导向设计教学任务,将分段式教学法和动画短视频制作相结合,授课计划为18周,共计72课时,选择由易到难的三个动画短视频制作作为教学任务,分别是简易动画短视频制作、中级动画短视频制作、自主选题动画短视频制作(见表1)。从掌握制作方法到提升动画质量再到提升创新能力,逐步完成动画的设计与制作,以提升实践能力和职业素养。

选择时长为15~30秒左右的动画短视频作为教学任务,打破二维动画制作周期长的局限性,使同学们在短期内能够体验动画的整个制作流程,并根据制作难度的不断提升,逐渐掌握动画的制作方法和技巧,以提升各课程之间的关联性,使同学们能够快速查缺补漏,有的放矢。

(三)坚持成果导向,关注学生获得

以优秀的实践成果为导向,通过逆向分析法,学生参与生产实践,把理论知识与实践能力融为一体,通过加强学生的动手能力、综合分析能力和独立完成工作能力,培养适合岗位需求的人才,达到学校、企业、学生"三赢"的目的。

动漫产业作为一个不断发展的新兴产业,学校的教学也需要不断更新,通过选择一些优秀的动画短片进行分析模拟实践,能使同学们在短时间内将不同的专业课程内容串联在一起,并集中提升动画制作能力。每个模块采用以成果为导向的逆向分析法展开学习,以初级简易优秀动画短片《水牛》为例(见图1)。《水牛》动画短片是一部48秒的动画创意短片,整个

图1　优秀动画短片《水牛》

表1　学校动漫专业课程分段式分层教学模式任务安排表

	授课任务	授课时长	动画时长	动画任务名称	原画	动画造型难度	动画场景难度	动画运动规律难度	动画制作类型	培养目标	特点与优势
阶段一	简易动画制作	20课时	48秒	《水牛》创意动画短视频制作	教师提供	初级	初级	初级	逐帧动画、补间动画	重在掌握动画中后期的方法和技巧	以任务为主，软件为辅，快速将软件学习与实践相结合，提升学生的学习自信心和积极性
阶段二	中级难度动画制作	24课时	30秒	《小怪物》动画短视频制作	教师提供	中级	单幅场景难度提升，场景数量提升	中级	逐帧、补间、遮罩动画的结合，并加入后期特效制作	重在提升学生前期和中期的动画创作质量	能快速提升动画制作质量
阶段三	自主选题动画制作	28课时	30~60秒	题目自拟	自主创作，分组进行	难度高（尽量选择自己擅长的风格）	难度高（根据剧本自主设计场景）	高级	根据主题内容选择逐帧、补间、遮罩动画，并加入后期特效制作	重在培养学生的创新能力	在实践中有目的地提升学生的创新能力

片子诙谐幽默,以极简的画面和内容讲述了水牛为什么被鳄鱼吃掉的过程,整个片子没有一句对白,却清晰地表现了水牛因为自己的好奇心和自以为是,最终葬送了生命。选择这个短片作为课堂教学案例原因有五:一是趣味性强,能吸引学生兴趣;二是动画时长较短,能在短期内完成;三是角色造型和动作设计简单,便于动画入门掌握;四是原片并非 Flash 动画,可以训练同学们快速把素材转化为可利用的 Flash 造型的能力;五是作为二维动画的第一个案例,旨在掌握动画的制作流程和软件操作。

　　课堂教学中,以《水牛》为成果任务驱动来讲解动画的制作过程,分为分镜、动画角色造型、动画场景绘制、动画合成几个方面,学习时间控制在20课时。其中前期讲解和分镜2课时、角色和场景绘制8课时、动作绘制和动画合成10课时,侧重动画中后期的实践,具体安排见表2。

表2　《水牛》动画短片制作策划

时间	教学任务	实践要求
2课时	讲解动画的制作流程,并根据《水牛》创意短片写出前期分镜	因为这个动画短片是一镜到底的设计手法,所以学生只需要将对应时间点的动作写出来即可
2课时	初识 Flash,以水牛的造型为案例,利用线条工具和填充工具绘制水牛造型,掌握创建 Flash 文档和文件保存方法	
2课时	将镜头中所有的水牛造型绘制完毕,并掌握 Flash 元件和库的使用	共计四头水牛,远处的两头可在已绘制的基础上进行复制
2课时	完成鳄鱼造型和鳄鱼张嘴动作的绘制	鳄鱼虽然在镜头中没有完全呈现,但需要学生通过查找素材绘制出完整的鳄鱼造型,保存成图形元件

（续表）

时间	教学任务	实践要求
2课时	完成场景和道具绘制	主场景只有一个，所以要求质量略高，将背景、水面、水花、雾气、水岸、以及小树枝、小石头等绘制出来，并将水花、小树枝和小石头以组合的形式保存，以便后期动画使用
2课时	利用逐帧动画和补间动画完成眨眼、抖耳朵、抬头、转头、用脚拨水等动作	将水牛动的部分和不动的部分进行分组区分，并将动的部分以元件的形式做成动画
2课时	完成水牛拿石子和树枝的动作以及跳上鳄鱼背的动作	完成水牛拿石子砸向鳄鱼背的动作和水牛身体前倾用小树枝搓鳄鱼背的动作，并分别保存成图形元件
2课时	完成鳄鱼跳出水面咬住水牛的动作	保存为元件，注意鳄鱼落入水中的水花动作的绘制
2课时	岸上水牛呆呆地抬头叫，镜头右摇出现另一头水牛	下一轮循环开始，落幕
2课时	合成动画，根据背景音调整细节	要求造型准确、线条流畅、动作合理、声画同步
共计20课时	备注：因为每节课内容都具有关联性，需要学生自备硬盘，随时保存制作源文件	

（四）秉持德技相融，培养职业素养

2018年9月10日，习近平总书记在全国教育大会上提出："要把立德树人融入思想道德教育、文化知识教育、社会实践教育各环节，贯穿基础教育、职业教育、高等教育各领域，学科体系、教学体系、教材体系、管理体系要围绕这个目标来设计，教师要围绕这个目标来教，学生要围绕这个目标来学。凡是不利于实现这个目标的做法都要坚决改过来。"[1]

结合中职学生实际，培养学生专业技能的同时，更要注重职业素养的培养，将精益求精的专业态度、有效的自我管理以及良好的团队合作意识

---

[1] 新华社.习近平出席全国教育大会并发表重要讲话 [OL].http://www.gov.cn/xinwen/2018-09/10/content_5320835.htm，2018-09-10.

等职业精神渗入中职动画设计与制作教学的每一个细节中。比如：在动画主题内容的设计中，以积极阳光的正能量传播为主；在课堂教学实践中帮助学生实现自我管理，根据个人进度，合理调整自己的时间安排；在实践操作中对每一根线条、每一个色块、每一个造型、每一个动作、每一个节奏都精益求精；在团队协作过程中按时保量完成个人任务，不拖后腿，不闹情绪，最终实现德技融合。

（五）围绕立德树人，检验教学成果

分段式教学模式的最后一个环节是自主命题动画制作，鼓励同学们参加专业比赛，以赛促教，不断丰富学生的履历，以实践作品作为中职学生继续求学和就业的敲门砖。

四、实施保障

（一）组织保障

学校能够提供稳定的实践平台，机房能够在课余时间扩大开放时间，使同学们能够充分利用碎片时间，随时进入专业的实践状态；学生每人拥有自己的速写本，随时记录自己的创作灵感；学生需要准备移动硬盘等存储设备，因为每节课之间的实践内容都具有关联性，移动硬盘等存储设备随时保存自己的作业，并能保证学生在有电脑的情况下随时随地进行修改和制作。

（二）经费保障

学校提供企业教师进课堂、带领学生下企业、专业教师企业培训的经费保障，以及学生参加专业比赛前的培训费、比赛期间的餐费、交通费等经费。

（三）人员保障

学生课余时间的实践安排需要机房负责老师和专业实训教师的配合；与企业的衔接需要专业负责的老师不断跟进；学生就业实习单位的落实、跟进和反馈信息收集也需要负责就业的老师不断跟进。

五、特色与成果

(一)课程教学改革的特色

(1)以成果为导向的分段式课程教学改革,在产教融合的基础上,每个阶段任务采用以成果为导向的逆向分析法,先分析优秀成果,再反过来研究优秀成果的创作过程,并将任务成果进行分解,在多节课程中连续实现。整体的教学授课计划也采用逆向学习法,根据制作难度,先掌握制作方法再提升设计水准,更符合中职动漫专业学生学习的实际情况,有效缩减与市场需求之间的距离。

(2)分段式的教学模式,采用由简到难的任务设置,先从提升学生的学习兴趣和自信入手,带领同学快速体验完整动画的制作流程,再逐步提升动画制作质量和设计要求,带领同学们循序渐进,不断提升同学们的成就感和自信心。

(3)以成果为导向的教学模式,增强了教学任务之间的关联性,同学们在学习中不会轻易落下任何一个环节,即使在实践过程中出现了一些小问题,也会督促自己找时间来完成,有效避免中职学生自制力差的问题。

(4)以成果为导向的分段式教学模式,将精益求精的专业态度、有效的自我管理以及良好的团队合作意识等职业素养渗透到动画设计与制作的每一个细节中。

(二)课程教学改革的成果

(1)学校和社会对教学成果的评定更加清晰。基于校企合作、产教融合的模式的深入改革,使课程的教学效果越来越接近企业的实际需求。

(2)学生能清楚地了解这门课程的学习任务。通过由简到难的模块化实践,能够快速掌握动画的制作流程、制作方法,最终达到设计动画的学习目标。

(3)近三年来,动漫影视专业学生获得各种奖项40余项,其中市级奖项24项,星光杯等奖项5项。

六、体会与思考

在国家政策的大力扶持下，中国动画呈现了质的变化，比如《大圣归来》《大鱼海棠》《哪吒之魔童降世》《姜子牙》等代表中国动画实力的作品不断涌现，我们的民族自信和文化自信也在不断提升。中国中职动漫专业的培养目标应紧紧围绕为社会输送专业技能人才的宗旨，合理安排授课计划，通过企业需求和教学实践总结，对授课任务进行综合整理、反复打磨、及时更新，以适应不断发展变化的市场需求。

要想达到国际动漫的水平，中国的动漫还有很长的一段路要走，对于中职动漫专业的课程教学改革还需要不断的探索，通过反复的实践、企业反馈、再实践来不断提高课堂教学质量，提升人才培养质量。作为一线的动漫专业教师，我们也一定紧跟国家的政策指引，不断学习新的教学实践模式，不断探索新的教学方法，为祖国动漫产业的发展贡献自己的力量。

参考文献

[1] 刘谦，等.动漫专业人才市场需求分析报告书[J].山西青年，2018（5）.

[2] 宋艳，杨保海，张堃.地方高校动漫技术人才实践教学模式探索[J].现代企业教育，2012（7）.

[3] 孙珊珊.基于湖南市场需求的高职院校动漫人才培养路径——以湖南大众传媒职业技术学院为例[J].职业技术教育，2020（32）.

分层教学在美术基础在线课程中的实践探索
——动漫专业美术基础课程在线教学实施案例

上海市浦东外事服务学校　　张静怡

【摘　要】分层教学在美术基础在线课程的实施，除借助网络资源、在线教学平台、沟通软件外，还需要教师和学生共同参与教学的整个流程，从教学目标设定、教学内容设计，到多种评价形式运用、不断完善练习作品，让不同能力的学生在课堂中都相应有所收获、有所提升，同时在练习过程中淬炼匠心匠艺精神。

【关键词】分层教学　美术基础　在线课程

一、实施背景

2020年伊始，一场突如其来的疫情让所有人只能"宅"在家中。"停课不停学"让老师们将教室"搬"到了家中，大家用自己还不是很熟练的在线教学技术，借助网络资源、在线教学平台和沟通软件，怀着惴惴不安和些许紧张开始了线上教学工作。在一次又一次的不断摸索中，在线教学逐步稳定了下来。

在探索的过程中，我引导学生运用职教云资源预习，在线直播开展教师示范讲解，课后 QQ 教学群收集学习成果，教师在线课后评价的方式来开展动漫专业的"素描"课程的教学。为了更好地探索在线教学中如何实现分层教学，更有针对性地指导学生，我和上海市美术名师工作室导师许彦杰老师交流商讨之后，对在线课程的实施方案进行修改，努力尝试，以下是实施过程的案例分享。

二、实施目标

通过课堂教学、练习，让不同能力的学生在课堂中都能在不同程度上有所收获、有所提升，并在学习过程中通过评价、指导、学生练习等环节，感悟工匠们不断完善作品的匠心匠艺精神。

三、实施过程

（一）共同商讨，制定在线学习方案

我所教授的是中职二年级动漫专业的学生，经过一年半的学习，学生有一定的美术基础，但能力差距还是比较大的。有些能画石膏头像和真人头像；有些简单的静物素描表现也很困难。在实施过程中，我发现有些能力强的学生在学习上出现"吃不饱"，而能力差的学生则是"消化不了"。在反思最初的课程实施情况之后，向许老师请教后，我尝试在课程中运用在线教学平台的信息化功能开展分层教学实践。根据学生们对自己能力的分析和两周以来的教学情况，对学生进行同组异质形式的分组，能力强的1~2名学生设置为组长，由组长指导、帮助组员。班中能力最差的几名学生由教师指导，从基础抓起，帮助学生温故知新，共同提升专业技术能力。

（二）细化落实，关注在线教学环节

在线课程教学有优势也存在一些不便。由于学生的上课设备不一致，学生有些没有摄像头，更有甚者还没有声音，老师也不能像在教室中一目了然，还有些学生由于本身能力较弱，有害羞、怕丢脸的心理，不愿意让别人看到自己的练习作品，这种种情况，对教师的在线授课产生了一定影响。我通过分层教学的形式，在重点帮助小部分学习困难生夯实基础、提高绘画能力，关注大部分中等生学习进度的同时，兼顾优等生的进阶需求。

1.分层教学目标（以静物素描第一课时起稿为例，见表1）

表1　静物素描分层教学目标

	针对能力差的学生	针对中等能力学生	针对能力强的学生
知识目标	（1）学会静物素描的构图方法 （2）学会运用目测的方法画出静物的大致比例关系	学会根据画面效果，适当调整物体位置进行构图，避免直线位置排列物体	巩固静物素描的绘画起稿步骤

（续表）

时间		教学任务		实践要求
技能目标		（1）学会运用辅助线和四点定位的方法进行素描静物的构图 （2）学习运用目测的方法，用简单形态画出物体的大致比例和形态	正确观察并运用结构素描的方法来绘制画面构图、确定物体的比例关系和位置，完成静物素描第一步的起稿阶段	（1）尝试运用在线直播的形式，带教小组成员 （2）和组员沟通，加强沟通能力
职业（岗位）目标		在帮助能力弱的学生提高自己的绘画能力的同时，请能力强的学生作为"小助教"，带动中等能力的学生，更好地引导学生学习基础绘画课程，提升对基础美术的学习兴趣		

2. 分层教学任务设置（见表2）

表2　分层教学任务设置

		针对能力差的学生	针对中等能力学生	针对能力强的学生
教学任务	课中	静物素描（构图）——简单的静物组合（3~5个物体）	静物素描（构图＋大体比例关系）——静物组合照片（6~8个物体）	作为教师的助教，带教组员，运用在线软件进行直播视频，示范展示

3. 分层教学在线实施

　　根据分组情况，课上安排组长进行小组间的绘画示范直播，在帮助能力中等的学生的同时能锻炼这些能力较强学生的沟通能力。教师分时段进入学生的QQ学习群里，进行小组内学生练习作品的指导和答疑。班中能力最弱的几名学生由教师指导，现场直播绘画步骤，分步骤让学生上传练习作品，学生可以通过私信或者学习群发送分步骤练习照片，教师能及时指导学生绘画作品中存在的问题并进行答疑，让学习困难的学生能有所改进和提升（见图1、图2、图3）。

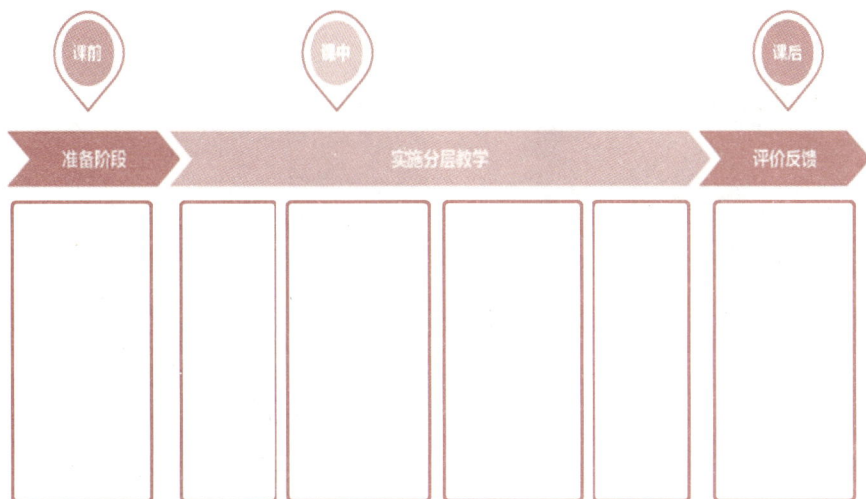

图1　第一课时的教学安排

图2　学生分组练习作品（完成稿）

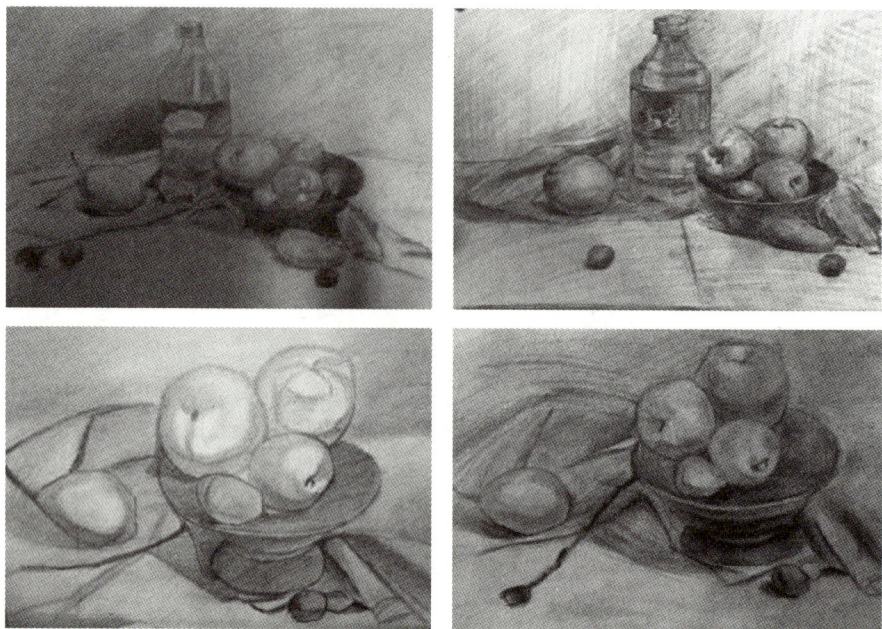

图3　部分能力较弱学生练习作品（完成稿）

（三）整合资源，复合平台教学功能

利用学校指定的教学平台职教云进行在线资源的整合利用，在课前让学生观看，进行课前预习，了解学生观看情况。课程中运用腾讯会议软件，进行直播绘画示范及讲解，帮助学生能更直观地看到绘画步骤、绘画方法和一些技巧。这比在教室中学生围观教师示范更为直观，不存在有些学生因站立的位置关系而看不到教师的示范情况，但也导致教师不能很明确学生在课堂时间段内学习状态的问题。针对这一问题，教师首先布置任务，让分组学生进行群内直播练习；然后对差生小组进行直播示范；接着在学习困难生小组练习的时间，就进分组部分学生的学习群，观看学生的练习过程，并进行指导和答疑。以期通过这种形式，在帮助学习困难生提高能力的同时，兼顾大部分学生的学习情况，争取同步提升（见图4）。

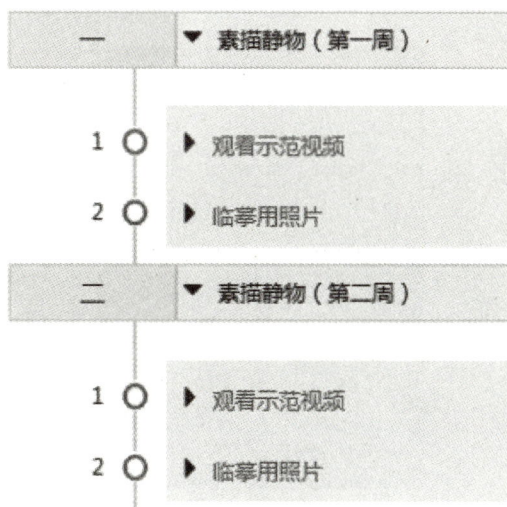

图4　素描静物练习

（四）因人而异，实时反馈在线评价

在作业的设置中，分为速写和素描两部分，速写部分分为静物速写和人物速写练习，帮助学生加强绘画的抓形能力。素描作业分为基础、巩固和提升三层（见表3）。

表3　素描作业设置

		针对能力差的学生	针对中等能力学生	针对能力强的学生
课后	速写	静物速写	人物速写	人物速写
	素描	3~5个静物组合素描	静物组合照片素描	石膏头像素描

在每节课的导入阶段，我会花3~5分钟时间对家庭作业进行个别的点评，加强学生对作业的重视程度。对学生发过来的作业，我会及时作出指导，有些是语音反馈，有些是直接在图片上指出问题，帮助学生更直观找到问题所在，及时修改，争取让每幅画都能有所提升和进步（见图5）。让学生在作业的练习中能找到自信，对基础美术课程能更有兴趣。

图5　教师批改示意图

四、实施保障

经过一段时间的教学实施和课后反思，我发现在实施分层教学时还存在一些问题。

（一）分层的依据没有统一标准

对于在线美术基础课程的学生分层，我主要是依据之前一段时间内学生课堂练习和作业的平均分将学生划分为三层。然而，学生是发展的人，可塑性极强。将学生进行分层，有可能会影响部分学生对学习的积极性，同时也割断了学生自身发展的内在联系。

(二)分层可能引起学生心理受挫

在实施过程中,只是以近阶段的课堂练习和作业成绩对学生进行分层教学,可能会对某些学生造成不良的心理暗示,把自己定位在差生之中,这种想法一旦形成就禁锢了学生的思维,伤及了个别学生的自尊心和自信心,容易使学生和家长产生焦虑情绪。

(三)教师的备课量倍增

人常说:给别人一杯水,自己要先有一桶水。虽然在线课程资源网上很多,但优劣不齐,教师要根据分层的不同进行不同的挑选,需花费大量时间。在课程的实施过程中,还要考虑学生设备可能存在的问题,所以要对绘画过程进行录课、剪辑,最后放入网上的 QQ 教学群和在线资源库,方便学生能通过多种办法看到教师的授课内容。教师的备课量倍增的同时,对教师的信息技术能力也提出了较高的要求。针对以上的几个问题,我希望在之后的课程教学中能逐步改进,主要措施如下:

1. 分层标准要客观

在线美术基础课程中的学生分层需要更加深入地了解学生,根据学生较长一段时间的学习习惯、学习状态、学习能力和练习情况等多元因素进行初步的划分,根据学生的学习进展、发展情况等动态进行观察,并适当调整。更好地帮助学生在提升能力的同时,了解自己的学习状态,更积极地对待课程的学习,并让学生在不断修改自己作品的过程中,感悟匠心匠艺的精神。

2. 运用评价,帮助学生调整心理状况

加强课后和学生的沟通,并根据不同学生的心理情况作相应的记录。运用罗森塔尔效应,在学生的作业评语中,对学生的进步给予肯定和鼓励,针对作业中存在的问题和不足,运用合理的方式方法,给予纠正的同时帮助学生树立自信心。

3. 提升教师的信息化应用能力

为确保在线基础美术课程能达到预设效果,教师的信息化应用能力起着十分关键的作用。教师要灵活运用不同的设备、软件等信息化手段进行

多元化授课，同时针对学生的学习情况实施分组或单独的在线辅导，掌握学生学习动态，以达到分层教学目标。

五、特色与成果

通过这种在线课程分层教学的形式，学生对素描课程的学习积极性有所提高，在这段时间的教学中，我发现学生更愿意和教师交流了，对一些不明白的知识点能积极询问，对教师示范中的一些小技巧和方法也积极尝试。在线课程的交流形式在保护他们隐私性的同时又能提升专业能力，对学生的绘画能力提升也有一定的帮助。对学习困难生的帮助也较为明显，能力强的学生在和小组同学交流经验的过程中，既帮助中等能力的同学提高，也锻炼了职场工作核心素养之一的沟通能力。班级整体的学习氛围更加良好。学生也在课程评价中了解了自己练习中的不足，不断改进练习作品，对自己的作品更加严格要求，为自己设定目标，体验职业工匠的匠心匠艺精神。

六、体会与思考

分层教学在美术基础在线课程中的实施有较好的优势，能帮助每一个学生的发展，帮助学生通过在线教学有不同程度的进步；但同时也仍存在一些需要改进的问题，需要在之后的在线教学中继续探索前行。

以上是我的在线教学案例分享，希望能在之后的教学工作中通过不断改进在线教育教学方法，帮助学生提高学习效率的同时，提升自己的在线教学能力。

Project-based 教学模式在英语教学中的实践研究

上海市新陆职业技术学校　茅小莉

【摘　要】传统英语教学模式弊端丛生，已不能满足新时代对英语应用人才的需求。此时，Project-based 教学模式应时而生。学校英语学科作为试点学科，率先开展了项目化学习探究，经过梳理知识结构，确定项目序列；基于项目小组，开展持续探究；汇报学习成果，升华认知结构等过程，不仅让学生掌握了英语学科的基础知识和基本技能，并且在此基础上进一步培养了学生的英语运用能力、高阶思维和综合素养。

【关键词】Project-based 教学模式　项目化学习　英语教学

一、实施背景

(一)传统英语教学模式的弊端日益显现

职业院校英语教学多沿用传统教学模式，以讲授法为主，即教师直接讲解知识，学生主要负责记忆。这种传统模式教学成本低、教学效率高、能在较短时间内向学生传递较为全面的知识，但它的缺点也日益明显：一是学生对知识"不假思索地接受"，多会导致学生"知其然而不知其所以然"，停留于对知识的浅层认识，不能深刻理解隐藏在知识点背后的核心概念或深层思维方法，也无法在日常工作生活中准确、灵活地予以运用；二是学生容易依赖于教师的讲解从而获取知识，削弱了其自身学习的主动性和独立性，这不利于其创造精神的发展。

(二) Project-based 教学模式应时而生

为了解决传统教学模式的问题，体验式学习理念以及"做中学"的教育思想不断崛起。受新兴教育理念的影响，在教育家的不断探索下，Project-based 教学模式逐渐成熟，广受关注。专家霍恩比对 Project 的解释为："task set as an educational exercise which requires students to do their own research and present results"。同时霍恩比教授又指出，Project-based 的教学模式是一种探究型的学习方式，它要求学习者围绕某一个主题进行调查或研究，综合运用各种不同的学习资源以及跨学科的知识和技能，去解决实际生活中的各种问题，完成真实的任务，制作真实的作品。

二、实施目标

Project-based 教学模式在职校英语教学中的运用强调以项目组为中心来组织学习活动，要求学生综合运用语言知识、内容知识以及综合技能去解决生活中的实际问题，取得实际成果，最终达到以下目标：

第一，在做项目的过程中，秉持"做中学"的理念，边做边学，使学生主动去获得、理解、内化英语学科知识及其技能，提高英语听、说、读、写能力；

第二，通过问题驱使、项目推动，师退生进，变"要我学"为"我要学"，帮助学生养成自主学习的良好习惯，让学生成为自己学习的主人；

第三，通过 Project-based 教学模式，鼓励学生勇于面对各类复杂问题，培养他们发现问题、分析问题、解决问题的能力，发展学生创造性问题解决思维。

三、实施过程

(一)梳理知识结构，确定项目序列

1. 项目化学习设计始于英语学科知识的结构化

Project-based 教学模式倡导学生的项目化学习，作为一种学习方式，项目化学习的目标是让学生更有效地掌握英语学科的基础知识和基本技能，并且在此基础上进一步提高灵活运用能力，锻炼高阶思维，养成综合素养。换言之，项目化学习基于知识又超越知识。所以，英语老师首先要梳理本学科的知识点，同步思考英语学科的核心概念，并寻找知识点和核心概念相互之间的关联，双向建构起英语学科的多层级概念体系。

2.融合学科概念体系与现实情境，开发具体项目

学科概念体系是项目学习设计的底层逻辑，教研组根据英语学科的概念体系，以教材为导向，寻找核心概念与工作、生活实际的结合点，多方研讨、共同确定项目主题，并创设驱动性问题和任务链，引导学生不断学习，最终实现学习目标。

以《牛津高中英语》第四册"Green Orchids"为例，本文阐述了 Harry Saleem 在经济利益与生态环境之间的选择，具有较强的现实意义，有助于培养学生正确的价值观。首先，教师在"经济利益与生态环境的选择"主题下，先通过阅读文本内容，分析篇章结构，确定重点词汇与句型，提炼核心素养，形成这个主题相关的微型概念结构图。其次，教师需要创设一个有效且有趣的问题情境，如"假如你是 Harry Saleem 的家人，现在有一个让时光倒流的机会，让你回到过去，你将如何帮助 Harry Saleem 重新作出选择，扭转命运？"等，从而驱动学生在探究的过程中获得知识、习得素养。再次，教师需要对解决驱动性问题所需的相关任务进行预设，形成初步的任务链，以保证项目学习过程的顺利实施。这样，问题情境聚合下的任务链，以及支撑任务实施的知识点和核心素养等就能将整个学习项目充实起来。

值得注意的是，英语学科的项目有大有小，主要取决于项目任务所包含知识内容的多少以及知识之间的关联性。除了单课项目外，还可以基于具有相关性的多课的教材内容，创设一个更为复杂、更有挑战性的驱动性问题，整合成一个大的项目主题，进一步提高学生的问题解决能力。

（二）基于项目小组，开展持续性探究

1.以项目小组为基本活动单位，边学习边探究

项目化学习的主体虽然是学生，但他们不是各自独立开展学习和探究的，而是依靠小组合作的组织形式，运用团队的力量和集体的智慧来解决问题。所以，在确定好项目主题后，把学生进行分组，一般4~6人为一个小组。作为基本的活动单位，项目小组的功能至少要体现在下述两个方面：一是在合作解决问题的过程中，强化学生的倾听表达习惯、团队协作的意识和问题解决的能力；二是在学英语、用英语的过程中，通过相互之间的讨论、表达和彼此借鉴，提高他们的英语听、说、读、写能力，从而促进他们对

英语文化的理解。为了充分发挥共同体对学生学习的促进作用,要建立有效的合作规则,如倾听时眼睛要看着发言人,并且思考他说的话;分享自己的所有观点和信息等。总之,要让学生在活动中学会合作,并且要基于合作有效地获得知识、习得能力。

2. 教师提供学习支架,辅助学生达成学习目标

虽然项目化学习讲求"师退生进",但教师也不能缺席,而是退到了讲台的边缘处,主要负责关注学生的学习情况,并在学生需要帮助的时候给予适度的资源和智慧支持。只有真正做到"不愤不启,不悱不发",教师教的效果才能最大化。在项目化学习过程中,教师的启发作用主要依靠"学习支架"来实现。在英语项目化学习中,学习支架是多种多样的,至少包括词意查询及句型分析等学习单、英语核心知识评价量规、英文影视资料网址、辅助阅读材料等。

3. 重视项目导入环节和知识获得环节

项目化学习的一个重要特点是通过一个问题情境,让学生与真实任务、任务与知识、学生与知识等多方之间产生联结。所以,加深学生对问题情境的认识和感知,是项目化学习的首要环节。以《牛津高中英语》第四册"Green Orchids"为例,教师在 PPT 上展示三张图片,图片上分别是三种植物,提出问题:"Which one is a green orchid?",教师展现另外一张 PPT,"Life is a series of choices, and we can't foresee the consequences of...",同时代入情境:Harry Saleem 正是因为做出了错误的选择,才让自己失去了宝贵的生命。假如你是 Harry Saleem 的家人,现在有一个让时光倒流的机会,让你回到过去,你将如何帮助 Harry Saleem 重新作出选择,扭转命运?再次抛出问题:"What relationship do they have with green orchids?",教师通过这些问题的设置导入本项目的主题。

与传统学习方式相比,项目化学习更注重学生高阶思维和综合能力的培养,但学科知识和技能的掌握仍然是基础。所以教师要通过设计学习支架,引导学生完成语言的知识储备。以《牛津高中英语》第四册"Green Orchids"为例,教师设计了以下问题,让学生分组进行讨论,老师进行指导,组长记录好讨论结果。

Line 2—8

A. Who is Harry Saleem?

B. How is Harry Saleem's health condition?

C. What about Harry Saleem's choice?

Line 9—27

A. Who was he going to meet first?

B. Why did he meet the doctor first?

C. What is the important matter of business?

Line 28—41

A. We know it's the main ingredient of the medicine, Can Harry Saleem be saved? Why?

B. What are the consequences of his decision?

C. What kind of person is Harry Saleem?

D. What are the ways to analyze a character?

E. How can we make the character vivid?

通过这些问题引导学生掌握基本的语言知识,如词性、短语的使用、篇章结构等,为后续活动的开展打好基础。

(三)汇报学习成果,升华认知结构

与其他学习方式不同,项目化学习非常重视产生可见的成果。学生们在掌握文本的基础上,结合课文内容,充分利用课本上的语言知识以及所收集到的材料来设计作品。小组成员经过讨论以后开始设计。设计的作品需要小组成员的相互协作,可以挑选一位同学担任记录员,其他同学充当提问者和回答者,学生们在交流的过程中接触真实的语言材料,加深练习。下面是一组学生设计的作品,如图示:

S1: We know Harry Saleem chose to see the engineer first, and the important matter of business destroy the Pankan Valley. It seems that the story almost came to an end. But do you see green orchids here? (No)

So, at the last part of the story, could you guess what role might green orchids play?

Can Harry Saleem be saved?

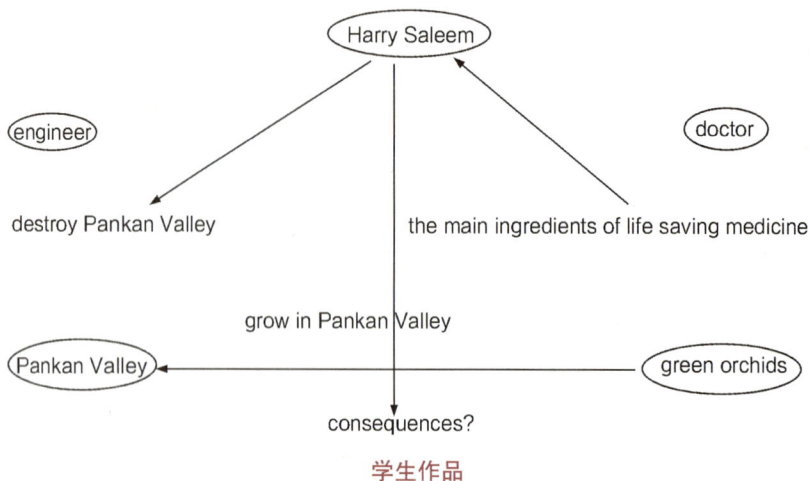

学生作品

展示作品是项目教学的一个重要环节。在课堂上,教师可以组织学生进行小组展示,组内的成员可以分工合作,让每一个学生都能积极参与。展示作品以后,就是评价作品。教师可以根据各组展示的情况,进行个人评价、组内评价、组间评价,最后由教师统一点评。在此过程中,学生可以加深对话题的理解,加强思辨能力。

四、实施保障

(一)学校重视,提供激励制度保障

学校对 Project-based 教学模式在各学科中的实践应用高度重视,将作为学校教学改革发展的重要举措。但是项目化学习与传统的教学方法大不相同,由于教师们已经习惯了进行知识点教学,实施英语学科的项目化面临着很大的挑战。很多教师从内心深处是不愿意进行教学改革的,不愿意设计并实施项目化学习。为了激发教师积极投入到项目化学习的改革浪潮中,学校制定了一系列激励制度,给予教师更多的支持,包括备课、教研制度、时间等方面的支持和保障,并对参与项目化学习教学实践的老师给予一定的扶持和激励,尤其是取得一定成绩和突破的教师更是给予了物质和精

神奖励。

（二）教师研修，形成反思性学习机制

为了更好地推进英语学科的项目化学习，学校组建了研究团队，由英语教研组长领衔，4位英语教师为主体的教学团队。"项目化学习"对学校英语教师们来说，是一种比较新型的学习方式。为了推进项目的有效实施，教师们通过阅读书籍、查阅文章、请教专家、交流讨论等方式持续学习，不断打破自己的舒适区，逐渐了解"项目化学习的设计和实施方法"。在教学过程中，项目的实施难免会误入偏路。幸亏教师团队始终坚持"课前研讨，课后反思"，得以及时纠偏。团队教师不停反思，一方面不断梳理阶段性教学成果，另一方面不断总结实施过程中的经验教训，并拟定调整方案。正是在一次次研讨、反思与梳理中，英语学科的项目化学习一步步地向纵深发展。

（三）专家引领，于困惑处提供智慧支持

Project-based教学模式是一种先进的、富有生命力的教学模式。尽管学校高度重视，教师们在相关制度的激励下，也愿意主动进行学习和尝试，但毕竟校内资源和力量有限，教师们不能闭门造车，要走出去、请进来，寻求相关专家的指导和帮助。在项目设计和实施的各个阶段，学校积极挖掘资源，请到对Project-based教学模式有研究的教育专家和资深的英语学科教师来校开设讲座，给学校教师授课，从专业、科学的角度讲述项目化学习的设计方法和实施要点，并耐心解答教师们提出的各种困惑，加深了教师们对项目化学习的理解和认识。同时在教学过程中，专家也不断给教师们提出各种宝贵的建议，让老师们不断进行反思，想明白每一个环节实施的目的，进而跟进调整，保证项目化学习的顺利推进。

五、特色与成果

（一）摸索中前进，收获了独特的校本实践路径

作为Project-based教学模式实践的先行学科，英语学科在学校英语教师和学生共同努力下，探索出了一条符合学校整体气质的独特的校本实践路径。这个路径的特点就是师生共创，充分尊重学生的想法。前期的项目

设计环节由教师团体根据课程标准和教材对英语学科概念知识体系进行梳理；之后的驱动性问题的设计和任务链的分解等则由师生共同完成。学生参与的方式可以是对全体学生的抽样调查，也可以是对学生代表的访谈交流。总之，要了解学生的学习兴趣，发挥学生的智慧。因为学校很多学生有着比较丰富的英语学习经验，还有些学生参加了英语社团等，具有多样化的英语活动体验。根据学生学情和基于学生学习起点的项目化学习实践路径，充分体现了"源于学生、用于学生"的学校教育智慧。

（二）前进中积累，形成了教学案例及实践经验

经过不断的实践探索，学校英语学科形成了一系列可资借鉴的 Project-based 教学案例，积累了一些教学资源，提高了学生的英语学习兴趣和英语水平。同时在探索的过程中，也从遇到的困惑中总结出了一些实践经验，为其他学科的项目化学习提供了前车之鉴。例如，英语学科 Project-based 教学模式在推进过程中，教师们曾感觉困惑，特别是在情境创设时，如何控制项目背景知识的难度，如何兼顾知识的完整性和学生的接受水平。通过试验和学习，教师们发现好的驱动性问题至少具备三个标准：能吸引学生积极参与；答案具有开放性；与学习目标相匹配。如果不能把项目的目标与学生的学科学习目标进行合理科学的匹配，项目探索的进程就会受阻。类似这样的实践经验就是英语学科 Project-based 教学改革收获的宝贵成果。

六、体会与思考

在教学实践以后，发现 Project-based 教学模式在实践中具有如下优点。

第一，在情境化活动中，学生更加专注。教学围绕着 Project-based 教学模式展开，学生把课文的知识与真实情景联系起来，利用知识的复杂性以及相关性积极有效地在情境中构建完整的知识结构，提高知识迁移的效果，无形中培养了学生的语言运用能力。

第二，促成了师生间多元化的互动。传统的语言教学以教师讲解为主，教师负责分析文章结构，然后划出关键点，要求学生机械性地背诵、默

写，导致师生之间缺少对话与交流。而 Project-based 教学模式搭建了多个互动平台：教材、学生、学生汇报的内容与教学媒体之间产生了种种图文并茂、丰富多彩的互动。学生在完成文本处理、小组合作和交流展示的过程中，加深了对课文的理解，培养了他们分析、综合、评价、合作等多方面的能力。

第三，促进了学生个性化的发展。传统的英语教学偏重语言知识的灌输与技能的训练，抑制了学生个性化的发展。而 Project-based 教学模式，教师根据学生的兴趣、语言水平、学科知识确定课题，按照学生喜欢的方式开展教学活动，从而为学生打造出了一个非常个性化的学习空间。

路漫漫其修远兮，将 Project-based 教学理念全方位落实到学科教学实际中还有很长的路要走，亟需所有教师进行更加深入的探索。

参考文献

[1] 卢雅琴, 曹辉. 项目化学习推动英语课堂教学[J].海外英语，2020（14）.

[2] 夏雪梅. 在学科中进行项目化学习：国际理解与本土框架[J]. 教育研究与评论，2020（06）.

[3] 钱晓航. 基于项目式学习的高中英语 Project板块教学实践[J].中小学英语教学与研究，2019（05）.

立足信息化教学手段　助推中职课程改革
——以"青鱼的去骨取肉加工"内容为例

上海第二工业大学附属浦东振华外经职业技术学校　陈　栋

【摘　要】信息化教学模式以学生为主体,通过在教学过程中合理利用各种信息技术手段,提高学生学习的积极性,实时数据反馈体现时效性,直观的技术处理和展示,提升了教学效果。本文以中职中餐烹饪专业中"青鱼的去骨取肉加工"内容为例,从学习内容、学习手段、评价方式以及课后拓展几个方面进行课程设计与实际应用,展现信息化教学在中职烹饪课程中的实际应用以及成效。

【关键词】信息化教学　中职　烹饪课程

一、实施背景

当今信息化教学模式在中职学校的应用已经趋于广泛,国家《教育信息化"十三五"规划》提到,至2020年,要基本建成"人人皆学、处处能学、时时可学"的、与国家教育现代化发展目标相适应的教育信息化体系,基本实现教育信息化对学生全面发展的促进作用,基本形成具有国际先进水平、信息技术与教育融合创新发展的中国特色教育信息化发展路子。

中职中餐烹饪专业的课程多为理实一体课程,更为注重实际操作,因此在以往教学中多为教师示范、学生模仿的教学模式,容易造成指导不及时、学生记不住示范操作要领等问题。随着信息技术手段的不断发展,信息化教学工具被逐步应用到烹饪专业的教学中,而且通过不断的尝试与验证,它在烹饪专业教学中的重要作用逐渐体现出来。信息化教学模式能更好地引导学生自主学习,通过信息化手段激发学生的学习热情,缩短重复训练的时间，提升教学成效，也帮助教师与学生掌握信息化手段，提高信息化素养，适应信息化社会发展的要求，培养他们学会用信息技术解决问题的能力。

二、实施目标

随着信息化时代的到来，信息技术在现实生活中的应用越发普遍，尤其是在教育事业领域，它逐渐成为一项不可或缺的教学技术体系。在烹饪课程教学活动当中，中职院校合理引进信息技术，有助于课程体系的完善与更新。众所周知，信息技术具有信息包含量广的特点，教师借助信息技术，能够实现课程资源的有效整合，将烹饪市场信息与课程内容建立有效联系，从而保证学生所掌握的课程内容更具有真实性和时效性。可见，信息技术在中职烹饪课程教学领域，所发挥的作用有多显著。

中职院校在组织烹饪课程教学时，必须重点关注课堂质量，而信息技术在提高课堂质量方面所发挥的作用十分显著。首先，教师借助信息技术，能够优化课堂环境，将抽象性的课程内容进行直观化技术处理和展示，从而为学生直观理解提供便利条件。同时，也能够拓展教学渠道和载体，丰富学生自主学习的空间，让学生在信息化平台的支撑下，深入、系统地学习烹饪课程专业知识，从而全面提高学生学习的质量。

三、实施过程

（一）前期准备

"原料加工"这门课程是中等职业学校中餐烹饪专业的核心课程，其中"青鱼的去骨取肉加工"是该课程"原料的加工"模块中重要的学习任务，也是中餐厨师所需掌握的主要技能之一，该课程主要的授课对象是中餐烹饪专业一年级的学生，考虑到信息化教学模式的应用需要学生具备一定的信息化水平，因此在课前针对学生信息化水平做了相关的问卷调查，结果显示有54.29%的学生已经接触过信息化教学，且具有使用信息化工具的能力。因此在课程中采用信息化教学是具有可行性的。

学生在之前的课程中已经学习了原料的加工工具和原料的粗加工，掌握了一定的刀工技术,但在课前对学生是否处理过青鱼产品的调查中显示,84.76%的学生在日常生活中并未实际处理过鱼类产品,因此对课程中青鱼去骨取肉的技术掌握程度并不高。

针对学生的学情与专业人才培养方案要求,本节课的教学重点定为青鱼去骨取肉的操作步骤,难点定为青鱼去骨取肉的下刀方法(见图1)。

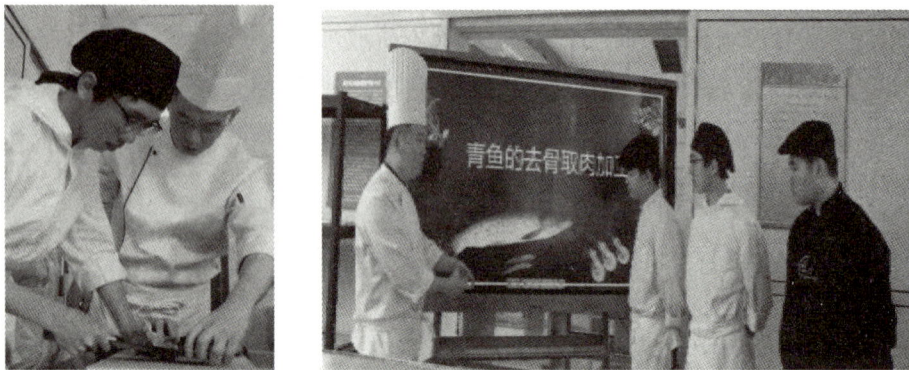

图1　"原料加工"课程下刀方法训练

(二)课前自主学习

课前利用学习平台引导学生进行自主学习。教师在学习平台中发布预习任务给学生进行在线学习,学生观看教师事先录制的"青鱼去骨取肉"微课视频,初步了解青鱼去骨取肉的操作步骤和下刀方法,并完成教师布置的练习题,每个学生自主学习的情况在学习平台上会留下数据记录,教师能够在学习平台的后台统计模块中查看每个学生的学习记录,对于自主学习效果不佳的学生留言指导,提供有针对性的帮助。

教师根据学生自主学习的效果反馈,掌握学生的课前学习情况,为课上的探究活动做好准备,并根据不同学生的预习情况进行异质分组。因为每组均有前期预习效果较好的学生和不理想的学生,所以会适当调整探究活动设计,实现个性化教学。

(三)课中小组协作

(1)检查仪容仪表。正式上课前要求学生按照行业标准检查仪容仪表,引导学生注意自己的职业形象,树立职业自信。

（2）课中任务发布。由教师展示异质分组的结果，小组长按要求佩戴徽章，在学习平台上发布本次课程的课中任务与要求，帮助学生明确课程任务。

（3）教师示范操作。教师总结学生在自主学习中遇到的共性问题，分步讲解操作视频，并针对差异性问题进行示范操作，强调操作技巧与注意事项，同时借助学习平台的投票等互动功能，引导学生总结出青鱼去骨取肉的六个步骤，即：鱼头—鱼背—鱼肚—鱼尾—鱼皮—修形，帮助学生巩固青鱼去骨取肉的步骤与下刀方法。

（4）学生模拟下刀。学生通过仿真软件按先前掌握的青鱼去骨取肉的六个步骤进行模拟操作，每一个步骤按要求完成后软件提示操作成功，可进入下一步模拟练习。首先学生在鱼鳃盖骨切下鱼头，随后将刀贴着背骨向里批，批到脊骨后，刀绕过脊骨，把上片鱼片批下；随后鱼头朝右，刀在脊骨下面进入，紧贴脊骨，左手按住脊骨，从鱼头批到鱼尾，拿下脊骨；最后批去小刺骨和肚骨即成。如果要去鱼皮，大鱼从头、鱼肉中部下刀，切至鱼皮处，刀口贴鱼皮，刀身侧斜向前推进，除去一半鱼皮，接着手抓住鱼皮，批下另一半鱼肉。学生模拟操作的同时教师会在旁观察指导，帮助学生们归纳出操作的要点。

（5）小组协作实操。各小组由组长进行分工，依次按照规范的青鱼去骨取肉步骤进行实际操作，如有忘记操作步骤或是操作要点的可反复观看先前的微课视频。同时教师通过操作台上方连接到学习平台的摄像头，观察学生实际操作的情况，如发现学生有操作失误且组内成员并未指出的，教师将根据实际情况进行提示，提示后仍未能改正的学生，教师及时到工位旁给予指导，解决原本课程中不能实时发现并及时纠正的问题，解决教学难点。

（6）任务评价总结。学生首先拍照上传完成的成品并完成自评表格，各组根据小组成员上传的成品互相进行打分与评价，推选出本组最优成品进行展示，教师进行最终的点评与总结，同时由学习平台收集相关评分数据形成每位学生的学习数据，用于观察该名学生整个课程的学习成效。

（四）课后反思与拓展

学生课后在学习平台上完成拓展作业，并完成课后讨论。总结自己需要继续完善的方面，举一反三，拓展知识，巩固技能，也逐步养成职业能力的迁移。

教师根据学习平台上的学习成果对学生进行反馈。针对不同学生进行不同内容的推送，对掌握程度不理想的学生进行个性化指导，确保学生对本次教学内容的掌握（见图2）。

图2　课后反思与拓展

四、实施保障

第一，教师的综合素质需不断提升。烹饪专业是一门非常特殊的学科，因此，专业性是重中之重。一个专业的授课教师，要不断学习和钻研，增强创新意识，具备过硬的专业知识和专业技能，确保学生学习的科学性。

第二，实践与理论要紧密结合。在授课过程中，教师不能只是一味纸上谈兵，理论教学固然重要，但不可否认实践教学的重要性。只有做到理论与实践相结合，才能达到理想的教学效果。

第三，有效利用网络教学。在传统教学的基础上，教师可以适当增加网络这一媒介或方式进行辅助教学。运用网络进行教学的过程中，要正确处理网络与黑板、粉笔以及其他一些教具的关系，使两者相辅相成。

五、特色与成果

第一，学习平台增强互动，提升学生学习兴趣。教师采用线上学习平台和线下实训操作相结合的方法进行授课，借助虚拟仿真软件等信息化工具和手段，学生更加主动地参与到教学活动中，原先需要练习多次才能达到青鱼去骨取肉的成品标准，在采用信息化教学模式后学生练习1~2次后就能达到标准，提高了教学成效，也激发了学生继续学习的兴趣，提升了学生的职业自信。

第二，平台数据实时反馈，纠正学生操作步骤。对于讲授实操课程的烹饪专业教师而言，传统的烹饪实操课由于无法同时检查每位同学的实操过程，在借助了学习平台之后不仅能够实时观看学生操作过程，还能对学生成品进行照片保留，不仅方便学生实时回顾与反思，也帮助教师更好地实现个性化指导，提高教师的课堂效率，这种基于数据和动态的实时反馈的信息化手段，可以进一步协助教师掌握学生的学习情况，实现对学生整体课程学习进度与成果的管理。

六、体会与思考

信息化教学在中职烹饪专业的实施，体现出两大优势。

第一，实时数据反馈掌握学习情况。以往烹饪教学中，由于班级学生数较多，实训室场地较大，教师难以同时跟踪、了解所有学生的学习过程，不能及时发现学生错误，解答困惑。借助信息化的学习平台实时采集学生的操作数据，教师通过数据监控了解学习动态，能够及时对共性问题予以示范讲解，对差异性问题提供精准的个性化指导。

第二，仿真软件模拟原料加工过程。以往课堂中，学生需要在原材料上多次尝试下刀，在操作不熟练的阶段容易造成原材料的损坏，不仅浪费原材料也不利于学生接下来的探究操作。借助虚拟仿真软件中内置的鱼类模型，利用操作手柄模拟下刀的位置与加工步骤，在操作过程中如果出现步骤错误或下刀不准确，软件将给予提示，帮助学生不断巩固下刀的位置、加工的步骤与注意事项，突出教学的难点、解决教学的难点。

在传统烹饪教学过程中,学生看不清,教师重复讲,课堂效率低的问题一直困扰着烹饪专业课教师。有了信息技术的帮助,教师可以利用网络学习平台、微课、VR、之江汇互动课堂软件、烹饪工艺演示系统等,构建多层次的自主学习环境,打破围坐式教学模式的局限,让学生清晰地看清楚每个操作细节,从而构建高效课堂。

现阶段,信息化教学作为主流的教学模式已逐步渗透到中职烹饪的多门课程中,但由于烹饪课程中多为实操课程,每门课程所需的仿真软件功能各不相同,如每门课程都根据课程要求制作相关的仿真软件,不仅制作复杂,且造价不菲,目前只能针对个别的任务模块使用,希望今后能与行业、相关合作企业、兄弟院校进行深度合作与资源互通,加快中职烹饪信息化资源的开发与发展。

参考文献

[1] 教育部.教育信息化十年发展规划（2011—2020年）[Z].2012-05-06.

[2] 教育部.关于深化职业教育教学改革全面提高人才培养质量的若干意见[DB/OL]http://www.gov.cn/xinwen/2015-08/20/content_2916232.htm, 2015-08-20.

[3] 刘文举.分层教学模式在中职烹饪实习教学中的应用[J].现代职业教育,2021（08）.